Martin Ehlers

Betrachtungen über die Sittlichkeit der Vergnügungen

Zweite Auflage, zweiter Band

Martin Ehlers

Betrachtungen über die Sittlichkeit der Vergnügungen
Zweite Auflage, zweiter Band

ISBN/EAN: 9783743692169

Hergestellt in Europa, USA, Kanada, Australien, Japan

Cover: Foto ©ninafisch / pixelio.de

Weitere Bücher finden Sie auf **www.hansebooks.com**

Betrachtungen

über

die Sittlichkeit

der

Vergnügungen

in zween Theilen

von

Martin Ehlers

Professor der Philosophie zu Kiel.

Zweyte verbesserte Auflage.

Zweyter Theil.

Flensburg, Schleswig und Leipzig
in der Kortenschen Buchhandlung.
1790.

Inhalt des zweyten Theils.

Fünf

Inhalt.

Neun-

Neunzehnte Betrachtung.

Von der Pantomime und der Maskerade.

Wenn die Pantomime gleich von der Maskerade unterschieden ist: so kann man doch beyde bequem zusammen betrachten. Fast verhält sich die Maskerade zur Pantomime, wie sich die dramatischen Sprichwörter zu den ordentlichen Theaterspielen verhalten. In den Sprichwortsspielen ist man nämlich nicht so aufmerksam auf die gewöhnlichen Regeln der Schaubühne, als in den ordentlichen Schauspielen selbst. Die Sprichwortsspiele sind auch häufig das Werk von einigen Minuten, und jeder spielt darin seine Rolle so, als

2. Theil.   A   es

es ihm der gegenwärtige Augenblick eingiebt.
So geht's auch mit dem Maskeradenspiel in
Vergleichung mit der ordentlichen Pantomime.

In der Pantomime stellt man vermittelst
eines stummen Geberdenspiels einen Theil des
menschlichen Lebens vor, und sucht jenem stum=
men Geberdenspiel einen solchen bestimmten
Sinn zu geben, als sonst durch Geberde, durch
Worte und durch den Ton der Stimme zugleich
die theatralischen Vorstellungen erhalten. Weil
diese Art der Pantomime in unsern Zeiten durch
Nicolinis Bemühungen so vielen Reiz und so
viele Aufmerksamkeit erhalten hat, daß sie eine
Lieblingsunterhaltung mit geworden ist; so
rede ich hier nur von dieser Art des pantomi=
mischen Spiels. Es ist sonst bekannt, daß
schon zu den Zeiten der Römer pantomimische
Spiele zur Begleitung bey dramatischen Vor=
stellungen gebraucht sind. Damals war die
Pantomime auch stummes Spiel bey dem pan=
tomimischen Spieler, aber sie schloß nicht die
Vorstellung der Handlungen und Gedanken
durch Reden bey einer andern Person aus.
So ein Pantomimenspiel haben wir itzt nicht
mehr, und davon rede ich auch also hier nicht.
Auch nehme ich's nicht hier in dem allgemeinen

Sinn,

Sinn, da man auf der Schaubühne und im menschlichen Leben alle Mienen, Geberden und Stellungen, womit man seine eigenen oder Anbrer Reden mit Rücksicht auf die dadurch ausgedrückten Empfindungen, Gedanken und Leidenschaften zu begleiten pflegt, unter dem Namen der Pantomime zusammenbegreift. Die Pantomime, wovon hier die Rede ist, übernimmt es ganz allein, eine Handlung oder Unternehmung der Menschen so verständlich zu machen, daß man dabey den Ton der Stimme und die Sprache entbehren könne. Diese Verständlichkeit kann nur dadurch bewirkt werden, daß sie genau dem gewöhnlichen Geberdenausdrucke folgt, den man bey den Menschen, wenn sie sich über ihre Empfindungen und Gedanken erklären, wahrnimmt. Die pantomimische Kunst erfordert also eine gar sorgfältige Aufmerksamkeit auf diesen natürlichen körperlichen Ausdruck und auf alle die kleinen Abänderungen, welche auf die Abänderungen in den Empfindungen und Gedanken zu erfolgen pflegen. Ferner erfordert diese Kunst zur Ausarbeitung pantomimischer Vorstellungen einen Mann, der nicht nur auf alles, was zum Geberdenausdruck und zu dessen Sinne gehört, sehr aufmerksam

merksam

merkſam geweſen iſt, ſondern der auch ſelbſt
eine Richardſonſche und Shakeſpearſche Seelenempfänglichkeit für alle Empfindungen, Ideen
und Leidenſchaften hat, um denſelben im körperlichen Ausdruck das erforderliche Leben und
die Verſtändlichkeit geben zu können, ohne welche der Geiſt ſich nichts beſtimmtes bey der
Pantomime gedenken kann.   Endlich iſt es
nöthig, daß ſowohl alle handelnde Perſonen
als die Zuſchauer eben ſo eine Empfänglichkeit
für allerley Empfindungen und die dabey zum
Grunde liegenden Vorſtellungen haben, um den
ihnen angegebenen äußerlichen Ausdruck glücklich zu erreichen oder zu verſtehen. Wenn alles
das ſich findet: ſo muß derjenige, der eine ſolche Pantomime ausarbeitet und dirigirt, die
große Geſchicklichkeit beſitzen, daß er daraus
alle geruhige Betrachtungen und alle Gedanken
weglaſſe, die kein beſondrer Ausdruck der Miene begleiten kann, oder zu begleiten pflegt.
Wie unendlich ſchwer iſt es aber, ein zuſam-
menhängendes Ganze zu ſchaffen, worin alles
natürlich auf einander folgt, und worin ſich
gar nicht ſolche zum pantomimiſchen Ausdruck
unbequeme Gedanken finden! Und dann iſt
noch die große Schwierigkeit zu überwinden,
daß

daß eine gewisse Geberde, Stellung und Miene
außer dem Affect und außer dem Gedanken,
auch die Umstände und Dinge genug kenntlich
mache, wodurch der Affect oder der Gedanke
veranlaßt ist, wenn nämlich die Umstände der
Dinge nicht auch den Sinnen gegenwärtig seyn
können.   Denn wie vieles daselbst auch vor's
Auge gebracht wird: so bleibt doch noch vieles
zurück, das mit zum ganzen Gewebe der Handlung gehört.   Wenn man alle diese Erforder-
nisse und Schwierigkeiten erwägt: so vermu-
thet man es leicht, daß in der Pantomime durchaus nichts Großes geleistet werden kann, und
daß, wenn sie Reize bekommen soll, viele andre
Hülfsmittel, die dem, was wesentlich darin ist,
die Aufmerksamkeit großentheils entziehen und
durch sich selbst Vergnügen erwecken, zur Un-
terstützung des Ganzen aufgesucht werden müssen.   Eines dieser Hülfsmittel ist dieß, daß
die Fabel des Stücks aus einem sehr bekannten
Theil der Geschichte, der Mythologie oder des
Feyenwesens genommen wird.   Weil aber bey
wenigen Zuschauern alles zu der Geschichte oder
Fabel gehörige bis zur leichten Wiedererinne-
rung genug im Gedächtniß aufbehalten ist: so
wird noch vermittelst eines Zettels der Haupt-

inhalt

Inhalt der ganzen Handlung bekannt gemacht.
Allein dieses alles macht doch selbst für die,
welchen die Geschichte oder die Fabel nicht unbekannt ist, nicht alles verständlich oder angenehm genug.   Diese Hülfsmittel lassen sich
sonst sehr gut mit der Sache selbst vereinbaren,
und verstärken auch die Wirkung der Pantomime in dem, was ihr wesentlich ist.   Weil das
aber nicht hinreichend ist: so braucht man solche Mittel, die für sich am Ende die größte Ergötzung ausmachen, und den Seelen der Zuschauer die Stimmung geben, mehr am Außerwesentlichen als am Wesentlichen zu hängen.
Dergleichen Mittel sind höchst prächtige Ver-
zierungen, außerordentliche Geschwindigkeit und
Behendigkeit in den Bewegungen, außerordentliche Sprünge, zauberische Darstellungen und
Zernichtungen gewisser Gebäude, Oerter und
Gegenden, und überhaupt eine Menge von Taschenspielerkünsten im Großen.   Damit endlich
das Ohr, das hier fast keine Rede hört, auch
nicht ganz unbeschäftigt bleibe: so wird alles
durch eine angenehme Musik begleitet.

Was ist nun von allem diesem für eine Wirkung zu erwarten? So weit als man bey diesen

fen Vorstellungen Unterhaltung findet, welche
durch das Wesentliche der Pantomime nicht in
einem befriedigenden Maaß erhalten wird, und
welche man von den außerwesentlichen, die
Pantomime begleitenden Vergnügungsmitteln,
hernehmen muß; so weit findet man sich gleichsam aus der gegenwärtigen Welt, worin wir
doch einmal leben, wofür wir mit zu leben verpflichtet sind, und worin wir im Ganzen unglücklich seyn müssen, wenn wir damit nicht,
wie sie ist, bis auf einen hohen Grad zufrieden
sind, herausgerückt und in eine Zauberwelt, in
eine Feherey und in ein scheinbares Elysium ver-
setzt. Es kann nicht anders seyn, als daß dieß
eine starke Neigung zu Abentheuern und zu
seltsamen romanhaften Begebenheiten, und zu
einem dahin führenden Leben veranlasse. Ein
Glück für uns ist es daher, daß diese Art des
Vergnügens zu kostbar ist, als daß es uns
häufig verschaft werden könnte; ein Glück ist
es auch, daß die Anzahl derer, die ein panto-
mimisches Stück mit Vergnügen oft spielen sehen, nicht gar groß ist. Es geht damit wie mit
andern bloß dem Auge zur Ergötzung dienenden
Dingen. Wegen des Wunderbaren und wegen
des neuen Reizes sieht man die erste Vorstel-

lung einer Pantomime mit großem Vergnügen,
aber zu den wiederholten Vorstellungen kommen nur Wenige, so wie Wenige einerley Künste der Taschenspieler, der Balancirer oder der
Springer oft zu sehen pflegen.   Wenn man
zum erstenmal eine Pantomime sieht: so ist
man geneigt zu glauben, daß sich zu solchen
Vorstellungen immer eine zahlreiche Menge
von Zuschauern einfinden werde; und wenn
man sich so wenig geneigt hernach findet, wiederholte Vorstellungen eines Stücks anzusehen: so wundert man sich anfänglich, wie das
zugehe; allein es rührt ohne Zweifel daher,
daß unsre Seele zu wenig durch Ideen dabey
beschäftigt wird, und daß wiederholte Vorstellungen uns nicht Anlaß geben, andre oder mehr
entwickelte Ideen und Gedanken zu bekommen.
Ferner ist es der Erfahrung gemäß, daß, wenn
wir einmal anfangen, Geschmack am Wunderbaren, Außerordentlichen und über die Naturkräfte scheinbar Hinausgehenden zu bekommen,
wir dann unsern Begierden keine Grenzen setzen
und alles weiter getrieben sehen wollen.   Die
Künstler, die uns dergleichen Schauspiele geben, bemerken diese Eigenschaft des menschlichen Herzens bald, und lassen daher bey ihren
wieder-

wiederholten Vorstellungen immer etwas neues
erwarten.   Durch das wenige, was sie hinzusetzen, können sie aber jene Begierde doch nicht
genug befriedigen.   Auch hat man bald alles
gesehen, und dann finden sich nur wenige müs-
sige oder sich zu allem, was bloß Augenweide
ist, hinneigende Menschen gereizt, einmal ge-
sehene Wunderdinge und malerische Schönheiten oft wieder zu sehen.   Daher können dergleichen Künstler sich sogar in großen Städten
nicht lange aufhalten, sondern sehen sich gezwungen, immer von einem Ort zum andern
herumzuirren.   So geht es auch selbst mit
der prächtigen Pantomime eines Nicolini. Aus
allem, was hier über die Pantomime gesagt ist,
erhellt es genug, daß das damit verknüpfte
Vergnügen viel Unnatürliches hat, eine zu
Abentheuern sich hinneigende Stimmung der
Se... und die Neigung, mehr am Außerwesentlichen als am Wesentlichen zu hangen, ver-
anlasset. Uebrigens kann das Vergnügen nützlich oder schädlich seyn, so wie die Fabel des
Stücks und die in die Sinne fallenden Handlungen gute oder böse Ideen und Begierden
erwecken.   In Absicht auf die handelnden Personen ist aber noch anzumerken, daß gewöhnlich

ein

ein Haufe von Kindern dazu genommen wird,
und daß diese die peinlichste Marter ausstehen
müssen, ehe sie die erforderlichen Geschicklichkei=
ten erlangen, und daß selbige in dem unglück=
lichsten Zustande dabey zu seyn pflegen.   Und
wir sollten uns wohl nicht den Genuß der Ver=
gnügungen erlauben, der so viele Plage und
so vieles Leiden bey Andern nothwendig macht.

In der Maskerade spielt man so ohne eigent=
liche Vorbereitung seine Rolle, als man es bey
den Sprichwortsspielen thut.   Wie in diesen
das Sprichwort die Materie ist, die man durch
seine Handlungen erklärt und gleichsam abhan=
delt: so ist bey der Maskerade die Art der
Maske gleichsam der Hauptinhalt der Hand=
lungen, die man von dem, der das Masken=
kleid trägt, erwarten kann.   Nur sind sie dar=
in verschieden, daß man im Sprichwortspiele
das Sprichwort unbekannt seyn läßt, bis man
dasselbe aus der Vorstellungsart errathen kann,
und daß man in der Maskerade sogleich den
Hauptgedanken, den man entwickeln will, durch
seine Maske bekannt macht.

Aus dem Gesagten werden Sie, meine Her=
ren, von selbst schließen, daß ich hier bloß von
Charaktermasken rede, und nicht von denen, die

                                              nur

nur dieß bewirken, daß die Personen, welche sie
tragen, unbekannt bleiben. Ich brauche auch
nicht anzumerken, daß man auf den Maskeraden immer viele Personen von beyden Arten
findet. Sehen wir noch ferner auf diejenigen,
welche sich Charaktermasken wählen: so pflegen selbige zum Theil eine dazu stimmende Rolle
zu spielen. Personen von vieler Gegenwart
des Geistes und von vielem Witz können so andern Anwesenden eine sehr angenehme Unterhaltung verschaffen. Man bewundert nicht nur
den Geist und Witz der handelnden Person, sondern man hat auch das Vergnügen, die Nach-
ahmung mit der Natur zu vergleichen, und die
Uebereinstimmung zu entdecken. Die Erfahrung lehrt es aber, daß selbst unter einigen
Hunderten es sehr Wenige giebt, welche dazu
die erforderlichen Talente haben. Auch lehrt
es die Erfahrung, daß der größere Theil der
Masken bey der Rolle, die gespielt wird, nicht
sorgfältig genug auf Tugend und Anständigkeit
zu sehen pflegt, und daß vermittelst dieses
Maskeradenspiels mehr schädliche als gute
Ideen und Reizungen in die Seele hineingebracht werden. Nach der Natur der Sache
wäre es sonst eben so leicht möglich, sich alles
zu

zu einem unschuldigen und selbst nützlichen Vergnügen zu machen, als es schädlich werden zu
lassen.   Sieht man aber auch selbst auf dieses
Schädliche und Nützliche nicht: so findet man
nicht leicht in der Art des Spiels viele Unterhaltung.   Wenige können ihr Spiel so interessant machen, daß man ein hinlängliches Vergnügen daran findet, darauf zu merken.   Dieser Umstand allein würde indessen das ganze
Vergnügen wenig vermindern, wenn sich nur
immer einige wenige fänden, die ihre Rolle
vortreflich spielten.   Alle andre würden darauf
merken und Vergnügen genug dabey finden
können.   Allein theils ist es schon etwas seltenes, daß sich auch nur Einige finden, welche
dazu die erforderlichen Talente haben, theils
giebt es gar Viele, die keinen Sinn zur Bemerkung dessen haben, was darin schön und
angenehm ist, und denen also die Sache auch
kein Vergnügen macht, theils fehlt es auch nicht
an Neidern, die, indem sie selbst keine Aufmerksamkeit erregen können, selbige auch Andern
nicht gerne wollen zu Theil werden lassen. Diese
nehmen also gewöhnlich sehr bald zum Tanzen
ihre Zuflucht.   Man findet daher auch, daß,
sobald eine Maskeradengesellschaft die verschiedenen

denen Arten der Masken in Obacht genommen
und das Vergnügen des erſten Anſehns gehabt
hat, ſelbige zu tanzen anfängt.   Am Ende hat
man alſo von der Maskerade, als Maskerade,
kaum ein größres Vergnügen, als man haben
würde, wenn man in ein Haus gienge, wo
man alle Maskeradenkleider aufgehängt ſähe.
Das größte Vergnügen wird alſo in ſolchen
Dingen gefunden, welche der Maskerade ei=
gentlich fremd ſind; und was ſind dieſe Dinge?
Einen vorzüglichen Theil macht davon der Tanz
aus, über deſſen Werth ich hier noch nichts ſa=
gen will.   Dann hat man den Vorſatz, ſich
mit Andern zu unterhalten, ohne erkannt zu
ſeyn.   Auch hat die Maskerade die Wirkung,
daß man, ohne darüber vorher Vorſätze gefaßt
zu haben, ſich mancherley Einfälle und Gedan=
ken leicht erlaubt, die man zurückhalten würde,
wenn man mit offenem Geſichte da ſtünde.
Denn wie der Menſch in der Dunkelheit leicht
auf mannichfaltige Weiſe vom Wege der Natur
und von den Vorſchriften der Religion und
Tugend abirrt, woher dieſe Abirrungen ſo tref=
fend in der heiligen Schrift Werke der Fin=
ſterniß genannt werden: ſo geſchieht jenes auch
ſo leicht bey der Maskerade, wo man, wie in
der

der Dunkelheit, verborgen bleibt. Was ein
Verführer Andern nicht sonst zu sagen wagt,
was eine Person sonst nicht antworten würde,
wird unter der Maske leicht gesagt, leicht ge=
antwortet. Ganz natürlich ist es, daß es dem
Verführer nur zu leicht gelingt, nicht nur eine
nicht genug tugendhaft gesinnte, sondern auch
manche eben so unschuldige als liebenswürdige
Person zu verführen; ganz natürlich ist es,
daß eine Verführerin auf der Maskerade leicht
einen noch guten und unschuldigen Jüngling in
ihren Netzen fängt. Aus der Erfahrung und
den Nachrichten derer, die viele Maskeraden
besucht haben, ist es auch genug bekannt, daß
dieß nicht bloß aus der Beschaffenheit der Sache
unvorsichtig hergeleitete Schlüsse sind, sondern
daß die Maskeraden wirklich dergleichen ver=
führerische Gelegenheiten hergeben. Diejeni=
gen, welche Maskeraden veranstalten, beför=
dern selbst diese Gelegenheiten durch Einrich=
tungen, welche sich darauf beziehen. Es ist
selbst bekannt, daß in großen Oertern, wo die
Maskeraden den ganzen Winter fortdauern,
selbige zu den schändlichsten Verführungen und
Ausschweifungen von einer Menge von Perso=
nen, die sich sonst nicht bequeme Gelegenheiten
dazu

dazu zu verschaffen wissen, gebraucht werden,
und daß selbst Personen des andern Geschlechts
von Ansehn, Rang und Geburt nicht nur da=
selbst ihren Lüsten nachhängen, oder als schwa=
che Geschöpfe den Versuchungen unterliegen,
sondern auch sogar sich so weit erniedrigen,
daß sie daselbst, wovor sie sich sonst doch schä=
men, mit den Ausschweifungen in der Liebe
ein Gewerbe des Gewinnstes treiben. Wenn
wir nun bedenken, wie sehr die menschliche
Glückseligkeit in ihren Grundfesten erschüttert
wird, wenn Unschuld und Treue in Absicht auf
die Liebe verloren gehen: wie sollten wir denn
nicht wünschen, daß die Maskeraden als eine
Pest der menschlichen Glückseligkeit aus den
Staaten verbannt würden! Sie wissen es,
meine Herren, wie wenig ich geneigt bin, etwas
zu verurtheilen und zu verdammen. Auch
weiß ich es, daß nicht eine natürliche Abnei=
gung mich bewogen hat, mich wider die Mas=
kerade zu erklären. Ich bin also destoweniger
abgeneigt gewesen, die üblen Folgen aus der
Acht zu lassen oder aufzudecken, welche die Ab=
schaffung der Maskerade etwa veranlassen könn=
te. Allein ich habe kein Uebel zu entdecken ge=
wußt, das in die Stelle des Maskeradenübels,

wenn

wenn dieses verwehrt würde, wieder einträte,
und welches noch mehr, als das Maskeraden-
übel, müßte vermieden werden.   Wäre dieß zu
fürchten: so würde ich gewiß nicht es rathsam
finden, durch Abschaffung eines geringern Uebels einem größern Uebel den Zugang zu öfnen.
Daß es aber auch nicht eine bloße Vermuthung
oder eitle Hofnung ist, wenn ich glaube, daß
Regenten und obrigkeitliche Personen, ohne
nachtheilige Folgen für's Land oder für eine
selbst große mit mancherley moralischen Uebeln
behaftete Stadt fürchten zu dürfen, durch ihre
Verbote dem Maskeradenspiele ein Ende machen könnten, zeigt die Geschichte der Zeit,
worin die Maskerade selbst in den größten
Residenzen und Städten, und in ganzen Reichen gar nicht Statt gefunden hat. Ich habe
auch nicht gefunden, daß dieses zum moralischen Verderben so vieles beytragende Uebel
durch irgend eine Lage des Staats nothwendig
gemacht wäre.

Zwan-

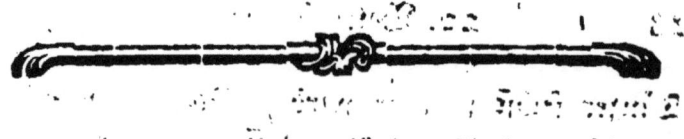

Zwanzigste Betrachtung.
Von der Musik und dem Tanz.

Die Vergnügungen der Musik und des Tanzes kommen darin überein, daß in beyden eine mit gewissen Empfindungen oder selbst Vorstellungen gleich laufende Bewegung herrscht, die gewisse durchs Zeitmaaß und durch unterschiedene Kraftäußerungen und Accente bestimmte Absätze enthält, und die vermittelst der Wiederholungen gleicher Absätze der Seele und dem Körper eine erneuerte Federkraft zur Thätigkeit giebt, und die eine vor langer Weile und beyde vor Ermüdung bewahrt. Die Musik hat das eigen, daß sich diese Bewegung in Tönen findet, da beym Tanz hingegen sie durch die Glieder des Körpers und durch den ganzen Körper für den Zuschauer sichtbar und für den

2. Theil.   B   Tänzer

Tänzer selbst fühlbar wird.   Betrachten wir
die Wirkung, welche die Musik und der Tanz
für sich haben: so findet es sich, daß die Musik
für sich im Ganzen weit eher dem Menschen
ein angenehmes und ihn befriedigendes Vergnügen gewährt, als der Tanz. Soll ein Tanz
so mächtig auf uns wirken als die Musik: so
muß entweder viel Reiz in der Person seyn, die
tanzt, welche reizende Person das bey der Tanz-
bewegung ist, was der schöne Klang des In-
struments und der Stimme in der Musik ist;
oder es muß im Ausdruck der Bewegungen des
Tanzenden ein großer Reichthum uns interes-
sirender Empfindungen deutlich sichtbar werden, oder es müssen die Bewegungen selbst etwas Außerordentliches seyn, das dem ersten
Anschein nach über die Kräfte der Natur hin-
ausgeht. Ist bloß eine in bestimmten Absätzen
oder Tacten wiederkehrende auch selbst angenehme Bewegung da, ohne, daß die Reize der
Person, der Reichthum an interessanten und
verständlichen Empfindungsarten oder etwas
Außerordentliches in der Anstrengung oder der
Kunst dazu kömmt: so hat die Musik für sich
etwas weit mehr Unterhaltendes, als der Tanz
für sich hat, man mag auf die Zuschauer sehen,

                                        oder

oder auf die Personen, die spielen und singen oder tanzen. So weit als das Vergnügen des Tanzens und der Musik aus den fortlaufenden Veränderungen in den Bewegungen des Körpers und der Töne entspringt: so sind diese Veränderungen in Absicht auf die Tactabsätze zwar gleich; allein in der Art, wie die Tacte ausgefüllt werden, weichen sie überhaupt weit von einander ab. Wenn man die selten vorkommenden Solotänze und pantomimische Ballete ausnimmt, die in der Hinsicht einer musikalischen Composition gleich kommen: so ist die Musik darin viel reicher. In Tänzen haben nur einige Tacte nach einander veränderte Schritte und Stellungen, und es kommen nach dem kurzen Laufe dieser Veränderungen immer eben dieselben Veränderungen wieder; in der Musik aber, wenn sie nicht etwa dazu bestimmt ist, Tanz und Gesang zu begleiten, hat von Anfang bis zu Ende fast jeder Tact eine veränderte Composition. Ja auch selbst, wenn sie zur Begleitung dient, können noch viele Veränderungen Statt finden, und finden auch wirklich Statt. Die Bewegung des Körpers ist z. B. in einem Menuettact fast immer ganz dieselbe; aber die Musik enthält in einer ge-

B 2 wissen

wissen Anzahl von Tacten veränderte Gänge
in den Tönen, wenn die rhythmischen Stöße
gleich in jedem Tact dieselben sind. Im Gan=
zen giebt es also bey der Musik eine weit gröſ=
sere Mannichfaltigkeit in den Tönen, als beym
Tanz in den Formen.

Dann hat die Bewegung in der Musik und
im Tanz vorzüglich so weit ein Vergnügen zur
Folge, als sie eine menschliche Empfindung aus=
drückt, und dadurch eine ähnliche Empfindung
in uns erweckt. Nun wissen wir aber, daß
der Sinn des Gesichts mehr den Verstand ent=
wickelt und beschäftigt, und der Sinn des Ge=
hörs mehr Empfindungen erweckt. Wirkt das
Gesicht stark auf Empfindungen: so geschieht's
dann, wenn der Gegenstand des Gesichts uns
sonst mit Rücksicht auf die Bedürfnisse der
Seele oder des Körpers sehr wichtig ist. Ist
dieses nicht der Fall: so sehen wir uns bald
an einer Sache mit Rücksicht auf ihre bloßen
Bewegungen satt, wenn sie nur kurze und bald
von uns bemerkte Einschnitte hat. Dieses
rührt auch theils daher, weil die Ideen, welche
durch Gegenstände des Gesichts erweckt wer=
den, sich leicht bis zur Deutlichkeit in der Vor=
stellung erheben; und es ist wieder aus der Er=

fahrung

fahrung bekannt, daß uns das nicht mehr in-
tereßirt, was wir bis zur Deutlichkeit erkannt
haben, und was also unsrer Erkenntnißkraft
weiter keine Beschäftigung giebt. Es hört
auf den Fall, da eine deutlich erkannte Sache
Einfluß in unsre Glückseligkeit hat, und also in
der Hinsicht ein Schatz für uns ist, selbige gar
nicht auf uns wichtig zu seyn; allein wir ver-
weilen doch nicht mehr mit unsrer Betrachtung
dabey, sondern legen sie gleichsam als ein Gut
bey Seite, mit der freudigen Vorstellung, daß
wir davon Gebrauch machen können, wenn wir
wollen, und sich dazu Gelegenheiten anbieten.
Dunkle Vorstellungen beschäftigen uns länger,
weil unsre Seele dabey noch Nahrung zur Thätigkeit in Absicht auf Wißbegierde findet. Endlich fühlen wir bey angenehmen Gegenständen
des Gesichts keine eigentliche Bewegung in unsern Augen. Wenn diese Bewegung gleich da
ist: so scheinen wir doch dieß Vergnügen ganz
allein mit der Seele zu genießen. Hat diese
nun ihre Aufmerksamkeit nicht mehr auf einen
Gegenstand des Gesichts, der unsern Augen
sonst hell vorliegt, gerichtet: so haben wir weiter in der Seele fast gar keine Vorstellung davon. Sie ist dann schon mit andern Vorstel-

B 3 lungen

lungen beschäftigt, und weil unser gewöhnliches
Denken vermittelst solcher großen oder kleinen
Formen geschieht, die durchs Auge in die Seele
gekommen sind: so kann sie von diesen zum
Denken dienenden Formen nur bloß diejenigen
leiden, dadurch sie sich gegenwärtig beschäftigt
findet.   Daher sind die Formen und Bewegungen, die nicht mehr die Denkkraft genug beschäftigen können, ihr nicht mehr vor dem Seelenblick willkommen, oder sie hat, wenn selbige
gleich noch ins ofne Auge fallen, doch keine
Vorstellung mehr davon.   Weil jene Formen
und Bewegungen auch keine mechanische oder
organische angenehme Empfindungen im Körper haben: so ist die Seele wenigstens ganz
gleichgültig dafür, oder findet höchstens ein
Vergnügen darin, von Zeit zu Zeit die Sache
einmal wieder zu bemerken.   Mit den übrigen
Sinnen ist es schon anders. Wenn selbige uns
Ideen zuführen; so leiden deren Werkzeuge eine
mehr körperliche Erschütterung, wodurch, wenn
diese Erschütterungen von der angenehmen Art
sind, wir uns auch dann in den Nerven des
Körpers angenehm bewegt finden, wenn die
Seele nur den mindesten dunkeln Seitenblick
dahin wirft, und sich übrigens mit ganz andern

Dingen

Dingen in Absicht auf ihre Denkkraft unterhält. Die durch Licht bewirkten Aetherschläge
sind zu sanft fürs Auge, als daß wir das kör-
perlich fühlen könnten. Mit dem Ohr, das
die gröbern Luftschläge bekommt, ist es ganz
anders. Das, was wir durch den Sinn des
Gehörs bemerken, erhebt sich auch bey dem
größten Tonkünstler kaum zu deutlichen Begriffen über den bestimmten Sinn, den jeder Ton
und dessen Gehalt zur Bezeichnung einer Empfindung hat, oder der in den rhythmischen
Fortschritten der Töne liegt. Bey allen andern Menschen erweckt die beste und verständ-
lichste Musik bloß die Idee von der frohen,
lustigen, zärtlichen, verdrießlichen, traurigen
oder melancholischen Empfindung, ohne daß sie
die wesentlichen Eigenschaften der Töne und
deren Zusammenordnung in Absicht auf Gleich-
klang oder Melodie sich erklären können. Die
so zurückbleibende Dunkelheit in der Vorstellung nebst der klaren Bemerkung der Haupt-
empfindung muß die natürliche Wirkung haben, daß die Seele gerne lange dabey verwei-
let. Und dieß thut sie desto lieber, da sie vermittelst der durch die Augen sich erworbenen
und in das Organ der Einbildungskraft einge-

drückten

drückten Formen nebenher ihr Denkgeschäft haben kann, ohne von den die Seele dunkel rührenden Tönen und von deren Gesange gestört zu werden.　Dazu kommt denn noch die angenehme körperliche Nervenerschütterung in den Ohren.

Daraus läßt es sich erklären, daß man nie gerne in Gegenwart eines Schauspiels, das man sehen will, über gewisse Dinge nachdenkt, oder etwas Angenehmes liest.　Thut man dieß, wie es denn zuweilen geschieht: so sieht man fast nichts, wenn auch die Augen dahin gekehrt sind.　Bey der Musik hingegen denkt einer, der nicht eigentlich darauf horcht, oder ihr mit seiner Aufmerksamkeit genau folgt, immer gerne über etwas nach, oder liest etwas, oder arbeitet wohl gar etwas aus.　Man hat das Vergnügen des Hörens mit etwas mehrerer Gemächlichkeit, bleibt wegen der dunkeln Vorstellungen länger in einer angenehmen Thätigkeit, hat also länger Wohlgefallen daran, und kann nebenher doch noch Denkgeschäften nachhängen.　Große Meister oder Kenner in der Tonkunst, deren Vorstellungen zu mehrerer Deutlichkeit gelangen, mögen daher auch das beste Concert und die besten Solos nicht gerne mehr,

als

als einigemal, hören, da hingegen ein andrer
sie hundertmal mit Vergnügen hört.   In Ita-
lien läßt man daher so wenige Noten drucken
oder in Kupfer stechen, weil die vortreflichsten
Compositionen so bald wieder verworfen werden, viel eher wieder verworfen werden, ehe
die auf Stich oder Druck verwandten Kosten
wieder erlangt sind.   Ich würde, meine Herren, fürchten, hier zu weit von der Bahn, auf
die meine Absicht, immer auf die Moralität
der Dinge zu sehen, mich hinweiset, abgewichen
zu seyn, indem ich mich so weit in die Natur
der Gesichts = und der Gehörgegenstände einge-
lassen habe, wenn ich es nicht für sehr nützlich
ansähe, daß man die Sache selbst, die auf uns
vortheilhaft oder schädlich wirkt, und deren wesentliche Eigenschaft kenne, um die Ausflüsse
ihrer Kraft begreiflich zu finden, und zu sehen,
wie man sich dagegen zu verhalten habe.

    Wir kehren itzt zur Musik und zu dem Tanz
wieder zurück, und zu den Erfahrungsbemer-
kungen, welche wir dabey finden.   Wir sehen
es nun, woher Musik und der darin enthaltene
Rhythmus oder der in verschiedenen gleichen
Zeitfolgen oder Verhältnissen wiederkehrende
Gang der Töne, auch wenn nicht ein großer

Reich-

Reichthum von Abänderungen in den Empfindungen ausgedrückt wird, doch allein uns besser unterhalten kann, als die Bewegung im
Tanze, die übrigens eben diesen angenehmen
Gang und eben die wiederkehrende Absätze hat.
Ein starker Ausbruch der Leidenschaft bewirkt
daher nur auf eine kurze Zeit tanzartige Bewegungen, aber leicht hört man anhaltende
Musik, anhaltenden Gesang. Daher kommt's
auch, daß man, um dem Tanz das Vergnügen
zu verschaffen, das man gewöhnlich darin findet, die Musik dabey zu Hülfe nimmt, dahin-
gegen die Musik nur zuweilen Gesang und
Rede und die dazu stimmenden Bewegungen
des Körpers sich unterstützen und begleiten läßt.
Aus allem diesem erhellt, daß der Tanz, weil
er immer die Musik zur Begleitung hat, weit
stärker auf die menschliche Seele wirken muß,
als es die Musik allein thun kann. Wir wollen nun bey der Musik zuerst bestehen bleiben,
und sehen, wie weit sie zur menschlichen Glückseligkeit dienlich sey, oder nicht, und wie fern
die Musik gleichsam aus der wesentlichen Einrichtung der menschlichen Natur fließe.

Für den Menschen, der über Dinge urtheilt,
Aehnlichkeiten und Unähnlichkeiten bemerkt, und
die

die Begriffe dieser Aehnlichkeiten und Unähn=
lichkeiten, um sie so, wie sie entdeckt sind, fest=
zuhalten, an willkührlich erfundene Wörter hin=
anheftet, ist die Rede zur Mittheilung seiner
Gedanken nothwendiges Bedürfniß. Ist er
nicht in Noth, und kann er geruhig und mit
Muße seine Gedanken mittheilen, um sich oder
Andre in Rücksicht auf künftige Bedürfnisse in
Sicherheit zu stellen, oder um Andre durch
Nachrichten von seinen Schicksalen zu vergnü=
gen: so drückt er sich mit Wahl und einer ge=
wissen Annehmlichkeit über alles aus. Wie
es mit der Rede ist: so ist es mit dem Aus=
druck jeder Empfindung und Leidenschaft. Wie
der Mensch Wörter und Redensarten braucht,
um die Uttheile seines Verstandes zu erkennen
zu geben, welche Redensarten und Wörter Ver=
standestöne sind, wenn wir sie durch unsre Stim=
me äußern: so brauchen wir leidenschaftliche
Töne, um unsre Empfindungslagen damit zu
bezeichnen. Die Erfahrung lehrt es, daß jede
Empfindungslage, wenn wir uns dem Spiel
unsrer Natureinrichtung frey überlassen, und
dieser nicht mit Gewalt widerstreben, uns eine
gewisse steigende oder fallende, langsam oder
schnell fortgehende, abgebrochene oder sanft=
                                        schwebende

schwebende Reihe von Tönen und gewisse ähn=
liche wiederkehrende Tonfälle und rhythmische
Wendungen auspreßt. Wir dürfen dieß nicht
tadeln, oder wir müßten uns selbst in den we=
sentlichsten Einrichtungen unsrer Natur tadel=
haft finden. Sind solche Aeußerungen der
Empfindungen und Leidenschaften durch Töne
nun ein Naturbedürfniß: wie natürlich ist es,
daß diejenigen, welche darauf aufmerksam sind,
und welche an der Vorstellung dieser leiden=
schaftlichen Töne ein Vergnügen finden, damit
auch Andre unterhalten, und diese Töne mit
Auswahl und in einer sorgfältig gelenkten Fol=
geordnung vortragen. Die Musik hält uns
also einen Vortrag über menschliche Empfin=
dungen, und setzt uns theils selbst in ähnliche
Empfindungen, und macht uns theils mehr ge=
neigt an andrer Menschen Empfindungen und
Schicksalen Theil zu nehmen. So wie es in
der Rede Gedanken giebt, die jeder Mensch von
gesundem Verstande fassen kann, oder zu haben
pflegt, so giebt es auch solche Empfindungs=
ausdrücke, die für Alle verständlich sind. Das
ist die dem großen Haufen gefallende Musik.
Sind die Empfindungen, welche die Musik aus=
drückt, aber von der Beschaffenheit, daß sie eine
feine

feine Seele und nicht gemeine Gedankenwen-
dungen voraussetzt, und sind die Wiederkehre
ähnlicher Empfindungsbewegungen in bestimmten Zeittheilen nur dem geübten und viel über-
sehenden Zuhörer bemerkbar: so finden auch
nur Seelen, denen eine gleiche Cultur in den
Empfindungen zu Theil geworden ist, und die
auf solche Empfindungswendungen viel gemerkt
haben, an einer solchen Musik Geschmack. Aber
wie fern ist es nun zuträglich, daß unsre Empfindungen durch die Musik geübt werden?
Erstlich haben wir zu merken, daß, wenn Empfindungen durch die Musik ausgedrückt werden, wir dadurch doch nie in die individuelle
Empfindungslage können gesetzt werden, worin
ein Mensch ist, in dem durch seine Umstände
die in der Musik ausgedrückten Empfindungen
hervorgebracht sind. Drückt die Musik Mitleiden aus: so führt sie uns doch nicht einen
bestimmten Gegenstand unter bestimmten Umständen, auf den sich etwa das Mitleiden be-
zieht, vor den Blick der Seele. Ist auch der
Tonkünstler noch so sorgfältig auf alle die
Stimmveränderungen, die durch gewisse Empfindungen in Vereinigung mit gewissen Gedanken veranlaßt werden, immer aufmerksam
gewe-

gewesen: so wird er doch nie durch Nachah-
mung der Töne und deren Lauf den besten
Kenner der Musik in den Stand setzen, zu wissen, welcher Mensch solche Empfindungen müsse
gehabt haben, und in welchen Umständen er
müsse gewesen seyn. Sobald das geschehen
soll: so müssen Sprache und Gesang mit zu
Hülfe genommen werden. Musik als Musik
bewirkt also in Ansehung der Empfindungen
nur Ideen über die verschiedenen Arten der Empfindungen; und wenn wir selbige bekommen:
so denken wir uns keinen individuellen Theil
des menschlichen Lebens weiter dazu, als sich
vielleicht unsre eigene Lebensumstände mit solchen Empfindungen vereinigen lassen, und unsre Imagination sich sogleich einen dazu pas-
senden Umstand hinzudichtet. Wenn wir also
den Werth der Musik in Absicht auf das menschliche Wohl bestimmen wollen: so ist nur zu
fragen, wie weit es zuträglich sey, daß mancherley Empfindungen in der Seele erweckt
werden?

Diese Frage wird beantwortet, wenn wir
sehen, was die verschiedenen Empfindungen der
Menschen selbst für einen Werth für selbige
haben. Die gewöhnlichen Empfindungen, welche
durch

durch die Muſik ausgedrückt werden, ſind Heiterkeit, Fröhlichkeit, Traurigkeit, Melancholie, ſanfte Rührungen und erhabne Geſinnungen. Zorn und Wuth wird man nicht leicht in muſikaliſchen Vorträgen finden; wenn ſie nicht einem Singeſtücke, welches eine ſolche Leidenſchaft etwa ausdrückt, zur Begleitung dient. Drückte aber auch ein muſikaliſches Stück allein eine ſolche Leidenſchaft aus: ſo würde doch die Wirkung davon nicht leicht ſchädlich ſeyn können, wenn nicht etwa ein zu dieſen Leidenſchaften geneigter Menſch eben in der Zeit, da er die Muſik hörte, Anläſſe zum Zorn oder ähnlichen Affecten fände. Die gewöhnliche Wirkung der Muſik ſind angenehme, frohe, zärtliche und melancholiſche Empfindungen. Bey allen Menſchen, ohne Ausnahme, iſt es der Geſundheit der Seele und des Leibes gleich zuträglich, wenn ſie heiter und froh ſind; und es iſt alſo dieſe Wirkung der Muſik uns ſehr wohlthätig. In unſern empfindſamen Zeiten wäre für diejenigen, welche natürliche Anlagen zu zärtlichen Gemüthsbewegungen haben, und bey welchen durch ein dazu ſtimmendes Leben die natürliche Empfindſamkeit verſtärkt iſt, eine Muſik, die ſehr ſanfte, zärtliche und melancho-

lische

lische Empfindungen veranlaßt, freylich nicht anzurathen. Sie wird die Weichlichkeit und damit verbundene Unthätigkeit, welche wir bey den empfindsamen Seelen finden, sobald wir sie aus ihrer Empfindungssphäre kommen lassen, noch leicht bis auf einen hohen Grad vermehren. Wenn solche Personen also weise genug wären, um das, was ihnen schädlich ist, zu vermeiden: so müßten sie ihren Schwächen nicht eine solche Nahrung geben. Allein wenn sie dazu nicht weise genug sind: so können wir doch dieses Vergnügen eben so wenig anklagen, als wir jede sanfte selbst von Tugend, Frömmigkeit, Freundschaft und andern edlen Gütern des menschlichen Lebens herrührende Gemüthsbewegung tadeln können. Der große Haufe der Menschen, der nicht so empfindsam durch Natur und Erziehung gestimmt und hart und roh in Absicht auf die Empfindungsanlagen ist, hat dagegen von einer solchen Musik viele Vortheile, und bekommt desto eher Gefühl für menschliche Freuden und wohlthätige Handlungen. Im Ganzen sind die Wirkungen der Musik auf unsre Empfindungen nur unter gewissen Umständen oder zufallsweise schädlich, und dagegen fast immer wohlthätig; und so ist das

Ver-

Vergnügen, das ſie uns verſchaft, überhaupt
alſo ein reiner Gewinnſt an Glückſeligkeit,
Was ihr aber noch einen ſehr großen Werth
giebt, iſt das Gefühl für Harmonie, das ſie befördert und verſtärkt. Dieſes Gefühl wirkt
aber ſehr vortheilhaft auf alle unſre Ideen und
die dadurch beſtimmten Neigungen und Vergnügungen. Denn alles, was wahr, was tugendhaft, anſtändig und edel iſt, gründet ſich
auf angenehme und wohlthätige Verhältniſſe
und Zuſammenſtimmungen der Dinge zu einander. Auch möchte ich faſt behaupten, daß
ein Menſch, der keinen Geſchmack an der Muſik fände, nicht ohne Mühe ein hinlänglich fei-
nes Gefühl für die aus den verſchiedenen Ver-
hältniſſen der Menſchen entſpringenden Pflichten erlange. Nur weiſe Erziehung, vortreflicher Unterricht und ein zur Bemerkung der
Harmonie geübtes Auge würden mühſam den
Begrif der Harmonie nach und nach der Seele
hell darſtellen, und ihr ſo ein Gefühl für die
darin liegenden Reize verſchaffen können, wenn
das Ohr für die Harmonie und den Rhythmus
der Töne unempfindlich wäre. Wenn ich an
alles dieß denke: ſo möchte ich gerne wünſchen,
daß die Muſik allenthalben die Lieblingserho-

2. Theil. C lung

lung für die Menschen wäre. Damit wünsche
ich gar nicht, daß alle, die sie trieben, selbst
Virtuosen wären. Dann würde Musik ganz
unsre Beschäftigung werden, und sie soll nur
Erholung seyn. Man findet auch selbst unter
denjenigen Völkern, wo Musik das Lieblingsvergnügen ausmacht, nur Wenige, die so mit
ihrem Herzen an dem Vergnügen der Musik
hängen, daß sie darüber ihre Berufsgeschäfte
liegen lassen, und dazu träge und untüchtig
werden. Giebt es Einen und den Andern, der
es in der Neigung zur Musik zur Leidenschaft
kommen läßt: so wird er ganz ein Musiker.
Gehen Andre, die sich andern Berufsgeschäften
gewidmet haben, in der Zeit, die sie zur Musik
verwenden, zu weit; so ist es doch ungleich
besser, daß sie einem Vergnügen, das an sich
so unschuldig und von sonstigen Ausschweifungen entfernt ist, und das der Seele eine gefällige Stimmung zum Umgange mit Andern
giebt, sich zu sehr ergeben, als daß sie, welches
immer unter andern Umständen zu fürchten
wäre, in Ausschweifungen des Trunks, der
Liebe und des Spiels verfallen.

Endlich hat das Vergnügen der Musik auch
das Vorzügliche, daß es auf keine Weise der
Bevöl-

Bevölkerung nachtheilig ist, und daß dadurch nichts von den Bedürfnissen, die zum Unterhalt des Lebens erforderlich sind, vermindert oder verschwendet wird, und daß, welches beym Luxus so sehr der Fall ist, der Umlauf des Geldes Stockungen und Unregelmäßigkeiten bekommt, welche dem Staat im Ganzen so nachtheilig sind.

In Absicht auf zwo Klassen von Menschen kann Liebe zur Musik leicht gefährlich werden, und dieß muß hier nicht übergangen werden. Wer aufs menschliche Leben und die Menschen aufmerksam ist, findet eine nicht ganz unbeträchtliche Menge unter denselben, die einen sehr schwachen Thätigkeitstrieb haben, und die diesen nicht anders als in dem äußern, was sie vorzüglich lieb gewinnen. Unter diesen Menschen fallen Manche auf die Musik. Sie haben nicht Thätigkeitstrieb genug, um die Theorie der Musik gründlich zu studiren, und es in der Ausübung zu einem sehr hohen Grad der Vollkommenheit zu bringen, und als große Musiker die Musik zu ihrem Geschäft zu machen. Auch finden sie es nicht gut, gemeine Musikanten zu werden. Gewöhnlich ist es ihnen aber wegen guter natürlicher Talente zur Musik leicht

C 3   gewor-

geworden, es in der Musik zu einem mittel-
mäßigen Grade der Vollkommenheit zu bringen. Weil diese Menschen aber doch einmal
ein anders Geschäft oder Amt wählen müssen,
um davon zu leben oder dadurch gleichsam dem
Staat zu dienen: so findet es sich, daß sie ihre
Berufsgeschäfte liegen lassen, und alle ihre Zeit
mit der Musik hinbringen. In Rücksicht auf
diese Leute ist der Musik aber nichts zur Last
zu legen. Denn es ist unstreitig anzunehmen,
daß eben diese Leute, wenn sie nicht das Vergnügen der Musik lieb gewonnen hätten, einem
andern Vergnügen nachgelaufen, und darin
leicht bis zur Ausschweifung, zur Niederträch-
tigkeit und zum öffentlichen Aergerniß versun-
ken wären. Indem sie aber ihre Tage mit der
Musik hinbringen: so behalten sie doch noch
ihre Gesundheit, entgehen vielen sonstigen See-
lenunordnungen, und bleiben noch im Umgange
mit Andern oft sehr angenehme Menschen.
Vermehren sie auf diese Weise gleich nicht den
Schatz der allgemeinen Glückseligkeit, und nähren sie sich gleich mit Unrecht mit davon: so
bringen sie doch auch nicht große Unordnungen
hinein, und suchen nicht die Bemühungen Andrer zum Besten des Staats zu vereiteln, und
die

die gemeinsame Masse der Glückseligkeit zu zernichten. Das Nachtheilige und Gute, was in
diesem Stück die Musik hat, trift Menschen
von jedem Stande.

Aber ein gewisser Nachtheil ist von der Musik für Personen von hoher Geburt zu fürchten, welchen Aeltern, Hofmeister und Erzieher
nicht aus der Acht lassen müssen. Bey allen
diesen Personen vermindern sich im Ganzen die
Ursachen, wodurch ein nützlicher Thätigkeitstrieb genährt und befördert, und wodurch der
Mensch zu etwas mühsamer Arbeit hingeführt
wird. Verhältnißweise giebt es daher unter
Personen von hoher Geburt mehrere, die in
sinnliche Ausschweifungen fallen, und dabey
nützliche Arbeiten des Lebens meiden. Dieses
wird noch durch die mehrern Mittel, welche sie
finden, ihren sinnlichen Lüsten nachzuhängen,
nicht wenig begünstigt. Kommt es aber auch
nicht so weit: so lieben sie häufig irgend ein
Geschäft, das mit keiner großen Beschwerlich-
keit verknüpft ist. So wird denn auch oft die
Musik deren Lieblingsvergnügen. Rührt dieß
zugleich aus den Anlagen des ganzen Menschen
her, so, daß alle Bemühungen, in nützlichen
Geschäften des Lebens Arbeitsamkeit zu bewir-

C 3   ken,

ken, vergebens sind: so ist es immer gut, daß
die Musik das Lieblingsvergnügen werde. Fehlt
es aber nicht an natürlichem Thätigkeitstriebe:
so muß man die Seele nicht unter der Vorstellung, daß die Musik etwas Unschuldiges sey,
gleichsam erschlaffen und zu einem solchen blos-
sen Vergnügensgeschäfte hinabsinken lassen.
Endlich kann der Fall kommen, daß vieler natürlicher Thätigkeitstrieb da ist, und daß man
damit auf die Musik fällt. Wenn dieses geschieht: so haben diejenigen, welchen die Ausbildung einer solchen Seele anvertraut wird,
oder Einflüsse darüber haben, viele Ursache,
diesen Trieb nicht auf die Musik fallen zu lassen. Denn auch unter den Virtuosen in irgend
einem Geschäfte, in irgend einer Wissenschaft
und in irgend einer Kunst haben gar wenige
Genies eine so starke angeborne einzelne Richtung der Seele, daß die Seelenkraft, der Ma-
gnetnadel, die immer nach den Polen hinstrebt,
gleich, nicht eher ruhet, als bis sie den einzigen
Gegenstand ihres Thätigkeitstriebes gefunden
hat. Fast alle Menschen haben eine größere
Mannichfaltigkeit in ihren Annehmungsfähig-
keiten. Obigen Rath, den Trieb zur Thätigkeit nicht auf die Musik fallen zu lassen, würde
ich

ich jedoch wieder auf den Fall zurücknehmen,
da man ſähe, daß er ſonſt auf höchſt ſchädliche
Dinge fallen und ſich nicht auf etwas Gutes
lenken laſſen würde.   Dieſer Fall würde aber
nur dann Statt finden können, wenn man die
erſtere Jugendzeit zur Bildung der Seele nicht
weiſe genutzt hätte.   Außer dieſem Fall ſollte
man nicht Perſonen von hoher Geburt die Muſik bis zum Enthuſiasmus treiben laſſen. Nicht
leicht darf man hoffen, daß aus einem großen
Muſiker ein guter Fürſt und vortreflicher Mi-
niſter oder Beamter werde.   Und der Fall, daß
die Muſik das ordentliche Amtsgeſchäfte aus-
mache, findet bey Perſonen von hoher Geburt
nicht Statt.   Beym regierenden Fürſten hat
die Leidenſchaft der Muſik gewöhnlich nicht
nur die Wirkung, daß er die Sorge für die ſeiner väterlichen Aufſicht und Pflege anvertrauten Menſchen aus dem Geſicht verliert, welches
im mindern Grade auch bey Miniſtern und
andern hohen Beamten auf eine ähnliche Weiſe
geſchieht, ſondern daß er auch die Landesein-
künfte durch koſtbare Kapellen verſchwendet.
Hätte es nur noch die Folge, daß ſolche Regenten ihr ganzes Land muſikaliſch machten:
ſo würde ich dieſes ſonſt nicht mit zu den Uebeln

C 4   jener

jener Musikleidenschaft rechnen. Aber darum, bekümmern sich solche Fürsten nicht leicht. Sie wollen nur immer das Vergnügen der Musik selbst bis zur Schwelgerey genießen. Zwar verbreitet sich die Liebe zur Musik von selbst über ein Volk mit, wenn der Fürst sie liebt; allein dann geht's leicht dem Volke so wie dem Fürsten. Musik wird Hauptgeschäft, und es sollte Erholung seyn. Wollte man dagegen das Beyspiel des größten Kriegesfürsten unsrer Zeit anführen: so müßte ich dagegen anmerken, daß selbiger zu den höchst seltnen Menschen gehört, die für viele große Vollkommenheiten und Unternehmungen eine außerordentliche Seelenempfänglichkeit haben, und sich nicht leicht von einer Leidenschaft beherrschen lassen.

Wider das Vergnügen der Musik könnte nun endlich noch ein Einwurf gemacht werden, der vielen Schein hat, aber doch dem, was ich zum Lobe der Musik gesagt habe, nach sorgfältiger Prüfung nicht widerspricht. Man findet nämlich nicht wenige große Tonkünstler und gemeine Musiker, die ein unordentliches und selbst liederliches und niederträchtiges Leben führen. Es könnte also scheinen, daß dasjenige, was ich vom vortheilhaften Einfluß der

Musik

Musik auf die Beförderung und Erhaltung ei=
ner guten Ordnung in der Seele gesagt habe,
nicht genug gegründet wäre. In Absicht auf
die gemeinen Musiker ist erstlich zu erinnern,
daß selbige mehr durch Zufall oder Willen der
Aeltern veranlaßt werden, Musikanten zu wer=
den, als durch ein angenehmes Gefühl für die
Annehmlichkeit der Töne und deren Harmonie
und Melodie. Für diese wirkt indessen doch
die Musik in Rücksicht auf den moralischen
Charakter an sich vortheilhaft. Die Wirkung
davon ist aber, wenn nicht sonst viele gute Tu=
gendanlagen in der Seele sind, nicht so stark,
daß sie vielen sonstigen Anlässen zu Seelenunord=
nungen genug widerstehen könnte. Es finden
sich aber gedachte nachtheilige Anlässe in man=
nichfaltigen Dingen, die mit dem Leben eines
Musikanten verknüpft sind. Wir wissen es,
wie ihr Leben fast immer in Nachtschwärme=
reyen hingeht, wie viele nächtliche Unordnun=
gen sie immer sehen, wie sie immer Versuchun=
gen zum Trunk ausgesetzt sind, und wie wenig
sie beym Spielen der Instrumente auf eine
vortrefliche Ausübung zu sehen Ursache finden.
Hat einer wirklich aus Neigung die Musik zu
seinem Geschäft gemacht: so hat er oft einen

so eingeschränkten Seelenblick, daß er auf nichts
als auf Musik aufmerksam ist, und selbst die
Empfindungen der Menschen nur höchstens im
musikalischen Ausdruck studirt. Er bekommt
also nicht ein genug allgemeines und sich über
das menschliche Leben und die Welt ausdehnen-
des Gefühl für passende und gleichsam wohl-
tönende Verhältnisse. Endlich treibt er Musik
nicht nur bis zum Enthusiasmus, sondern auch
bis zur gänzlichen Ermüdung. Was Wunder
nun, wenn er bey dem eingeschränkten Gefühl
in Ansehung der Harmonie und des Rhythmus,
an die Eurhythmie des menschlichen Lebens nie
denkt, und also nicht Gefühl dafür bekommt,
wenn gleich die Seele eine Stimmung zur Annehmung dieses Gefühls hat! Was Wunder,
wenn die Idee von dem Vergnügen der Musik
beym Ausruhen auf die Idee von einem mit
weniger Mühe verknüpften Vergnügensgenuß
im Essen, Trinken, Spielen, und in der Liebe
gleichsam abgeleitet! Bey einem Musiker, den
sein Genie zur Cultur der Musik hingeführt
hat, wird auch, weil die ordentliche Arbeit desselben in einem Geschäfte besteht, das Vergnügen geben soll, der Hang zu Ideen, die sinnliches Vergnügen zum Gegenstande haben, leicht

gar

gar zu stark; und so fällt ein Musiker in sei=
nen Erholungsstunden wieder auf sinnliche Ver=
gnügungen, deren Genuß keine Anstrengung
erfordert. So ist es nicht mit Personen be=
schaffen, deren gewöhnliche Geschäfte von ganz
andrer Art sind. Wenn diese eine schöne Mu=
sik hören: so verlieren darüber die Berufsge=
schäfte und die damit verbundnen Endzwecke
ihren Reiz nicht. Und weil die Musik auch
nicht zu den Vergnügungen gehört, die die
Seele gleichsam berauschen: so verliert sie auch
nicht die Lust, zu ihren täglichen Berufsarbei=
ten zurück zu kehren. Was zu Ausschweifun=
gen der Virtuosen noch vorzüglich starke An=
lässe giebt, ist die Vorstellung, daß man in den
Ruhestunden nicht Plane machen darf, um Ge=
winnstquellen zu entdecken, sondern daß man
sich vorstellt, man habe an seinem Instrument
oder an seiner Kehle eine Geldquelle, woraus
man immer beliebig das Nöthige schöpfen kann.
Und damit vereinigt sich noch die Bewunde=
rung und Nachsicht, welche die Vornehmen und
Reichen, und alle, die an der Tonkünstler zau=
berischem Spiel und Gesang ihre Seelenweide
finden, für sie zu haben pflegen. Selbige trift
bey ihren Lastern also nicht die Verachtung,
woduch

woburch Andre, die ausschweifen, gestraft und
vorm Laster mit bewahrt werden.　Jene Nach=
sicht zeugt und nährt auch den Eigensinn und
die unerträgliche Laune, welche man bey so
vielen Virtuosen zu finden pflegt.

Die Musik selbst also und deren Geist, wenn
ich mich so ausdrücken darf, ist daher unschul=
dig, und für den Menschen und die menschliche
Gesellschaft wohlthätig, und wenn sie nach=
theilig wirkt: so rührt dieß von zufälligen Um=
ständen her, welche alles, was an sich vortref=
lich ist, schädlich werden lassen können.

Und was ist nun noch hinzuzusetzen, um den
Werth des Tanzvergnügens zu bestimmen?
Wir haben beim Tanz theils auf den theatra=
lischen, theils auf den gemeinen Tanz zu sehen.
Ueberhaupt hat der Tanz das Eigne, daß ge=
wisse tactmäßige und rhythmische Bewegungen
durch den Körper und dessen Stellungen aus=
gedrückt werden.　Ich habe es schon gesagt,
daß diese Bewegungen ohne Rücksicht auf die
etwanige Schönheit der tanzenden Personen
und auf gewisse dem Scheine nach übernatür=
liche körperliche Wendungen und Kraftäuße=
rungen nicht eine so starke Wirkung zur Un=
terhaltung haben, als die Bewegungen in den
Tönen.

Tönen. Selbst bey den tanzenden Personen ersetzt das angenehme Gefühl, welches die Seele in Verbindung mit dem Körper von der melodischen Bewegung des Körpers erhält, das, was dem Tanz in Vergleichung mit der Musik fehlt, noch gar nicht. Man findet nie Einen oder Mehrere auch nur eine Stunde bloß tanzen, aber oft unterhält einer sich allein stundenlang mit der Musik. Daher rührt es, daß der Tanz die Musik immer zu Hülfe nimmt; und wenn von dem Tanzen und dessen Folgen die Rede ist: so denkt man eigentlich an die vereinigte Wirkung der Musik und des Tanzens. Und nimmt man den Tanz so: so ist es nicht nöthig zu zeigen, daß die Wirkung des Tanzes weit stärker seyn müsse, als die Wirkung der Musik allein.

Zur Bezeichnung der Empfindungen und Leidenschaften der Seele ist beym Tanzen nicht nur die von der Musik begleitete und unterstützte Bewegung des Körpers da, sondern es kommen noch manche außer der Sphäre der Bewegung liegende Stellungen und Mienen und Blicke dazu. Alles dieß wird noch oft durch eine natürliche Grazie und durch den Rhythmus, den Aristides Quintilianus selbst

den

den körperlichen Formen, so wie sie auf einmal
in die Augen fallen, beygelegt hat, nicht wenig
erhöhet.   Aus allem diesem wird es begreiflich, wie leicht das Vergnügen des Tanzes,
wobey so viele sinnliche harmonische und ge-
sangmäßige Gänge der Bewegung, sich vereinigen, und die beyden feinsten Sinne des Körpers wetteifernd liebkosen, die allerstärkste Leidenschaft bewirken, und den Menschen dergestalt hinreißen können, daß er von Kräften ganz
erschöpft oft dahin sinkt, und selbst dem Tode
in die Arme fällt, ehe die Seele dieses Vergnügen einer so vielfachen Bewegung, wodurch
Sinne und Imagination endlich entzückt werden, fahren lassen, und erst neue Kräfte samm-
len will.   Dieß alles kann Statt finden, wenn
auch gleich nur noch gewisse Arten der Empfindungen durch Tanz und Musik ausgedrückt
werden, und wenn der Text dazu noch nicht
gleichsam besonders abgedruckt wird.   Dieses
geschieht aber in nicht wenigen Theatertänzen
und andern künstlichen Tänzen auf eine so gute
Art, daß es dem Zuschauer nicht schwer wird,
den Theil des menschlichen Lebens sich sehr bestimmt vorzustellen, den man dadurch bezeich-
net. Sobald der Tanz zu dieser Vollkommenheit
sich

sich erhebt: so steht es bey dem, der den Tanz componirt, es zu bestimmen, wie unschuldig oder verführerisch der Tanzroman werden solle. Daß manche Tänze den wollüstigsten Romanen aber nichts nachgeben, ist Allen genug bekannt, die Tänze dieser Art gesehn haben. Und oft macht uns eine Gesellschaft, die sich schämt, einen ordentlichen Crebillonschen Roman von der Art vorzulesen, ohne Umstände mit einem solchen Roman bekannt, und wirkt dadurch weit mächtiger, als irgend ein andres Verführungsmittel wirken könnte, sowohl auf sich selbst als auf Andre. -

Da sehen Sie, meine werthesten Zuhörer, die Beschaffenheit des Tanzes überhaupt und dessen Wirkungen. Wir sehen hieraus, daß das Vergnügen des Tanzes bey allen denenjenigen, die es lieben, sehr leicht bis zur Leidenschaft und zur Trunkenheit steigt, daß dieß bey den unschuldigsten Tanzgattungen Statt findet, und daß darin das Tanzen überhaupt eine sehr nachtheilige Seite hat. Bey der Musik findet sich das nur bey sehr wenigen großen Liebhabern und Kennern. Und steigt das Vergnügen der Musik auch bis zur Leidenschaft: so hat es dann doch noch nicht so gefährliche Folgen, als das Vergnügen des Tanzes. Allein

Allein wir müssen, um die Moralität des Tanzens richtiger zu bestimmen, noch einen Blick auf die gewöhnlichen Bälle und Tänze werfen. Auch unter diesen giebt es Manche, die an sich nicht unschuldig genug sind, und die nicht genug reine Empfindungen und Vorstellungen erwecken und veranlassen. Im Ganzen können wir aber doch von der größten Anzahl von Tänzen, womit man sich auf Bällen unterhält, sagen, daß sie in der Hinsicht nicht leicht schädlich sind. Aber allenthalben und fast allgemein bemerkt man bey Bällen und bey Tänzen eine leidenschaftliche Bewegung unter den Tänzern und Tänzerinnen. Diese leidenschaftliche Vergnügungsbewegungen haben verschiedene sehr nachtheilige Folgen für die Seele und für den Körper. Es ist bekannt, daß eine von einer Art des Vergnügens berauschte Seele leicht eine Begierde bekommt, theils dieses Vergnügen noch im höhern Maaß zu genießen, theils den Genuß andrer Vergnügungen damit zu verbinden. Wenn unter den Tanzenden das Gefühl für Anständigkeit und Tugend nicht stark ist: so weicht man, sobald das Vergnügen des Tanzens stark wird, sehr leicht von einer gewissen Delicatesse im Ausdruck und im Betragen gegen

gen Andre ab. Geschieht das auch nicht: so
hat man doch dahin gehende Stimmunzen der
Seele. Bey Personen, die in der Hinsicht nicht
auf der Hut sind, und bey dem großen Haufen
der Menschen, der sich mehr so zeigt, als er ist,
findet man auch immer, daß man dann anfängt,
sich mancherley Freyheiten und unanständige
Vertraulichkeiten zu erlauben, die vorher nicht
Statt fanden. Unter einem Haufen von gemeinen Leuten endigt sich das Tanzen sogar oft mit
Trunkenheit und toller Raserey. Es bestätigt
also die allgemeine Erfahrung die Gedanken, die
vorher aus der Natur der Sache herausgelei-
tet waren.

In Ansehung des Körpers ist vom Tanzen
auch nicht wenig zu fürchten. Die starke Bewegung des Vergnügens, welche alle überein-
stimmende rhythmische Bewegungen des Tanzes und der Musik zur Folge haben, hindert die
Tanzenden auf die nach und nach sich erschöp-
fenden Kräfte des Körpers genug zu merken,
und zu gehöriger Zeit aufzuhören. Das Blut
und alle Säfte bekommen einen stürmischen
Kreislauf, und bricht sehr oft durch die zarten
Gefäße der Lunge hindurch. Oft kann das Herz
oder das Gehirn den Sturm der Bewegung in

2. Theil.   D   den

den Säften und im Blut nicht ertragen. Die
edelsten Theile und Gefäße des Körpers zerreis=
sen, und der vor einem Augenblick bis zur Ent=
zückung vergnügte Tänzer fällt plötzlich todt
dahin. Fast kann ich annehmen, meine Herren,
daß keiner unter Ihnen sey, dem nicht wenig=
stens Beyspiele von plötzlichen und gefährlichen
Krankheiten als Folgen des übermäßigen Tan=
zens bekannt wären. Und wie Viele giebt es,
die das Vergnügen eines Tanzes mit einem
lebenslang siechen Körper bezahlen müssen! Ich
habe es schon angemerkt, daß ein sonst mächti=
ges Gefühl für Anständigkeit in den leidenschaft=
lichen Bewegungen des Gemüths verloren geht.
Dieß zeigt sich auch darin, daß man nicht die
ganze Grazie des melodischen und harmonischen
Ganges in der Musik und in der Bewegung des
Körpers bey der starken Aufwallung des Bluts
mehr zu empfinden und davon die Reize wahr=
zunehmen fähig ist. Unter einer Reihe von zwan=
zig Tänzern sind oft kaum Einige, die noch durch
ihre Bewegung eine solche Empfindung und
Wahrnehmung der Seele an den Tag legen.
Selbst unter denjenigen, welche sich nicht bis
zur Leidenschaft bewegt finden, giebt es noch
Viele, die sich doch nicht mäßigen, und nicht
zu

zu rechter Zeit aufhören. Sie haben eine falsche
Schaam über die Vorstellung, daß sie nicht soll=
ten im Tanz so gut ausdauern können als An=
dre, und so tanzen auch diese sich oft eben so=
wohl krank oder todt als Andre, die bloß von
Vergnügen trunken dahin tanzen. Zu allem
diesem kommt noch eine Bemerkung, die uns auch
das itzt übliche Tanzen von einer sehr nachthei=
ligen Seite zeigt. Es ist nämlich bekannt, daß
man der Menuet, womit ein Ball angefangen
wird, worin feine Höflichkeit mit einer gefälli=
gen Majestät und Würde so angenehm verei=
nigt ist, wodurch jeder Theil der Bewegung so
wohl ausgedrückt werden kann, und wobey
endlich die Bewegung des Körpers nicht gar zu
angreifend ist, itzt kaum eine halbe Stunde be=
stimmt, sondern sogleich zu den englischen Tän=
zen fortgeht.

Nehmen wir nun alles, was beym Tanzen
bemerkt ist, zusammen: wie können wir, meine
Herren, sagen, daß dieses Vergnügen, so wie
es gewöhnlich genossen wird, zu billigen und zu
empfehlen wäre! Aber werden wir auf der an=
dern Seite es auch wagen können, diese Art des
Vergnügens zu verdammen, und darauf zu drin=
gen, oder auch nur zu wünschen, daß diesem

D 2 Ver=

Vergnügen ein Ende gemacht werde? Ist es weise, in Religionsbüchern das Tanzen schlechterdings zu den sündlichen Vergnügungen zu rechnen? Das, was wir über die Natur des Tanzes und der Musik gesagt haben, beweist es überflüßig, daß der Tanz ganz natürlich sich mit gewissen festlichen Gemüthsbewegungen vereinigt, daß, wenn feine und anständige Empfindungen und Gesinnungen dadurch ausgedrückt werden, und man sich vor Unmäßigkeit in diesem Vergnügen hütet, das Tanzen nicht allein unschuldig ist, sondern auch das Gefühl für Feinheit, Anständigkeit und Harmonie vermehrt, und den ganzen Menschen mehr menschlich und gefällig macht. Da der Mensch durch die Natur selbst, wie das die Geschichte aller Nationen genug zeigt, so sehr zu diesem Vergnügen hingezogen wird: so wäre es auch vergeblich, auf die gänzliche Abschaffung dieses Vergnügens zu dringen. So bleibt uns also nichts übrig, als daß wir getreulich unsre Nebenmenschen mit dem bekannt machen, was beym Tanz für ihre Glückseligkeit zu fürchten ist, um sie dahin zu bewegen, daß sie sich es gefallen laffen, im Genuß dieses Vergnügens die Quelle rein zu halten, in den Grenzen der Natur zu bleiben, und dieß

Vergnü-

Vergnügen ein wahres und reines Vergnügen
werden zu lassen.   Würde das Tanzvergnügen
mit der Mäßigkeit genossen, womit man es,
wenn man Unterricht beym Tanzmeister darin
nimmt, zu genießen pflegt; und schränkte man
sich in dieser ohnehin nicht schwachen Bewegung
auf ein bis zwey Stunden ein: so würde es für
sitzende Personen selbst als eine sehr heilsame
Sache auch in Ansehung des Körpers anzurathen seyn.   Für Personen von sitzender Lebensart wäre es im Winter, darin man sich nicht so
leicht durch Spazierengehen die nöthige Bewegung verschaffen kann, selbst sehr zu wünschen,
daß sie wöchentlich ein paar mal eine Stunde
tanzen könnten.   Würden wir endlich gefragt,
ob auch diejenigen, die zu Wächtern über die
Menschen in Absicht auf Religion, Pflichten und
Moralität bestimmt sind, sich erlauben dürften,
zu tanzen: wie hätten wir darauf zu antworten?   Das Amt der Religion ist mit Recht ein
Amt vieles Ernstes. Alles, was nahe an Leicht-
sinn oder leicht unter der Gestalt einer Unordnung erscheinen kann, muß es sorgfältig vermeiden, wenn es in die Seelen der Menschen leicht
Eingang finden und keinem schwachen Menschen
zum Anstoß gereichen will. Diejenige Heiterkeit

D 3   und

und selige Wonne, welche Beobachtung der Pflicht,
Liebe und Vertrauen gegen Gott und das Gefühl von Ordnung in den Gedanken und Neigungen der Seele mit sich führt, mag man in dem
Gesicht des Predigers und in seinem ganzen Betragen lesen; aber er erscheine immer als ein
geruhiger sich beherrschender Weise, und predige
so noch mehr durch sein Leben, als durch seine
Lehren. Zwar ist auch der Prediger ein unvoll-
kommener Mensch; allein es ist seine Pflicht, alle
seine Kräfte anzuwenden, vor Andern vollkommen zu seyn, weil der große Haufen der Menschen und besonders der gemeine Mann beym
Prediger sich einen über die gewöhnlichen Schwächen erhöhten Boten und Diener Gottes vorstellt,
und dessen Leben also vorzüglich untadelhaft finden will. Nach diesen Begriffen, die wir alle vom
Prediger und dessen Pflichten haben müssen, würde es ihm zu rathen seyn, ein Vergnügen zu vermeiden, das im Ganzen eher übel als gut genutzt
wird, und bey dessen Genuß er nicht nur in Versuchung geriethe, zu weit zu gehen, sondern auch
manchen Tänzer oder manche Tänzerin anträfe,
mit denen er deren Unordnungen und Ausschweifungen gleichsam beym Tanzen theilen müßte.

Ein

Ein und zwanzigſte Betrachtung.

Von einigen zum Schauſpiel die=nenden Kunſtfertigkeiten und Kunſtwerken.

Unter dem Namen der Kunſtfertigkeiten und Kunſtwerke begreife ich, meine Herren, außer den Feuerwerken und Illuminationen, die Künſte der Seiltänzer, der Springer, der Balancirer, der Poſituremacher, der Kunſtbereiter, der Taſchen= ſpieler und etwaniger Andrer, die es ſich zum Geſchäfte machen, außerordentliche Leibesge= ſchicklichkeiten zu erwerben und zu zeigen, zu= ſammen.

Was die Feuerwerke betrift: ſo iſt es be= kannt, daß man dadurch vermittelſt der Licht= erſcheinungen allerhand menſchliche Werke, Fi= guren, Bewegungen, Schriften und zur Fabel

lehre

lehre und Geschichte gehörige Dinge hervorzubringen und vorzustellen pflegt. Sehen wir
auf die Eindrücke, welche alle diese verschiedenen Vorstellungen und Erscheinungen mit Rücksicht auf unsre Gesinnungen machen: so scheinen selbige nicht von großer Wichtigkeit zu
seyn. Gemeiniglich finden wir bloß mancherley Gestalten und Formen, deren Darstellung
unsere Beurtheilungskraft und Geschmack in
Absicht auf wohl oder übel getroffene Nachah-
mungen der Natur und der Kunst etwas üben
und bilden kann. Sehr selten erwecken dergleichen Darstellungen bey uns Gedanken und
Neigungen, die von wichtigen Folgen in Ansehung des menschlichen Lebens und der menschlichen Glückseligkeit seyn können. Enthalten
die in Feuer dargestellten Figuren auch Worte
und schriftlich ausgedruckte Gedanken: so machen diese sehr wenig aus, und so sind auch
diese nicht einmal das, woran sich der Zuschauer vergnüget. Er beschäftigt sich höchst-ns
nur flüchtig mit den so ausgedruckten Gedanken, und weidet eigentlich sein Auge an den in
Ruhe oder Bewegung vorgestellten Formen, und
an dem mit der Dunkelheit der Nacht so angenehm contrastirendem Licht des Feuers. In
der

der Hinsicht scheint also das Vergnügen, das
die Feuerwerksschauspiele uns machen, unschäd=
lich und unschuldig zu seyn.   Wir müssen aber
mit unsrer Betrachtung nicht bloß dabey stehen
bleiben; sondern untersuchen, was dieses Ver=
gnügen uns an Arbeit koste, wie weit diese Ar=
beit in der menschlichen Gesellschaft wohl an=
gewandt sey, und wie weit das darauf ver=
wandte Geld einen nützlichen Beytrag zur Be=
förderung des Umlaufs des Geldes liefere.
Nun ist es aber bekannt, daß oft nicht wenige
Personen Monathe arbeiten müssen, um uns
ein Vergnügen auf eine Stunde zuwege zu
bringen.   Bauen wir uns prächtige Häuser,
und schaffen wir uns schöne Mobilien an: so
haben wir doch darin theils etwas für unsre
wahren Bedürfnisse, theils ein fortdauerndes
Werk, theils einen vielleicht lebenslang wäh=
renden angenehmen Anblick.   Und Sie wissen
es, meine Herren, wie wenig ich selbst das mit
einem solchen Luxus verknüpfte Vergnügen ha=
be billigen können.   Bey den Feuerwerken aber
sieht man die Materialien dazu sowohl als die
Kunst der Arbeit in kurzer Zeit zernichtet.
Zwischen der Arbeit und dem dadurch veran=
laßten Vergnügungsgenuß ist also bey Feuer=
D 5   werken

werken ein äußerst anstößiges Mißverhältniß.
Wer daran denkt, dem muß es nothwendig ein=
leuchten, daß es der Natur der Sache nach
höchst unbillig ist, wenn zur Hervorbringung
einer Menge von Materialien und zu Bearbei=
tung derselben viele Zeit und Arbeit verwandt,
und dafür bloß eine kurz vorübergehende Au=
genweide erkauft wird.   Gewöhnt man sich
dazu, so eine Art der Unbilligkeit und des Miß=
verhältnisses gleichgültig anzusehen: wie na=
türlich ist es, daß der allen gesellschaftlichen
Verbindungen so nützliche Abscheu vor allen
Arten der Unbilligkeiten dadurch sehr vermin=
dert wird!   Auch finde ich etwas über allen
Ausdruck Kleines darin, daß man, um ein so
schnell vorübergehendes sinnliches Vergnügen
zu haben, so viele Anstalten machen lassen kann.
Es ist, als wenn es keine Vergnügungen für
uns auf der Welt gäbe, die denkender Wesen
würdig wären, oder als wenn wir, wie elende
Sklaven der Sinnlichkeit, nach dem bis zum
Eckel gehabten Genuß aller andern länger dau=
ernden und mehr sich auf natürliche Bedürfniße
beziehenden sinnlichen Vergnügungen nun nach
dem Kitzel einer noch ungekosteten und uns
neuen sinnlichen Wollust lechzeten, und jeden
                                        Tropfen

Tropfen derselben begierig hinunterschlürften.
Auch ist es den Menschen nicht heilsam, daß sie
die Idee einer solchen muthwilligen Zerstörung,
als bey den Feuerwerken Statt findet, gleichgültig ertragen lernen. Die Masse der zu unsrer wahren Glückseligkeit dienenden Güter gewinnt sehr dadurch, daß alles im Staat einen
Geist der Erhaltung hat, und jede Art unnö-
thiger Zernichtung hasset. Diejenigen, welche
an solchen Dingen arbeiten, und selbst den
größten Fleiß anwenden müssen, um alles recht
zu machen, können auch nie die eines Menschen
so würdige angenehme Vorstellung haben, daß
sie ihren Nebenmenschen durch ihre Arbeit etwas zur Befriedigung wahrer Lebensbedürfnisse
verschaffen. Und kommen sie so weit, daß ihnen eine solche Vorstellung gleichgültig wird:
so werden sie auch das feine Gefühl für jeden
andern Mißton in der menschlichen Gesellschaft
bald verlieren.

Nach allen diesen Betrachtungen glaube
ich nicht zu hart von den Feuerwerken zu
urtheilen, wenn ich glaube, daß man zu
einer symbolischen Vorstellung des Leicht-
sinns, der Frivolität, einer kindischen Kleinheit der Seele, kein die Sache natürlicher
bezeich-

bezeichnendes Bild, als ein Feuerwerk, wäh=
len könnte.   Wollte man zur Rechtfertigung
dieses Vergnügens sagen, daß doch immer die=
jenigen Menschen, welche dabey gebraucht wer=
den, so Arbeit und Brodt fänden: so wolle
man dagegen bemerken, daß keine Art der Ar=
beit müsse begünstigt werden, die nicht eine
Beziehung auf unsre wahren Leibes = oder See=
lenbedürfnisse haben, daß es nicht leicht ein
Land giebt, wo nicht durch mehrere Arbeit noch
der Natur mehr zur Nahrung und Unterhaltung
der Menschen abgewonnen werden könnte, daß
jede Staatseinrichtung durch viele vereinte
Kräfte die Menschen zu einer die Bevölkerung
und wahre Glückseligkeit bewirkenden Arbeit=
samkeit hinführen, und daher von jedem un=
nützen Geschäfte abhalten sollte, und daß es
einer der größten politischen Irrthümer ist, wenn
man glaubt, daß eine große Menschenanzahl
und deren Unterhalt durch irgend eine Arbeit,
die nicht zur Hervorbringung wahrer Lebens=
bedürfnisse dient, befördert oder erhalten wer=
den könne.   Gewinnt man dadurch Geld und
erhält man dafür Lebensmittel, und geben Ar=
beiten, womit man für der Menschen Tände=
ley, Eitelkeit und sinnliche Lust sorgt, Anlaß

zur

zur Vermehrung der Menschen: so ist es ein
Zeichen, daß da, wo die Natur mehrere Men=
schen haben könnte und sollte, die Anzahl der
Menschen sich vermindert; so fließt daraus,
daß sonst unnöthige Wegschaffung der Lebens=
mittel von den Oertern, wo die Natur sie giebt,
nach den Oertern, wohin die muthwillig von
dem Busen der Mutter weglaufenden Söhne
der Natur hingegangen sind, nun nöthig wird,
und so kann man annehmen, daß, weil weni=
gere Hände daran arbeiten, der Natur zur Her=
vorbringung wahrer Lebensbedürfnisse alle er=
forderliche Pflege zu geben, die Menschenan=
zahl, die immer mit dem Vorrath der Lebens=
mittel überhaupt in gleichem Verhältnisse steht,
geringer seyn muß, als sie seyn könnte.   Wird
also durch dergleichen unnütze Arbeit eine Art
des Flors bewirkt: so ist das ein kleines par=
tiales Gut, das ein allgemeines größeres Uebel
zur Folge hat, und also nicht eigentlich ein Gut
genannt werden kann.   So geht's auch mit
dem Geldumlauf.   So nützlich dieser auch ist,
so sehr er, weil der Umsatz der Lebensbedürf=
nisse dadurch bewerkstelligt wird, nützliche Thä=
tigkeit und Leben zur Hervorbringung der Le=
bensbedürfnisse veranlaßt: so muß er doch nie

durch

durch andre Zweige der Handlung und des Gewerbes befördert werden, als welche wahre Bedürfnisse des Menschen zum Gegenstande haben. In jedem Betracht ist also dieses Vergnügen, welches so wenige Seelenwürde im Menschen ankündigt, ein verwerfliches Vergnügen!

Von dem sehr nahe damit verwandten Vergnügen der Illuminationen können wir nicht so nachtheilig urtheilen. Erstlich ist es nicht sowohl ein Schauspiel, als ein öffentlicher Ausdruck der Freude und Dankbarkeit über irgend eine Glückseligkeit, die uns wichtig ist. Dann ist das Vergnügen nicht etwas so schnell Vorübergehendes. Dazu kommt noch dieß, daß es bey weitem nicht so kostbar ist, und daß es nicht so viele Verwüstung und Zernichtung mit sich führt.

Von den Seiltänzern und den andern schon genannten Künstlern haben wir das Nachtheilige nicht zu sagen, daß dadurch der menschlichen Gesellschaft viele brauchbare Menschen entzogen werden, und daß deren etwanige Kunstwerke vielen Menschen Beschäftigung geben. Wenn solche Leute auch geduldet und selbst begünstiget werden: so können doch nicht Viele eine solche Lebensart ergreifen. Niemand wünscht

wünscht leicht mehr, als ein oder zweymal derz
gleichen Künste zu sehen. Das erstemal sieht
man sie gewöhnlich mit großer Begierde und
vielem Vergnügen. Selten findet man sich
bewogen, zum zweytenmal hinzugehen, wenn
nicht neue Kunststücke dazu anlocken. Die
Kunststücke wirken nämlich selten mit einigem
Reiz auf uns. Das ganze Vergnügen des
Zusehens gründet sich auf die Vorstellung von
den Schwierigkeiten, welche der Künstler durch
seine Kräfte und Geschicklichkeiten zu überwinden hat, und auf die uns unmöglich scheinende
wirkliche Ueberwindung jener Schwierigkeiten.
Sind wir von dieser Ueberwindung der Schwierigkeiten Zeugen gewesen: so finden wir uns
ein andermal nicht mehr genug bey einem solchen Schauspiel beschäftigt, um einiges Geld
dafür hinzugeben, es sey denn, daß wir die
Art, wie der Künstler alles macht, noch nicht
bemerkt haben, und daß wir hoffen, selbige in
den nächstfolgenden Malen zu entdecken. Diese
Bemerkungen machen es schon wahrscheinlich,
daß nie viele Menschen sich Kunstfertigkeiten
widmen können, dabey auch in den größten
Städten kaum einer seinen Unterhalt beständig
finden kann. Auch diejenigen, welche in diesen

sen körperlichen Künsten es sehr weit bringen,
sehen sich genöthigt, mit ihren Künsten von Ort
zu Ort, und von Land zu Land zu reisen. Endlich giebt es auch nicht viele Menschen, welche
durch einen von selbst entstehenden starken Hang
zu dergleichen Kunstübungen hingeführt werden.
Es ist also die Summe der Menschen, welche
auf diese Weise für andere Geschäfte des menschlichen Lebens verloren gehen, nicht groß, und
von der Seite findet sich nicht sehr viel Nach-
theiliges für gesellschaftliche Verbindungen der
Menschen in diesen Künsten. Damit sind selbige
aber noch nicht gerechtfertigt, wenn selbige an
sich den Menschen nicht ein ihrer würdiges Vergnügen verschaffen, und sonst keine vortheilhafte
Wirkungen für die Menschen haben. Es ist
schon zu viel, wenn auch nur ein Mensch seine
Zeit und Mühe unnützen Geschäften schenkt.

Um den Werth dieser Künste richtig zu be-
stimmen, wollen wir aber theils noch auf die
Künstler, theils auf die Zuschauer sehen. Die
Künstler selbst sind gewöhnlich ihren natürlichen
Talenten und Anlagen nach Menschen, die dem
Staat sehr nützlich seyn könnten. Oft haben
sie vortrefliche Seelenkräfte, und fast immer
außerordentliche Stärke des Körpers und der
Muskeln.

Muskeln. Die Künste, welche sie ausüben, enthalten nichts, wodurch unmittelbar der öffentliche Schatz der Glückseligkeit vermehrt werden könnte. Auch können sie nicht mit einiger Sicherheit hoffen, daß sie mittelbar etwas zur Glückseligkeit der Menschen beytragen. Diese Leute haben also nie das Bewußtseyn, daß sie ein den Menschen nützliches Geschäft treiben, und wenn sie über sich nachdenken: so fehlt ihnen eins von den Dingen, ohne welche keine Zufriedenheit und Ruhe der Seele Statt findet. Seiltänzer, Springer und Kunstbereiter sind auch nie wegen ihrer Gesundheit und ihres Lebens außer aller Gefahr. Es ist bekannt genug, daß die Sicherheit, womit sie ihre Künste ausüben, gemeiniglich endlich eine Veranlassung zu vieler Sorglosigkeit giebt; und daß Wenige dieser Leute natürlichen Todes sterben. Gewöhnlich kommen sie durch einen Fall um Gesundheit oder Leben; und was können sich diese armen Leute dann zu ihrem Troste sagen? Thun sie immer alles mit der erforderlichen Vorsicht: so ist auch von dieser Vorsicht nicht leicht eine sie beunruhigende Besorglichkeit oder selbst Angst ganz getrennt. Man findet es selbst bey näherer Untersuchung oft, daß sie

3. Theil.   E   durch

durch Anwandlungen der Angst in der Stunde,
da sie ihre Künste machen wollen, anfänglich
eine kleine Weile abgehalten werden, dieselben
anzufangen.　Und wie wäre es auch möglich,
daß ein Seiltänzer, der hoch über der Erde sich
einem Seil überläßt, an den Fall, da er schwind-
licht würde, oder sein Fuß ausglitte, oder das
Seil bräche, gar nicht dächte! Wie kann ein
Springer, wenn er sich über die Spitzen von
einer Reihe entblößter Schwerdter hinschwin-
gen, oder von einer Höhe herunter mit wiederholten Umdrehungen sich zur Erde herabbege-
ben will, sich wohl gänzlich der Vorstellung
enthalten, daß er wegen eines zufälligen Hin-
dernisses oder wegen einer einmal etwas irrig
bestimmten Kraftanwendung leicht gespießt
werden oder Hals und Bein brechen könnte!
Wie unmöglich ist es, daß ein Mensch, der in
tausend Stellungen auf zwey und mehrern muthig dahin galopirenden Pferden erscheint, sich
auf sein Einverständniß mit diesen Thieren und
auf seine große Geschicklichkeit vollkommen ver-
laffen, und so mit aller Ruhe und Sicherheit
seine Künste treiben könne! Große Meister
im Balanciren haben gemeiniglich unter ihren
Kunststücken nicht wenige, welche mit Gefahr

des

des Lebens verknüpft sind. Die Positurenma-
cher verberben ihren Körper dadurch, daß sie
ihn unnatürliche Wendungen machen lassen, und
daß sie den festern Theilen und Verbindungen
desselben die natürliche Kraft nehmen, bis auf
einen hohen Grad. Auch erregen sie gemeiniglich durch höchst unnatürliche und dem Körper
viele Gewalt anthuende und zum Theil an sich
scheußliche Stellungen für einen jeden, der über
einen so wenig mit den Naturbestimmungen
übereinkommenden Gebrauch des menschlichen
Körpers und der menschlichen Glieder nachdenkt, einen höchst widerlichen Anblick.

Sehen wir auf die Zuschauer, die sich einfinden, die bisher angeführten Künste anzusehen: so besteht das Vergnügen, das sie finden,
fast bloß darin, daß sie Dinge vollbracht sehen,
wovon sie glauben, daß sie über der Menschen
Kräfte und Geschicklichkeiten seyn. Die Bemerkung der Art und Weise, wie das geschieht,
wozu sie nicht leicht gelangen, ist ihnen auch
von keinem Nutzen. Auf die ordentlichen Geschäfte des Lebens lassen sich dergleichen Geschicklichkeiten nicht leicht anwenden. Und ließ-
sen sie sich auch darauf anwenden: so würde
doch die Uebung, welche die Erwerbung einer

solchen Geschicklichkeit erfordert, mehrere Zeit
wegnehmen, als man dazu entbehren oder hernach vermittelst gewisser so erworbenen Geschicklichkeiten in seinen Geschäften wieder mit
Vortheil ersparen könnte. Ueberhaupt ist mir
auch von der Anwendung dieser Künste auf
menschliche Geschäfte nichts bekannt. Nur
könnte die Geschicklichkeit, die ein Seiltänzer,
ein Springer, Balancirer, oder so künstlicher
Reuter erlangt hat, in einigen Umständen des
Lebens allenfalls zu unsrer Rettung genutzt
werden. Ich glaube aber ganz gewiß annehmen zu können, daß die Gefahr, der man sich
aussetzt, wenn man dergleichen Künste bis zur
Fertigkeit treiben wollte, weit größer wäre, als
der davon zu erwartende Nutzen seyn könnte.
Uebrigens ist es für jeden denkenden Zuschauer
eine traurige Betrachtung, daß eines so geringen und flüchtig vorübergehenden Vergnügens
wegen diese Künstler in der größten Anstrengung ihrer Kräfte, in anhaltender Uebung, und
in beständiger Lebensgefahr ihr Leben zubringen. Noch trauriger ist es, daß die meisten
dieser Künstler diese Lebensart nicht wegen eines unwiderstehlichen genieartigen Triebes und
Hanges dazu ergreifen, sondern in der Jugend
unter

unter Erduldung der grausamsten Härte und
Marter dazu angeführt werden. Fände man
letzteres nicht: so würde man dergleichen Kunst-
erscheinungen so wie andre mächtig hervorschies-
sende moralische Auswüchse dulden müssen, und
sich damit trösten, daß man solche Auswüchse
nicht oft fände. Nun sind aber die meisten
von diesen elenden Künstlern auf einem ganz
andern Wege zú ihren Geschicklichkeiten gekommen.

Aus allem diesem erhellt genug, daß man
dergleichen Kunstfertigkeiten so viel als immer
möglich zurückhalten und verwehren sollte.
Hätte man übrigens nicht in nützlichen Geschäften des menschlichen Lebens hinlänglich
viele Beyspiele von dem, was menschlicher
Muth, unablåßige Uebung und enthusiastische
Kraftanwendung vermag: so könnte man das
an diesen Künstlern lernen. Und so fern wir
auf die Zuschauer sehen: so dürfte der größte
Nutzen der Schauspiele dieser Art darin bestehen, daß die Zuschauer nach Bemerkung des
Außerordentlichen, was der Mensch ausrichten
kann, eine stärkere Regung ihrer Kräfte empfän-
den, und eine Neigung bekämen, in ihren Berufsgeschäften und Unternehmungen etwas

E 3   Großes

Großes zu leisten.   Ein Cartouche hätte unter
andern Umständen und andern Neigungsrich=
tungen bey dem Maaß seiner Kräfte ein Alexan=
der seyn können, und ein Alexander hätte, wenn
er alle seine Seelenkräfte mit so vieler Anstren=
gung, als er sie zu Eroberungen gebraucht hat,
genutzt hätte, um ein ihm zur Regierung ange=
wiesenes Land mit sorgfältiger Rücksicht auf
wesentliche menschliche Naturbestimmungen mög=
lichst glücklich zu machen, aus diesem Lande noch
einmal ein Paradies wieder machen können.
Man sieht es bey diesen Künstlern, daß der sonst
uns so sehr im Licht der Schwäche erscheinende
Mensch, wenn er will, doch immer mit einer
gewissen Allgewaltsamkeit handeln könne. Und
haben diese Künstler, die gewöhnlich, wenn sie
nicht bey ihren Künsten ums Leben kommen,
doch in Armuth und äußerstem Elende zuletzt
sterben, so viel Nachdenken, daß sie es sich vor=
stellen können, sie würden bey der von ihnen
in unnützen Künsten angewandten Anstrengung
unter andern Umständen und verändertem Ge=
brauch der Kräfte zu den glänzendsten Posten
des Staats sich haben hinaufarbeiten können:
wie verächtlich und elend müssen sich diese Elen=
den dann selbst vorkommen ! Zu dieser Art des
                                        Nach=

Nachdenkens kommen indessen zu ihrem Glück
wohl wenige dieser Leute; aber auch ohnehin
sind sie schon elend genug. Und dürfen wir
es wohl mit einiger Sicherheit erwarten, daß
viele Zuschauer auf die eben angeführte Art
dergleichen Künste ansehen und sich zu großen
Kraftanwendungen in nützlichen Lebensangele-
genheiten genug erhoben finden werden, um von
der Seite gedachte Kunstfertigkeiten Früchte
zur menschlichen Glückseligkeit tragen zu lassen?
Wenn wir hierin auf die Erfahrung sehen: so
scheint nur bey wenigen Menschen eine Betrachtung und Empfindung dieser Art dadurch erregt
zu werden.

Endlich habe ich noch ein paar Worte mit
Rücksicht auf die Taschenspielerkünste hinzu zu
setzen. Es ist bekannt genug, daß die meisten
dieser Künste ganz ihr Wunderbares verlören,
wenn die außerordentliche und durch höchst
mühsame fortdauernde Uebung erworbene Geschwindigkeit dabey wegfiele. So fern also
diese Künste in der höchst weit getriebenen Geschwindigkeit ihren Grund haben, haben sie mit
den vorhin gedachten Künsten einen ähnlichen
Werth. Nur darin haben sie einen Vorzug,
daß die Künstler selbst dabey sich nicht so vieler

E 4 Gefahr

Gefahr aussetzen, und daß für die Zuschauer
dieses ganze Vergnügen mehr Feinheit hat. Indem ich dieses sage, so nehme ich an, daß niemand von den Zuschauern mehr an übernatürliche Wundererscheinungen dabey glaube, sondern daß jeder annehme, es müsse alles das natürlich zugehen, wenn man gleich nicht die Art
und Weise, wie es geschieht, entdecken könne.
Wo man noch glaubt, daß alles so widerna-
türlich und übernatürlich zugehe, als diejenigen, die uns mit diesen Taschenspielerkünsten
unterhalten, es uns noch gerne wollen glauben
lassen, da wird sichtbar der Glaube an Zaube-
rey, Hexerey und an mancherley betrügerische
Künste durch dergleichen Taschenspielerkünste
veranlaßt und unterhalten.   Wir wissen auch
genug, wie viele abergläubische Meynungen
noch überhaupt unterm gemeinen Mann herr-
schen.   Selbst Personen, bey denen man es
nicht vermuthen sollte, daß sie von einem solchen Aberglauben angesteckt wären, lassen sich
noch oft von Betrügern, die ihnen unter allerley falschen Versprechungen von Vortheilen, die
sie ihnen durch zauberische Künste verschaffen
wollen, oft beträchtliche Summen Geldes ent-
locken.   Noch in unsern Zeiten giebt es nicht
                                        wenige

wenige Menschen, bey denen Schatzgräber ihr Glück so machen können. Man kann also überhaupt noch nicht sagen, daß gedachte Taschenspielerkünste ohne alle böse Folgen in Absicht auf die Unterhaltung des Aberglaubens wären.

Eben dieses muß man auch von allen den Künsten sagen, die nicht bloß durch Geschwindigkeit und körperliche Geschicklichkeit der Künstler, sondern unter Beyhülfe sehr künstlich eingerichteter Maschinen und durch Nutzung gewisser nur wenigen Menschen bekannter Naturkräfte ausgeübt werden. So wie dergleichen Künste angekündigt und auch gezeigt werden, werden die Zuschauer veranlaßt, übernatürliche Wunderwerke sich in denselben vorzustellen. Manche dieser Künstler, die zum Theil in der angewandten Mathematik und der Experimentalphysik nicht wenig gethan haben, fangen jedoch an, die gewöhnlichen falschen Vorspiegelungen der Taschenspieler zu verachten, und geben ihre Künste wirklich für das aus, was sie sind. Nur lassen sie die Art und Weise, wie sie alles machen, und die Kräfte der Natur, wodurch sie alles bewirken, ein Geheimniß bleiben, weil sie einmal dadurch Geld gewinnen wollen. Bekannt genug ist es indessen, daß

E 5

durch künstlich mechanische Einrichtungen, durch
die magnetische oder electrische Kraft, durch man=
cherley kleine chymische Processe, und durch
Handgriffe, die zu einem hohen Grade der Fer=
tigkeit gebracht sind, diese Künstler fast alle ihre
scheinbaren Wunderwerke zu Stande bringen.
So fern diese Künstler über alle abgeschmackte
und alles zu übernatürlichen Wundern erheben=
de Ankündigungen und über alle ins Kleine
oder Ungereimte fallende gewöhnliche Kunst=
griffe der gewöhnlichen Taschenspieler hinaus
sind, verdienen selbige indessen nicht mit den
Taschenspielern in eine Klasse gesetzt zu werden.
Auch erhalten Mechaniker und Physiker, wenn
ihnen gleich nicht solche künstliche Versuche der
Naturlehre oder der Mechanik erklärt werden,
dadurch doch vielleicht manche sehr nützliche
Winke zu nützlichen Entdeckungen.

Zwey

Zwey und zwanzigste Betrachtung.
Von den Kampfspielen.

In der Betrachtung über die Vergnügungen
der Theaterspiele habe ich schon, meine Herren,
angemerkt, daß die Kampfspiele überhaupt nicht
von den Schauspielen ausgeschlossen werden
können. Auch bey den Kampfspielen wird auf
die angenehme Unterhaltung der Zuschauer gesehen, wobey jedoch jeder der Kämpfenden zu
siegen, die vorzüglichste Aufmerksamkeit auf sich
zu lenken, und Beyfall und Belohnung mit
Ausschließung der Mitkämpfenden zu erlangen
sich bestrebt. Es kann zwar Kampfübungen
geben, wobey man gar nicht auf das Vergnügen der Zuschauer sieht, ja wobey niemand, auf-
ser denen, die um einen Sieg streiten, gegenwärtig

wärtig ist. Allein dieser letzte Fall findet doch
nicht bey den Kampfübungen Statt, die man
zu den Vergnügungen eines Volks rechnet.
Uebrigens fände doch auch, wenn selbst nur zwo
Personen um einen Vorzug kämpften, die Vorstellung des Beyfalls und des Siegs Statt.
Jeder der beyden Kämpfenden denkt doch dabey an die Ehre, die ihm, wenn er siegt, selbst
sein Gegner wird zugestehen müssen. Denn
bey allen eigentlichen Kampfspielen will jeder
der Kämpfenden selbst, wenn er den Preis in
seinem Herzen auch vorzüglich sucht, doch das
Ansehn wenigstens haben, daß er mehr auf die
so zu erringende Ehre, als auf die so zu erlangenden Preise sieht. Dieses findet man sogar
bey den sklavischen Seelen, die geradezu für
Geld auf dem Kampfplatze erscheinen.

Alle Arten der Kampfspiele haben dieß mit
einander gemein, daß der Sieg durch die Anwendung körperlicher Kräfte und Geschicklichkeiten erhalten wird, und daß Zufälle oder auf-
ser der menschlichen Bemerkung liegende Umstände wenigen oder gar keinen Antheil daran
haben. Sonst kann man selbige in drey Haupt-
klassen eintheilen, nämlich in Kampfspiele zwischen Menschen und Menschen, zwischen Men-

schen

schen und Thieren, und zwischen Thieren und
Thieren. Diese Klassen der Kampfspiele und
die dazu gehörigen Arten sind so verschieden,
daß wir im Ganzen deren moralischen Werth
nicht bestimmen können, sondern bey jeder Art
gedachter Spiele anmerken müssen, was sie Löb-
liches oder Tadelnswürdiges haben. Nur
scheint dieß auf alle diese Spiele angewandt
werden zu können, daß in der Seele eine Neigung zum Wetteifern, zu muthigen Thaten und
zu einem sich durch gewisse Vorzüge auszeich-
nenden Leben dadurch natürlich erweckt wird.
Wenn das zu dieser Spiele Lobe gereicht: so
muß es aber auch zugleich dabey angemerkt
werden, daß Neid und Mißgunst ebenfalls auf
die natürlichste Art mit jenem Streben nach
Vorzügen erzeugt und unterhalten werden.
Die beste Art der Anfeurung der Menschen zu
heldenmüthigen Unternehmungen ist ohre Zweifel die, da man die Heldenthaten verstorbener
oder nicht mit uns durch Umgang verbundener
Menschen den Menschen zu Mustern vorstellt.
Wenn man an solche Menschen gedenkt: so
entsteht nicht leicht der Wunsch, daß selbige es
nicht möchten so weit gebracht haben, sondern
wir wünschen vielmehr, daß wir auch es mögen

gen so weit bringen können.   Streiten wir
aber mit Menschen, die mit uns zusammen leben: so wird unsre Begierde groß, selbige uns
nachstehen zu sehen, und sie werden leicht ein
Gegenstand des Widerwillens, wenn wir fürchten müssen, daß sie uns übertreffen werden,
oder wenn wir uns schon wirklich von ihnen
übertroffen sehen.   Wenn wir indessen zum
Nachtheil aller Kampfspiele das anmerken müssen: so würden wir doch übel thun, wenn wir
deswegen die Kampfübungen verwerfen wollten.   Es scheint, daß im Ganzen der Beytrag,
den Wetteifer und Kampfbestrebungen uns verschaffen, zur Erweckung und zur Erhaltung
eines nicht geringen Thätigkeitstriebes, nicht
unter uns unvollkommnen Sterblichen entbehrt
werden könne.   Vorstellungen, welche aus der
Geschichte oder aus der Natur der Sache und
aus den mannichfaltigen Verhältnissen der
Menschen hergenommen werden, wirken nicht
so mächtig auf die Menschen, als das, was
gegenwärtig in die Sinne fällt.   Auch hat
das Gute, was wir durch unsre Bemühungen
erringen oder erarbeiten können, nicht leicht
einen so stark wirkenden Reiz für uns, daß dadurch das volle Vermögen unsrer Kräfte zur

Anwen-

Anwendung gebracht wird, wenn nicht ein An=
drer mit nach diesem Gut läuft, und in uns
die Besorgniß erregt, wir möchten, wenn wir
nur mit guter Musse darauf zugiengen, selbi=
ges einem Andern in die Hände fallen sehen.
Das ganze Leben eines betriebsamen und fleis=
sigen Volks ist daher fast nichts, als ein Kampf=
spiel. Auch kann das Feuer zur Thätigkeit,
welches wir allerley Kampfübungen zu danken
haben, ziemlich glücklich von den sich leicht dazu
gesellenden Bewegungen des Neides und der
Mißgunst getrennt werden, wenn man bey der
Erziehung, der Bildung und dem Unterricht
des Menschen nur unabläßig daran arbeitet,
daß die Seele der Menschen sich dazu gewöhne,
jede Vollkommenheit ihrer selbst wegen zu schäz=
zen, und alles, was Vollkommenheit hat, nach
dem Maaß seiner Vollkommenheit zu achten
und zu lieben. Bringen wir uns erst zu der
Fertigkeit, daß wir auf diese Weise jede Voll=
kommenheit mit Wohlgefallen, und jedes We=
sen, wobey wir Vollkommenheit finden, mit
Werthschätzung und Wohlwollen betrachten, es
finde sich diese Vollkommenheit, wo sie wolle,
in uns, oder außer uns: so werden wir auch
den, der im Kampf uns überwindet, nicht mit
neidi=

neidischen Augen ansehen, sondern uns vielmehr mit Achtung und Liebe an ihn hängen,
wenn wir gleich einiges Mißvergnügen über
das, was uns an Kräften und Geschicklichkeiten fehlt, zugleich empfinden und uns dadurch
angereizt finden, noch mit mehrerem Eifer nach
gewissen Zielen der Vollkommenheit hinzustre-
ben.   So fern wir also auf jenen allgemeinen
Charakter der Kampfspiele sehen: so finden
wir mehreres dafür als dawider zu sagen. Und
dazu kommt noch der ebenfalls allgemeine Vortheil, daß überhaupt dadurch mehrere körperliche Kräfte unter die Menschen gebracht werden, wodurch die menschliche Glückseligkeit also
in einer sehr wesentlichen Sache gewinnt.   Allein diese allgemeine Betrachtungen entscheiden
den Werth der verschiedenen Kampfspiele nicht.
Es sind bey jeder Art dieser Spiele noch gar
viel mehrere Dinge in Erwägung zu ziehen,
wenn jener Uebungen Werth gehörig soll bestimmt werden.

Die allgemeine Neigung zur Thätigkeit, die
Begierde, gewisse Vortheile zu erkämpfen, wenn
Andre auch nach eben diesen Vortheilen rennen,
und dann die nicht genug reine Selbstliebe, nach
welcher wir nicht sowohl jede Vollkommenheit
für

für sich und nach deren heilsamen Einflüssen
in andre Dinge, als vielmehr nach dem Maaß
schätzen, wie wir sie besitzen, und wie das Wesen, davon wir immer Gefühl haben, und in
dem sich uns jede Art der Glückseligkeit unmittelbar offenbaret, das ist unser eignes Selbst,
dadurch einen Genuß angenehmer Empfindungen erhält, hat schon von den ältesten Zeiten
her unter allen Völkern Kampfspiele veranlaßt.
Die Bemerkung der Allgemeinheit solcher Kampfspiele giebt uns schon die Vermuthung, daß selbige mit den Natureinrichtungen und natürlichen Neigungen des Menschen sehr genau zu-
sammenhängen, und wiederum giebt uns das
einen Wink, daß, wenn das Resultat der Untersuchung über deren moralischen Werth auch
endlich wider alle Kampfspiele ausfallen sollte,
wir doch nicht leicht hoffen könnten, mit deren
Abschaffung durchzubringen, und daß wir also
als weise Haushälter Gottes hier auf Erden
vielmehr uns bemühen müßten, das Schädliche
und Mangelhafte davon zu trennen, und so
einen sichern Vortheil zu erhalten, als etwas
Unmögliches zu unternehmen, und darüber gar
nichts Gutes zu bewirken.

2. Theil.   F   Da

Da es nach unsrer Absicht, meine Freunde, uns nicht darum zu thun ist, durch gegenwärtige Betrachtungen eine genaue Kenntniß von allen verschiedenen Kampfspielen und den dabey üblichen Gebräuchen zu erhalten: so werde ich nicht nöthig haben, von denselben genaue Beschreibungen zu geben. Wir werden sie nur so weit ansehen dürfen, als es nöthig ist, um deren Nützlichkeit oder Schädlichkeit gehörig zu bestimmen.

Die größte Mannichfaltigkeit finden wir in den Kampfspielen, welche zwischen Menschen und Menschen Statt finden. Jedes Land hat deren viele eigne, und wenn über alle dieselben sollte geurtheilt und selbige nur nach den Hauptzügen sollten vorgestellt werden: so würde dieses Materie zu einem Werk von mehrern Bänden hergeben. Indem wir uns hier aber auf eine Betrachtung eingeschränkt sehen: so werden wir nur auf diejenigen sehen können, welche überhaupt am bekanntesten sind, und in den Gegenden, wo ich bisher gelebt habe, vorzüglich geübt werden. Auch werde ich nicht die Zeit, worin etwa gewisse Spiele herrschend gewesen sind, noch die Länder und Nationen, wo

sie

sie mögen üblich gewesen seyn, hier zum Leit-
faden meiner Gedanken dienen lassen.

Wenn wir auf die Kampfspiele zwischen
Menschen und Menschen sehen: so ist eines
der allgemeinsten in Absicht auf Zeit und Ort
das Wettrennen gewesen. Wir wissen es, daß
die Olympischen Spiele zuerst bloß im Wettlaufen bestanden haben. Und ist es gleich etwas Seltenes, daß ein ganzes Volk oder auch
nur ein mäßiger Strich Landes an einem solchen Wettlaufen itzt noch Antheil nimmt: so
giebt es doch wohl nicht leicht eine Gegend
der Erde, wo nicht das Wettlaufen unter einigen Menschen noch üblich wäre. Es ist unnöthig, zu erinnern, daß ich, indem ich des
Wettlaufens schlechthin gedenke, dieses vom
Wettlaufen zu Fuß verstehe. So fern dieses
mit einiger Vorsicht geschieht: so ist es auch
eine der unschädlichsten und selbst der nützlichsten Uebungen. Geschieht es in der Jugend:
so kann es auf die glückliche Ausbildung der
Glieder und einen schlanken und angenehmen
Wuchs einen nicht unmerklichen Einfluß haben.
Treibt man das Laufen nicht bis zur Erschöp-
fung der Kräfte und wird durch die anhaltende gewaltsame Anstrengung des Körpers der

F 2   Umlauf

Umlauf des Bluts nicht zu heftig, um die Lunge
in Gefahr zu setzen: so gewinnt auch der Körper bey dieser Uebung, wie bey jeder mäßigen
Anstrengung, an Kräften, Lebensmunterkeit,
und Gesundheit. Es wäre aber höchst heilsam, wenn alles dabey mit Ueberlegung angeordnet würde, und wenn dergleichen Wettlauf-
übungen immer unter den Augen eines Aufse-
hers und Meisters angestellt würden. Da
beym Studiren die Lebensart der Menschen gemeiniglich auf zwo Seiten zu weit geht, und
man theils zu viel sitzt, theils sich wieder zu
heftig und angreifend bewegt: so wäre es zu
wünschen, daß bey allen Schulanstalten, besonders denen, wo die Schüler gänzlich leben, auf
die weiseste Art gymnastische Spiele angeordnet
würden. Wenn die Jugend sich dabey selbst
ganz überlassen ist: so weis sie sich gemeiniglich nicht genug zu mäßigen, und durch über-
mäßige Erhitzung und ungebührendes Verhalten dabey in Ansehung des Trinkens wird mancher blühende junge Mensch der Raub eines
siechen Lebens oder des Todes, wenn nicht überhaupt der Körper beständig mäßig angestrengt
wird. Das in den alten Zeiten übliche Wettrennen mit dem Wagen scheint keine große
Vortheile

Vortheile fürs menschliche Leben mit sich zu
bringen. Die körperlichen Kräfte des Men=
schen können dabey nicht gewinnen, und er setzt
sich dabey manchen zufälligen Gefahren aus.
Alles, was dadurch bewirkt wird, ist dieß, daß
derjenige, welcher so im Wettrennen die Pferde
regiert, hierin nicht wenige Geschicklichkeit zei=
gen, und sich zugleich die Fertigkeit erwerben
kann, mit Gegenwart des Geistes bey dem
schnellen Hinfliegen des Wagens jedesmal sich
nach jeder veränderten Lage und nach schnell
sich ereignenden Umständen zu richten, und da=
zu stimmende Bewegungen und Einrichtungen
zu machen. Sehr üblich ist dagegen noch das
Wettrennen zu Pferde. Es scheint sich diese
Art des Wettrennens von England aus, wo
sie vorzüglich herrschend ist, itzt über ganz Eu=
ropa zu verbreiten; aber sie scheint nicht nach
eben dem Maaß zu empfehlen zu seyn. Der=
jenige, welcher so ein Pferd reitet, setzt, weil
die allerheftigste Bewegung dabey Statt hat,
weil man sich dem stärksten und schnellsten Zu=
bringen der Luft entgegen setzt, und weil man
wegen der großen damit verknüpften Gemüths=
bewegung und der aufs Ziel hingehefteten Auf=
merksamkeit nicht gehörig oft Athem schöpft,

F 3 seine

seine Gesundheit und Leben immer dabey in die
größte Gefahr: Uebrigens scheint ein Land
den Vortheil davon zu haben, daß mehr auf
die Pferdezucht und auf starke und schnelle
Pferde gesehen wird, als sonst geschehen möchte.
Ob aber dieser Vortheil so beträchtlich sey, daß
man Ursache finden könne, in der Hinsicht jähr-
lich eine Anzahl von Menschen und Pferden
aufzuopfern, das wage ich nicht zu bejahen.
Die beyden letzten Arten des Wettrennens habe
ich übrigens zu den Kampfspielen gerechnet,
welche zwischen Menschen und Menschen angestellt werden, weil die Menschen den Lauf des
Pferdes regieren, wenn gleich das Pferd die
Arbeit des Laufens thut.

Eine andere Uebung ist das Ringen. So
viel ich weis, hat man gänzlich aufgehört, im
Ringen Unterricht zu ertheilen. Beym Gefühl
der Gesundheit und Kräfte fallen übrigens
muntere junge Leute so leicht auf diese Art des
ritterlichen Kampfs, daß sie gewiß zu allen
Zeiten und in allen Ländern im Gebrauch seyn
wird.   Auch in Rücksicht auf diese Uebung
scheint zu wünschen zu seyn, daß sie unter der
Aufsicht eines Mannes, der in dergleichen gymnastischen Künsten ein Meister wäre, möchte

bey

bey der gesunden Jugend angestellt werden.
Nichts giebt allen Theilen des Körpers eine
bessere Kraftübung als das Ringen; durch
nichts kann man aber auch, wenn es nicht mit
Behutsamkeit geschieht, sich leichter an seinem
Körper Schaden thun.   Da nun die Jugend
von selbst auf mannichfaltige Ringübungen
fällt, und sich sehr oft so Schaden thut: so
wäre es sehr zu wünschen, daß unter der Auf=
sicht eines gymnastischen Meisters die Jugend
sich ordentlich im Ringen übte, und daß sie da=
bey von allem so allgemein herrschenden Sto=
ßen, Werfen und Herumreißen, wodurch so oft
Verdrießlichkeiten veranlaßt und die Kleider
zernichtet werden, zu andern Zeiten zurückge=
halten würde.   Diese in allem Betracht so
schädlichen als albernen Ueberbleibsel oder erstew
rohen Versuche des Ringens sind aber leider
nur noch da; und die kunstmäßige Uebung hat
sich in unsern Zeiten ganz verloren.

Unter dem Namen der Fechtübungen und
der Fechtspiele können mancherley körperliche
Uebungen zusammengefaßt werden.   In Eng=
land ist ein Kampf dieser Art, wozu man nichts
als Arme und Hände gebraucht, üblich und
fast allgemein herrschend geworden.   Auf eine

F 4   gewisse

gewisse Art findet sich dieser Kampf allenthalben, aber in England beobachtet man selbst gewisse Regeln dabey, und läßt sich oft durch einen Meister darin unterrichten oder üben. Sie
vermuthen es leicht, meine Herren, daß ich hier
von dem Faustkampf rede, den die Engländer
Baxen nennen, und dazu die Angeln und Nie-
dersachsen ihnen den Namen gebracht haben,
wenn sie ihn gleich nur zu jedem gänzlich un-
regelmäßigen Faustkampf gebrauchen. Da bey
diesem Faustkampf beständig jeder dahin strebt,
daß er dem Gegner an den edelsten Theilen
des Leibes empfindliche Stöße gebe, und selbigen dadurch außer Stand setze, den Kampf
fortzusetzen, und da die Brust oder der Unter-
leib, wenn die Kämpfer in Hitze gerathen, sehr
leicht gefährlich verletzt zu werden pflegt: so
erhellt hieraus hinlänglich, daß man diese bloß
eine rohe und wilde Herzhaftigkeit befördernde
und die Gesundheit so leicht zu Grunde richtende Art des Kampfs auszurotten suchen sollte. Wir müssen bey dieser Art des Kampfs jedoch auch noch bemerken, daß Personen von
Erziehung und Geburt, wenn sie nicht etwa
eine Ehre darin suchen, wie der gemeine Mann
zu leben, dieses Baxen nicht unter sich Statt
finden

finden laſſen, ſondern dem Pöbel überlaſſen, der entweder ſo ſeine Zwiſtigkeiten ſchlichtet, oder damit einer Menge von Zuſchauern ein Schauſpiel giebt. Durch Einführung beſſerer Sitten dürfte auch vielleicht dieſe für Geſund- heit und Leben ſo gefährliche Kampfart beym gemeinen Mann aus dem Gebrauch kommen. Traurig iſt es nur, daß anſtatt der unter rohen Leuten üblichen Uebel ſich bey Einführung fei- nerer Sitten und eines äußerlich anſtändigern Betragens gemeiniglich andre Uebel einſtellen, die dem innern Gehalt nach nicht geringer ſind, wenn man nicht zugleich mehrere Gottesfurcht und mehrere Tugendliebe durch die Verbeſſe- rung der Erziehungsanſtalten in die Menſchen hineinbringen kann.

Das unter den Alten übliche Fechten mit Riemen oder Kolben, welches die Geſundheit und das Leben noch mehr als gedachter Fauſt- kampf in Gefahr ſetzt, iſt alſo auch zu verwer- fen und noch mehr zu verwerfen. Zur Ehre unſrer Zeiten kann es aber hoffentlich geſagt werden, daß dieſe Art des Kampfs nun nicht mehr gefunden wird. Und, was noch ange- nehmer iſt, auch das Fechten mit Schwerdtern iſt nicht mehr ein Schauſpiel unſrer Zeit.

Nichts,

Nichts, was unter den Menschen vorgeht, drückt uns sonst ein scheußlichers Brandmaal der Schande auf, als wenn wir es uns gefallen lassen, daß Geschöpfe unsers Geschlechts das, was beym Genuß jeder Glückseligkeit zum Grunde liegt, und was jedes Geschöpf unsers Geschlechts erhielt, um auf eine wesentlich gleiche Weise mit uns glücklich zu seyn, nämlich Gesundheit und Leben, uns zur Augenweide zerstören. Und doch wissen wir's, daß auch die schändlichsten Greuel nach den Sitten der Zeit so herrschend werden können, daß selbst gute edle Menschen nicht vor so einem Schauspiel zurückbeben, oder daß sie selbst uns solche Schauspiele geben. Ein guter Trajan hat sogar auf solche Art Tausende aufgeopfert. Wenn wir hiebey bedenken, daß die Fechterpaare so lange fortfechten mußten, bis von jedem Paar einer Leben oder Gesundheit gänzlich eingebüßt hatte, und daß die Zuschauer nicht nur Herren über Leben und Tod wurden, sondern auch oft die ihnen gegebene Macht über Leben und Tod zum Untergange der Fechter brauchten: wer kann ohne Abscheu an ein so das Richteramt ausübendes und sich so zur Grausamkeit gewöhnendes Volk gedenken!

Denn

Denn durch unter sich gekehrte Daume der
Hand geboten die grausamen Römer oft, daß
der Schwächere und Besiegte gänzlich mußte
niedergemacht werden.   Zwar wußten die Römer bey diesen Mordspielen das, was unsre
aus andern Ursachen herrührenden und auf andere Absichten abzweckenden Zweykämpfe be-
schöntgen soll, auch zu dieser Spiele Entschuldigung zu sagen, daß nämlich so die jungen
Römer zum Anblick der Wunden und Marter,
zu einer bey diesen Fechtern üblichen Geduld
und Standhaftigkeit in Ertragung peinlicher
Schmerzen und zu Muth und Unerschrockenheit
gewöhnt werden sollten.   Gerade als wenn
wir nicht auf einem bessern Wege zu einer gehörigen Fassung des Geistes gelangen könnten,
als wenn wir an den mannichfaltigen Uebeln,
die von selbst und beym stärksten Widerstande
guter Menschen und der Gottheit selbst, aus
den mannichfaltigen Schranken und Unvollkommenheiten dieser Welt entspringen, nicht
uns genug zur Geduld, zur Standhaftigkeit
und zu männlichen Muth üben könnten!   Es
ist nicht nöthig, willkührlich große Uebel in
die Welt hineinzuschaffen, und höchst grausam und tyrannisch ist es, diese Uebel selbst
solche

solche Wesen treffen zu lassen, welche glücklich
und froh zu machen unsre erste Bestrebung seyn
sollte, und deren Glückseligkeit, wenn sie mit
einem gewissen Uebel unzertrennlich verknüpft
wäre, höchstens nur die Zulassung oder Hervorbringung eines solchen Uebels entschuldigen
könnte. Und findet sich es auch, daß das allgemeine Wohl eines Volks einige Menschen-
opfer fordert: so muß diese Nothwendigkeit
und die heilsame und ein ganzes Volk rettende
Aufopferung einiger Menschen Allen hell in
die Augen leuchten, und dann nicht ohne Kummer bemerkt werden. Marter und Tod unsrer
Nebenmenschen zu einem öffentlichen Spiel
und zu einer Sache des Vergnügens zu machen, ist etwas, woran der Mensch nie ohne
Entsetzen denken sollte. Wären solche Fechterspiele auch nicht an sich so ungerecht und
abscheulich; würde auch dadurch nicht Neigung
zur Grausamkeit gegen Geschöpfe, die mit uns
gleiche Rechte haben, und Gleichgültigkeit gegen deren Marter veranlaßt; wäre auch nicht
zu denken, daß Menschen, die auf diese Weise
angewöhnt werden, den Anblick des Blutver-
gießens, der peinlichsten Marter und des Töd-
tens unerschrocken zu ertragen, hernach diesen
so

so erlangten Muth und diese so erworbene Fer=
tigkeit, wider gute Menschen, wider regierende
Personen des Staats, und wider den Staat
selbst eben so leicht als wider Feinde des Staats
brauchen würden: so würde man doch auf ei=
nen Muth, den kein fester Grundsatz lenket,
und der in Verbindung mit der Schadenfreude
erzeugt wurde, nur so weit Rechnung machen
können, als sich hernach mit dessen Aeußerung
persönliches Vergnügen verbindet. Aechte Ho=
heit der Seele, starkes Gefühl der menschlichen
Würde, die darin sich zeigt, daß man nicht,
wie die unvernünftigen Thiere, dem Strom der
Sinnlichkeit, dem Reiz der auf uns wirkenden
Bilder der Einbildungskraft und der Macht der
Leidenschaften zu folgen gezwungen ist, sondern
alle seine Handlungen unabhängig vom sinnli=
chen Reiz oder sinnlicher Widrigkeit nach den
besten Einsichten des Verstandes und nach der
Erkenntniß der Pflicht anordnen kann, und
endlich viele Uebung dieser edlen Selbstmacht
und Freyheit, geben allein dem Menschen wah=
ren Muth, unerschütterliche Unerschrockenheit
und Festigkeit zu allen menschlichen Vorfällen
und zur Ausübung aller menschlichen Pflichten.
Aber freylich muß man Menschen, die auf die
letztere

letztere Art zu einer heldenmüthigen Seelenstärke
gelangt sind, nicht zu Werkzeugen der Ungerechtigkeit brauchen wollen.   Mit Dank sey
es indessen noch einmal von uns erkannt, daß
diese Art der Kampfspiele, diese so schreckliche
Gattung des moralischen Verderbens endlich
nicht mehr unter gesitteten Nationen üblich ist.
Wir haben dafür freylich ein andres großes
Uebel, nämlich das Uebel des Duellirens wieder bekommen, das sich eben so wenig nach den
allenthalben zugestandenen Gesetzen der Gerechtigkeit und Billigkeit rechtfertigen läßt; allein
da dieses wenigstens nicht zu einem öffentlichen
Schauspiel und die menschliche Zugrunderichtung nicht zu einer Sache des Vergnügens gemacht wird, und da das, wodurch der Mensch
beym Duelliren geleitet wird, nämlich die Ehre,
überhaupt doch etwas Edles ist, wenn hier
gleich falsche Ehre an die Stelle der wahren
Ehre trit: so kommt das Uebel des Duellirens,
wie viel Unheil es auch anrichtet, und wie sehr
es auch deswegen zu verabscheuen ist, weil es
der menschlichen Gesellschaft so manchen kraft-
vollen, unerschrockenen, und, ich darf hinzusetzen, in so mancher Hinsicht edlen Mann
raubt, doch den Greueln solcher Fechterspiele

bey

bey weitem nicht gleich. Uebrigens gehört die Untersuchung der Sittlichkeit des Duellirens hier nicht her, indem selbiges auf keine Weise zu den Kampfspielen und öffentlichen Unterhaltungen gerechnet werden kann.

Die mehrste Aehnlichkeit mit den glabiatorischen Spielen haben die Tournierspiele. Es ist, meine Herren, bekannt, daß diese Spiele ein über ganz Europa herrschendes Unterhaltungsvergnügen für die Ersten des Landes und zwar Jahrhunderte hindurch geworden sind, nachdem die glabiatorischen Spiele, an denen das Volk dergestalt hieng, daß es selbst einen dawider predigenden Mönch zu Tode steinigte, endlich unter dem Kaiser Honorius abgeschaft waren. Bey diesen Tournierspielen, wobey man gemeiniglich mit Lanzen gegen einander kämpfte, und gewöhnlich zu Pferde erschien, hatte man nicht sowohl die Absicht, seinen Gegner um Gesundheit und Leben zu bringen, als ihn aus dem Sattel zu heben, und vermittelst seiner körperlichen Stärke und Geschicklichkeit einen Sieg über denselben zu erkämpfen. Auch fand man für gut, sich dabey durch mancherley Rüstzeuge gegen gefährliche Verwundungen und Verletzungen in Sicherheit zu setzen. Allein
wie

wie sehr man sich auch in der Hinsicht verwahrte, und wie wenig auch ein edler Ritter sich bemühte, seinem Gegner an dessen Leibe Schaden zu thun: so hatten doch unvorhergesehene Zufälle und schnell entstehende Leidenschaften so vielen Antheil an diesem Lanzenbrechen, daß es auch den Vorsichtigsten nicht leicht möglich gewesen ist, hiebey gefährlichen Verletzungen des Körpers zu entgehen. Auch findet man in den Rittergeschichten dieser Art sehr viele Beyspiele von einem sehr übeln Ausgang dieser ritterlichen Kämpfe.

Zu dieser Art der Spiele würde man die in unsern Zeiten allgemein üblichen Fechtexercitien sehr bequem mit rechnen können, wenn diese Fechtübungen zu öffentlichen Schauspielen gemacht würden. Allein es wird aus diesen Fechtübungen theils gar nicht eine öffentliche Unterhaltung gemacht, theils werden sie auch nicht einmal zu den eigentlichen Vergnügungen dieses Lebens gerechnet. Außer dem, daß man die den Fechtboden Besuchenden mit den Gesetzen bekannt macht, welche Duellirende gegen einander zu beobachten haben, um theils seinen Gegner zu verwunden, theils sich selbst gegen Verletzungen zu schützen, will man vorzüglich

dem

dem Körper dadurch eine zur Gefundheit und
zur Vermehrung der Stärke dienende Uebung
und Bewegung verfchaffen, und dadurch noch
etwas zu einer vortheilhaften und angenehmen
Lage und Stellung des Körpers beytragen.
Auf diefe zu erwerbende körperliche Gefchicklichkeit und Stärke wird felbft von Vielen, die
fechten lernen, ganz allein gefehen, und es giebt
viele gefchickte Fechter, die niemals von ihrer
Gefchicklichkeit in einem Duell Gebrauch machen. Da diefe Art des Fechtens deswegen,
weil es nicht eigentlich zu den Vergnügungen
gerechnet wird, nicht mit hieher gehört: fo
müffen wir uns damit begnügen, diefes Fechten
hier berührt zu haben, und fo können wir nur
beyläufig anmerken, daß, wenn gleich Viele das
Fechten dazu nützen, um dem Körper Stärke,
Anftand und Bewegung zu verfchaffen, es darum doch nicht zu den heilfamen Uebungen gerechnet werden könne. Es giebt ganz natürlich häufig Anlaß zum Duelliren, und macht
die Idee des Duellirens gleichfam zu einer immer roulirenden Münze. Auch dürfte wohl
zu behaupten feyn, daß, wenn die Regenten
der Europäifchen Länder fich einmal vereinigten, um das verderbliche Uebel des Duellirens

2. Theil.   G   auszu-

auszurotten, sie es nothwendig finden müßten, diese Fechtübungen abzuschaffen, und denselben andre sich auf Pflicht und Recht mehr beziehende Leibesübungen unterzuschieben.

In allem Betracht sind diejenigen Uebungen unschädlicher, die im Werfen bestehen. Es ist das Werfen einer Scheibe von Erz, Eisen, Stein oder Holz mit eins der bekannten Kampfspiele der Alten gewesen. Wer eine solche Scheibe am höchsten oder in die Ferne einem Ziele am nächsten warf, war bekanntlich der Sieger. Diese Art des Kampfspiels scheint gänzlich aufgehört zu haben, und hat man noch etwas der Art: so findet es nur unter einigen Personen Statt, und erregt keine öffentliche Aufmerksamkeit. Die neuern Zeiten haben ein mit mehrerem Interesse verknüpftes Ballspiel eingeführt, wobey es ebenfalls auf einen geschickten Wurf oder Schlag des Balls ankommt. Es hat diese Art des Spiels so viele Aufmerksamkeit erregt, daß man selbst Häuser dazu eingerichtet, und zum Unterricht darin und zur Aufsicht darüber Ballmeister bestellt hat. Nach und nach hat die Neigung zu diesen Spielen unter Personen von Erziehung und Stande sich aber so sehr verlören, daß man
nur

nur noch den Namen von Ballmeistern und
Ballhäusern hat, und kaum mehr weis, worin
diese Ballspiele bestanden haben. Man hat
deren übrigens Viele und Verschiedene gehabt,
und man hat theils sehr große und hohle und
theils sehr kleine ausgefüllte aber doch elastische
Bälle dazu gebraucht. Unter den Landleuten
sind diese Vergnügungsunterhaltungen noch
allenthalben im Gebrauch, und werden auch
wahrscheinlich immer im Gebrauch bleiben.
Zwar scheinen sie auf dem Lande sehr wohl entbehrt werden zu können. Wenn man Wenige
ausnimmt: so haben die Menschen auf dem
Lande ohnehin viele körperliche Arbeit und Bewegung, und es ist also keine neue körperliche
Bewegung ihnen in ihren Erholungsstunden
nöthig. Es würden Leute, die gewöhnlich viele
körperliche Arbeit haben, nicht übel thun, wenn
sie in der Zeit der Muße und der Ruhe dem
Geiste durch das Lesen eines nützlichen Buchs
eine heilsame Beschäftigung gäben, und den
Körper in Ruhe ließen. Da, wo Unterricht
und Erziehung der Jugend zu einem solchen
Erholungsgeschäfte hinleitet, findet man das
auch häufig. Allein findet sich das nicht: so
ist ein Vergnügen von der Art, wie das Ball-

spiel

spiel ist, sehr zuträglich.   Wir wissen es, wie
leicht der große Haufe der Menschen, der doch
einmal irgend ein Vergnügen zu seiner Erhos-
lung haben will, und sich das zu wünschen auch
berechtigt ist, auf Trunk, Schwärmerey und
Gewinnstspiele fällt.   Wäre also das Ballspiel
auch noch weniger zu empfehlen, als es wirklich zu empfehlen ist: so würden wir es schon
loben müssen, wenn es die Menschen von dergleichen Unordnungen mit abhielte.   Allein es
verdient auch darin Lob, daß es Muth und
Neigung zu nicht gemeinen Kraftäußerungen
erweckt.   Die gewöhnlichen pflichtmäßigen Geschäfte der Menschen werden gemeiniglich durch
Umstände, Zeit und Befehle Andrer gelenkt und
geordnet.   Man thut selbige zwar willig und
mit Zufriedenheit, indem man sieht, daß es in
guten gesellschaftlichen Verbindungen und wegen der Zeitumstände so seyn muß; allein weil
sie nicht allemal mit einer besonders dazu ge-
stimmten Seele und mit sich darauf beziehender
Willkühr vorgenommen werden; weil sie etwas Gewöhnliches sind, und gar keinen Reiz
der Neuheit haben, und endlich weil sie oft
auch wenn die Menschen nicht unterm Drucke
leben, drückend und lästig werden: so erfolgt
                                               nach

nach und nach bey solchen Arbeiten leicht eine
gewisse bis zur Trägheit sich hinneigende Ent-
fernung von Leben und Feuer. Ein solches
Leben und ein solches Feuer finden wir bey
solchen mit körperlicher Kraftanwendung verknüpften Spielen wieder erweckt und angefacht.
Auch bekommen so alle Glieder des Körpers
ein freyeres Spiel, und entwickeln sich so zu
einem schönern Wuchse. Unter den gewöhnlichen schweren Arbeiten sind die meisten von
der Art, daß sie dem Körper eine gewisse ein-
förmige Biegung und Stellung geben. Werden dann nicht durch eine recht freye und sich
über alle Glieder des Körpers verbreitende Bewegung des Körpers alle Glieder wieder in ihre
rechte Stellung gesetzt; so geht die ganze angenehme Bildung gewöhnlich verloren. Endlich ist es noch am Ballspiel zu loben, daß die
Neigung zu siegen und das Feuer des Wett-
streits nicht leicht in eine heftige Leidenschaft
und in volle Flamme ausbricht. Beym Spiel
mit dem Federball findet diese Gemüthsbewegung selbst gar nicht Statt, indem beyde spielende Personen immer nur darauf sehen, daß sie
den Ball gut treffen, und ihm die erforderliche
Richtung geben, so wie auch diese Art des Ball-

spiels

spiels. die vortheilhafteste Wirkung für den Kör=
per hat. In den Städten unter Leuten von
Erziehung und Stande, die nicht leicht viele
körperliche Arbeit und Bewegung haben, wäre
das Ballspiel vorzüglich zu empfehlen, indem
es da besonders zur Erhaltung der körperlichen
Kräfte und der Gesundheit vieles beytragen,
und die Menschen von den weichlichern Ver=
gnügungsarten, die so leicht zu den schändlich=
sten Ausschweifungen hinführen, abhalten wür=
de. Allein die Welt scheint in unsern Tagen
Vergnügungen haben zu wollen, wobey die
Seele mehr bis zur Leidenschaft bewegt wird,
und in welchen mehr Würze für den Geschmack
ist, ohne zu bedenken, daß wir den Vergnügun=
gen eine solche Würze niemals geben sollten,
die übertriebene Genießungslust erwecket, und
den Menschen die Arbeiten widerlich macht,
die uns den Hauptschatz zur Befriedigung wah=
rer Bedürfnisse und zur Glückseligkeit verschaf=
fen. So versinkt aber auch die Welt in Em=
pfindsamkeit, Weichlichkeit und Wollust, und
kann bey keiner Sache ausharren, oder dabey
zufrieden seyn, wenn nicht eine starke Bewe=
gung der sinnlichen Wollust oder der Vergnü=
gungen der Einbildungskraft damit verknüpft
ist.

ist. Daher möchte unsre junge Welt so gern
alle gewöhnlichen und zur Erhaltung der Menschen und der gesellschaftlichen Verbindungen
nöthigen Arbeiten und Aemter Andern überlassen, und doch selbst nach Herzenslust alles mit
genießen, was durch ihrer Nebenmenschen Arbeit und Mühe erworben wird. Sehr wäre
es also zu wünschen, daß in großen Städten,
und besonders auf Universitäten, die sonst üblichen unter der Anordnung eines Ballmeisters
stehenden Ballspiele könnten wieder hergestellt
werden.

Auf dem Lande, wo es vieles flaches und
ebenes Feld giebt, ist eine Art des Kampfspiels,
welches in Ansehung der moralischen Güte und
der Beschaffenheit des Spiels viele Aehnlichkeit mit dem Ballspiel hat, nämlich das sogenannte Eisbosseln. Dieses ist ein Kampfspiel,
woran selbst eine ganze Gegend oft Theil nimmt.
Es wird nämlich zur Winterszeit, wenn der
Frost das Land hart gemacht, und die Gräben
und Sümpfe mit Eis belegt hat, aus verschiedenen Gemeinen oder Dorfschaften eine bestimmte Anzahl von Solchen ausgewählt, die
eine mit Bley durchgossene hölzerne Kugel von
verschiedenen Graden der Schwere vorzüglich

G 4   weit

weit über's Feld hinwerfen können. Beyde
Partheyen setzen ein oft auf eine ganze Meile
weit gestecktes Ziel an. Die Mannschaft von
jeder Parthey wirft mit der Kugel nach diesem
Ziele zu, und löset sich nach einander im Werfen ab. Welche Parthey nun mit dem Werfen
zuerst das Ziel erreicht, hat gewonnen. Was
diesem Spiel vorm Ballspielen eigen ist, ist die
weit stärkere Bewegung der Seele, und die
weit stärkere Kraftanwendung, womit jeder das
Seinige thut. Es erweckt also dieses Spiel
vorzüglich einen gewissen Unternehmungsgeist.
Aber dagegen erweckt es auch weit empfindli-
chern Verdruß bey den Besiegten und eine nicht
geringe Selbsterhebung bey den Siegern. Endlich wird dabey durch das Versehn der Wer-
fenden oder derer, die Zuschauer sind, oft Einer
oder der Andre gefährlich verwundet. Die
aus diesen zuletzt angeführten Umständen flies-
senden oder damit sich vereinigenden übeln Folgen veranlassen Manche, diese Art des Kampfspiels ganz zu verdammen. Allein es würde
besser seyn, wenn man in den Gegenden, wo
selbige im Gebrauch sind, die Menschen von
allen sich leicht dazu gesellenden Unordnungen
abzuhalten suchte, und ihnen übrigens ein Spiel
ließe,

ließe, welches so geschickt ist, Kraft, Leben und
Muth unter den Leuten zu unterhalten.   Und
es ist zur Behauptung der allgemeinen Gerecht-
same des menschlichen Geschlechts höchst wichtig, daß viel Muth, Kraft und Leben unter den
Menschen sey, und sich erhalte.   Giebt es auch
gleich bey den Dingen, die mit dazu dienen,
Helden zu bilden, gewisse üble Folgen, die zu-
fälliger Weise sich damit vereinigen: so muß
man dieser zufälligen Folgen wegen noch nicht
solche Dinge verdammen.   Nur müssen diese
Dinge nicht durch ihre wesentliche Einrichtung
die Menschen zu Abirrungen hinführen.   Und
das Wesentliche bey diesem Eisbosseln ist, daß
man das Maaß seiner Kräfte mit Anderer
Kräfte Maaß vergleichen will, und sich äußerst
anstrengt, durch seine Kräfte vieles zu leisten
und Andern zuvor zu kommen.   Unsere Seele
beschäftigt sich also immer unmittelbar mit dem
Vielen, das man ausrichten will, und man setzt
damit der ähnlichen Kraftanwendung Andrer
kein Hinderniß entgegen.   Sieht man sich nun
von Andern übertroffen: so ist es einer Seele,
die dazu gewöhnt ist, jede Vollkommenheit, wo
sie sie auch findet, zu schätzen, gar nicht unmöglich, seinen Mitkämpfer, der siegt, nach dem

G 5   Maaß

Maaß seiner Geschicklichkeit und Stärke zu
schätzen, wenn man gleich noch lieber nach der
jedem durch die Natur eingepflanzten Selbstliebe bey sich, selbst diesen Grad der Kräfte und
Geschicklichkeit fände. Indem man diesen Grad
der Vollkommenheit nicht findet: so wird dadurch freylich einiges Mißvergnügen veranlaßt,
und dieses unangenehme Gefühl nicht weiter
haben zu dürfen, wird man in einem aufs neue
angestellten Kampf alle seine Kräfte mit ver-
stärktem Feuer des Enthusiasmus anstrengen,
um mehrers zu leisten. Und so ist's von der
Natur geordnet, damit die ganze Frucht der
Vortheile in die Welt hineinkomme, die durch
die in die verschiedenen Theile der Schöpfung
und vorzüglich in diejenigen Wesen, welche mit
einer gewissen Selbstmacht wirken und handeln,
hineingelegten Kräfte hervorgebracht werden
kann. Hiebey ereignet es sich in dem gegenwärtigen Zustande der menschlichen Unvollkommenheit leicht, daß, wenn man sich so besiegt oder in Gefahr sieht, besiegt zu werden,
man nicht sowohl daran denkt, wirklich ein ho-
hes Maaß von Vollkommenheit zu erreichen,
und der Natur der Sache nach der erstere zu
seyn, als vielmehr darauf sinnt, bey nicht grös-
serer

ſerer Vollkommenheit ben Schein einer größern
Vollkommenheit zu veranlaſſen, und Andre, die
Zeugen des Kampfs ſind, ſo zu täuſchen. In=
dem dieß geſchieht: ſo bemüht man ſich nicht
mehr, etwas Großes zu leiſten, indem man in
einer gewiſſen Lage der Gemächlichkeit bleiben
will, ſondern man ſucht nur die Mitkämpfen=
den an dem Gebrauch der Kräfte zu hindern,
oder deren Vorzüge Andern unſichtbar werden
zu laſſen. Indem man ſo zu denken anfängt:
ſo iſt die ganze Aufmerkſamkeit auf die Unter=
brückung Anderer gerichtet, ſo erweckt jeder
große Fortſchritt eines Andern Verdruß, und
ſo entſteht der den Menſchen ſo ſehr ſchändende
und ſo viel Unglück unter den Menſchen an=
richtende Neid unter denen, die nach einem
Ziele rennen. Man ſieht es leicht, daß, wenn
man jedem ſeine Vorzüge gönnt, und jeden
nach ſeinen Vollkommenheiten ſchätzt und liebt,
aber ſelbſt mit Heldenmuth nach dem fernſten
Ziele der Vollkommenheit hinringt, dieß in aller
Hinſicht wahre Menſchengröße zeigt und auch
erweckt, und daß bey dem entgegengeſetzten
Betragen man in aller Hinſicht in einem Zu=
ſtande der Schwäche, der Kleinheit und der
Verächtlichkeit erſcheint. Jedem männlich den=
kenden

kenden Wesen, wenn es auf diese Betrachtun=
gen geführt wird, und wenn ihm das alles hell
einleuchtet, muß nothwendig der letztere Zu=
stand, als eins der größten Uebel der Erden,
sich darstellen, und also bey demselben eine
starke Begierde erwecken, den erstern Zustand
wahrer menschlicher Größe zu erreichen. Wett=
eifer und Kämpfe zeugen also der innern Natur
nach große und mächtig arbeitende Menschen,
wenn sich gleich bey sehr unvollkommenen Men=
schen und beym Mangel einer guten Erziehung
und eines weisen Unterrichts Neid und Miß=
gunst dazu gesellen. Aus allem diesem haben
wir die Lehre zu ziehen, daß wir nicht eine
Sache verdammen, die an sich löblich und selbst
unter solchen Geschöpfen höchst nöthig ist, wel=
che nicht leicht mit aller ihrer Kraft wirken,
wenn sie sich nicht mit andern lebhaft wirken=
den Wesen umgeben sehen und mit selbigen
auf einer Bahn laufen. Nur müssen wir auf
der Hut seyn, daß wir nicht in die angeführten
Unvollkommenheiten einer muthlosen und klei=
nen Seele hineingerathen. In Absicht auf
das Eisbosseln müssen wir jedoch noch anmer=
ken, daß, weil darin gleichsam zwey kleine Heere
mit einander zu Felde ziehen, davon jedes gerne
                                                    den

den Vorzug erkämpfen will, es in jeder Par=
they leicht ein Paar gebe, die sich von Neid
und dazu kommenden Haß beherrschen lassen,
bey Andern ähnliche Gesinnungen durch ihr
Beyspiel erwecken, und so Mißvergnügen zwi=
schen beyden Partheyen erregen. Daraus folgt
aber nun so viel, daß man desto kräftiger wider
dieses Uebel kämpfen müsse, um die durch der=
gleichen Kampfspiele bewirkte Erhebung des
Muths und der Kräfte als ein rein gewonnenes
Gut zu erhalten. Sollte es unter Personen
von der größern und feinern Welt Einen oder
den Andern geben, der, wenn er bey Gelegen=
heit des Eisbosselns obige Gedanken geäußert
hörte, dazu lächelte, und es seltsam fände, daß
man ein Spiel des gemeinen Mannes so nach
allen seinen Folgen ins Licht stellte und wichtig
machte: so würde ich diese Spötter dann be=
merken lassen, daß der so genannte gemeine
Mann das Hauptcapital der Menschheit aus=
macht, und daß der Ton, worauf derselbe ge=
stimmt ist, immer von allen Andern bis auf ei=
nen gewissen Grad mit angestimmt werden muß,
wenn er nicht in zu großer Blindheit und in
zu großer Unterdrückung lebt. Man bewirke
also nur, daß der große Haufe eines Volks
viel

viel eigenthümliche Kraft, Muth und Tugend
erlange: so hat man vorzüglich für die Glückseligkeit der Menschen gearbeitet. Hierin werden alle diejenigen, die es in ihrer Macht haben, Kampfspiele unter dem Volke anzuordnen,
einen Wink finden, daß es eine Sache von
nicht geringerer Wichtigkeit sey, gute Kampfspiele zu veranlassen und zu unterhalten. Männer, die Erziehungsanstalten vorgesetzt sind,
werden auch hierbey die Anmerkung machen,
daß es eine Betrachtung von der wichtigsten
Art sey, wie sie aufs beste und weiseste das Lernen, die Tugenden, edle Sitten und körperliche
Exercitien zu heilsamen Kampfübungen machen
können.

Das gewöhnliche Schießen nach einem Vogel oder einer Scheibe hat mit den Wurfspie-
len fast einerley moralischen Werth. Der Umstand, daß sie mit Gefahr verknüpft sind, ist
nicht so wichtig, daß sie deswegen verworfen
oder verboten werden müßten. Es ist im Ganzen gut, daß der Mensch vor Gefahren nicht
zurückbebe, und wenn alle Vorsicht beym Schießen angewandt wird: so erfolgt doch auch
nicht leicht irgend ein Schade. Da einmal
der das menschliche Geschlecht so sehr schän-

dende Krieg von dem unvollkommenen Zustande
der Menschen nicht kann getrennt werden, und
da einmal Schießgewehre dabey gebraucht wer=
den: so ist es auch nützlich, daß eine Nation
im Schießen eine gewisse Fertigkeit erlange.
Bey dieser Uebung gewinnen die Menschen
übrigens nicht an Kräften, sondern an Ge=
nauigkeit und Fertigkeit in allem dem, was sie
thun.   Die damit verknüpften Bewegungen
des Gemüths sind auch nicht leicht stark.   Da
es hier nicht zween Haufen von Menschen giebt,
die einander zu besiegen suchen, sondern da je=
der für sich nach dem Preise strebt: so wird
dabey fast kein Partheygeist rege, indem nie
die Wünsche und Bestrebungen mehrerer Men=
schen sich vereinigen.   Entsteht auch Neid und
Mißgunst bey Einem gegen diejenigen, die mit
ihm wetteifern: so wird diese fehlerhafte Be=
wegung auch bey denen, die derselben Raum
geben, so zertheilt, und ist so wenig auf be=
stimmte Personen gerichtet, daß sie nicht leicht
einen gewissen Grad der Stärke gewinnen, und
nicht leicht Haß und Streit gegen jemanden
veranlassen kann.   Uebrigens sind die Schieß=
übungen mit Feuergewehr nicht Uebungen, die
der Jugend bewilligt werden können, sofern
nicht

nicht erwachſene Perſonen, welche mit Feuer=
gewehren umzugehen wiſſen, darüber die Auf=
ſicht haben. Auch kann ſelbſt die Vorſicht er=
wachſener und vernünftiger Perſonen nicht ge=
mißbilligt werden, die lieber an dem mit den
Schießübungen verknüpften Vergnügen keinen
Antheil nehmen, als ſich der auch nur entfern=
ten Gefahr, dabey beſchädigt zu werden, aus=
ſetzen wollen. Wenn man gleich mit Rückſicht
aufs Wohl des Ganzen manches löblich und
nützlich findet: ſo fehlt einer damit noch nicht,
wenn er nicht ſeinen Beytrag mit dazu hergiebt,
ſo fern ohnehin hinlänglich Viele aus eigener
Bewegung daran Theil nehmen. Und dieſes
findet bey den Schießübungen Statt, wozu die
Menſchen gewöhnlich geneigt genug ſind, ohne
dazu aufgemuntert werden zu dürfen. Was
bey allen hier angeführten Kampfſpielen aber
in Rückſicht auf die menſchliche Glückſeligkeit
vorzüglich wichtig iſt, und wodurch das, was
ſie Gutes haben, nur zu leicht zernichtet wird,
iſt dieß, daß diejenigen, welche daran Antheil
genommen haben, zum Theil hernach zuſammen
in Geſellſchaft bleiben, und ins Nachtſchwär=
men und in Saufunordnungen hineingerathen.
Wider dieſe in aller Hinſicht den Menſchen ſo
ſehr

sehr verderbenden und seine Gesundheit zerstö-
renden Uebel sollten also alle obrigkeitliche Personen sorgfältigst wachen.

Mit dem Vogel= und Scheibenschießen haben die Carrouselübungen, die zu Pferde angestellt werden, fast einen ganz gleichen Werth.
Hiebey kommt es auch auf die Erwerbung gewisser Geschicklichkeiten und Fertigkeiten ins Reiten
und in gewissen mit dem Körper und besonders
dem Arm zu machenden und auf gewisse Ziele zu
richtenden Bewegungen an. Dazu gehört das
auch unterm gemeinen Mann übliche Reiten nach
einem Ringe, in den man gallopirend mit einer
Lanze hineinzustechen, und den man so fortzu-
tragen sucht; und dann das so genannte Ro-
landsreiten. Mit diesem Spiel hat ein anders eine große Aehnlichkeit, da man reitend oder lau-
fend den Boden eines Fasses, welches sich auf einem Pfal herumdreht, einzustoßen sucht, und
den Sieger seyn läßt, der mit dem Einstoßen einem vorher darin verschlossenen Thiere Anlaß
giebt, heraus zu fliegen oder herauszuspringen.
Da aber bey dieser Art des Spiels ein Thier eine
geraume Zeit hindurch geängstigt werden muß,
und da der Mensch auch nicht dem geringsten
Thier irgend eine unangenehme Empfindung ma-

2. Theil.   H   chen

chen sollte, wenn ihn nicht wahre Bedürfniſſe und
Erforderniſſe dazu nöthigen: ſo ſind alle ſolche
Spiele gänzlich zu verwerfen. Alles, was mit
Ausübung irgend einer Grauſamkeit gegen
empfindende Geſchöpfe verknüpft iſt, kann auf
keine Weiſe ein des Menſchen würdiges Vergnügen ſeyn, und muß auch nothwendig Härte und Gleichgültigkeit gegen menſchliche
Leiden in der Seele zeugen, ſo wie es die
ſchon vorhandene Neigung zu einem ſolchen
grauſamen Verfahren noch verſtärkt. Aus
dieſer Urſache können auch alle Kampfſpiele zwiſchen Menſchen und Thieren, und zwiſchen Thieren, in ſo fern der Sieg mit Grauſamkeit und
das Beſiegtwerden mit Marter und Tod verknüpft iſt, nicht gebilligt werden. Der in ſo
manchem Betracht vorzüglich edlen und vortreflichen Nation der Engländer macht es keine Ehre,
daß ſie manche Kämpfe dieſer Art unter ſich dul-
det und unterhält. Vorzüglich haben ſich ſelbige
aber in Spanien bisher erhalten. Es iſt nämlich
bekannt, daß in Spanien nicht allein große Thiergefechte zum Schauspiel für's Volk gegeben werden, ſondern daß auch bey großen Feyerlichkeiten
Perſonen von Anſehn und Geburt zu Pferde oder
zu Fuß ſich mit wilden und grauſamen Thieren in
einen Kampf einlaſſen, u. ſehr oft dabey um Leben
und

und Gesundheit kommen. Wenn die Gewohnheit nicht dieser Sache das Widersinnige nähme,
das der Natur nach darin liegt, und die Veracht-
lichkeit derselben in den Augen der Menschen min-
derte: so würde man an Menschen, die ihre Natur zu Herren über die Thiere erhoben hat, die
ihren Vorzug in den Kräften ihres Geistes, und
in dem Vermögen, in einem großen Kreise um
sich her und weit in die Zukunft hinein frey und
mächtig zu wirken, bloß suchen und finden sollten, und die doch nun einen Kampf körperlicher
Stärke und der Grausamkeit mit unvernünftigen Thieren, wie mit ihres gleichen, eingehen,
oder ein Wohlgefallen darin finden, einen solchen Kampf anzusehen, nicht ohne den äußersten
Unwillen und ohne die höchste Verachtung denken können. Für den Menschen, der als ein denkendes Wesen sich immer freuen sollte, wenn er
empfindende und denkende Wesen durch angenehme Gefühle und Vorstellungen glücklich werden
sieht, der von Begierde brennen sollte, in dem
großen Schöpfungsreiche Gottes den ihn um-
gebenden empfindenden und denkenden Wesen
einen nicht unbeträchtlichen Theil angenehmer
Empfindungen nach Gottes Vorgange und Beyspiel zuzuführen, und dem schon die leblose Na-

H 2   tur,

tur, wenn sich darin nach weisen Verhältnissen
alle Dinge zur Verschönerung und zur Erhaltung der Welt ihre Kräfte harmonisch darbie-
ten, Freude machen sollte, weil ihm die verschiedenen Vollkommenheiten der Dinge sichtbar
werden, für einen solchen Menschen ist kaum etwas zu ersinnen, das ihn mehr schändet, als
dieß, daß er an dem Gegentheil sich weiden kann.
Zwar muß man zur Minderung der Schande
dieser Menschen sagen, daß sie bey dergleichen
Schauspielen nicht sowohl an den Martern der
Thiere und der Menschen, als vielmehr an den
gegenseitigen Kraftäußerungen der Kämpfenden
ihr Wohlgefallen finden.   Allein erstlich muß
ein denkendes Wesen, wenn es seiner Pflicht ein
Gnüge thun will, nicht bey Betrachtung einer
Sache mit seinem Blick an einer Seite der Sache kleben. Es muß ja, indem es sich so an den
gegenseitigen Kraftäußerungen der Kämpfenden
weidet, über das nachdenken, was die Thiere
oder Menschen, die kämpfend erscheinen, zugleich
leiden, und wie viele Marter selbige ausstehen
müssen.   Und dann drängt sich der körperliche
Ausdruck der Marter auch zu sehr vor den Blick
eines jeden Zuschauers, als daß ihm selbiger unbemerkt bleiben könnte.   Und so theilt sich das
Vergnü-

Vergnügen, das uns der Kampf gewährt, unvermerkt selbst dem Anblick der Martern mit,
die mit dem Kampf verbunden sind. Die Natur der Sache bringt es mit sich, daß auf solche Art der Mensch selbst grausam werde, und
alle mitleidige Gefühle für menschliches Elend
verliere. Alles dieses wird noch anstößiger,
wenn man bedenkt, daß bey den großen Hetzen
und Thiergefechten es gemeiniglich selbst harm-
lose und zum Kampf gar nicht geneigte Thiere
mit giebt, die, ohne sich wehren zu können, sich
mißhandeln lassen müssen. Offenbar gehören
die Thiergefechte und die Kämpfe der Menschen
mit Thieren also in die Zeiten der rohen Barbarey, und sollten nur unter den wilden und
unter ganz verderbten Menschen gefunden werden können. In unsern Zeiten könnte man,
wenn man denkt, wie viele zur Barbarey gehörige Dinge darin abgeschaft sind, mit Recht
vermuthen, daß ein so böses Unterhaltungsvergnügen ein Ende nehmen würde. Diese Art
der Kampfspiele scheinen auch seit einiger Zeit
in Spanien nicht mehr so häufig angestellt zu
seyn. In vielen andern Ländern von Europa
hat man kaum mehr etwas davon gehört. In
Absicht auf England hat man auch angemerkt,

daß

daß die Neigung, dergleichen grausamen Thiergefechten beyzuwohnen, etwas abgenommen
hat, und daraus schien man die Vermuthung
herleiten zu können, daß auch die gewöhnlichen
Hahnenkämpfe sich endlich verlieren würden.
Allein eben zu unsrer Zeit scheint ein böses Re-
cidiv dieses Seelenübels gefürchtet werden zu
müssen.   In Frankreich, wo man dergleichen
unmenschliche Vergnügungen nach dem Charakter der Nation sonst nicht zu lieben scheint,
will man nach den öffentlichen Nachrichten die
Thiergefechte selbst wieder anfangen, und dazu
von Spanien aus die nöthigen Verfügungen
treffen lassen.   In Ungarn hat man itzt selbst
dazu Gebäude errichtet und andre dahin gehörige Anstalten gemacht. * Wenn man bedenkt,
aus welchen Ursachen dieses herrühren könne:
so ist für einen wahren Freund der Menschen
nicht leicht etwas traurigers zu erdenken als
dieses.   Wenn dergleichen Unterhaltungsarten
sich bey einem Volke finden: so kann man nur
zwo

* Zu meiner großen Freude kann ich bey dieser
  zweyten Auflage die Anmerkung machen, daß
  weder in Frankreich noch in Ungarn die Sache scheint zu Stande gekommen zu seyn.
  Es ist in der Folge nichts weiter davon bekannt
  geworden.

zwo Haupturſachen als den Grund dazu ſich
denken. Die eine liegt in einem Zuſtande ro-
her Wildheit und Grauſamkeit, die andre aber
in den aufs höchſte gebrachten Ausſchweifungen
in mancherley ſinnlichen Lüſten. Der letztere
Fall hat ohne Zweifel in unſern Zeiten Statt.
Wir wiſſen es, daß der Menſch, der in alle
Arten von moraliſchen Unordnungen verſunken
iſt, und der, indem er von einer ſinnlichen Luſt
zur andern hinirrt, immer ein ſtärkeres Gefühl
des Vergnügens ſucht, endlich auf die unna-
türlichſten Vergnügungsideen fällt, um ſeiner
Luſt eine ſtarke Würze zu verſchaffen. Auch
wiſſen wirs, wie der Menſch, der im Genuß
ſinnlicher Vergnügungen geſchwelgt, und zu deren fernern Genuß durch Zugrunderichtung ſeiner Geſundheit ſich untüchtig gemacht hat, noch
immer auf Lüſte ſinnt, deren Genuß noch Statt
finden könne. In der einen oder der andern
Lage ſind ohne Zweifel die armen Menſchen,
die nun die Hetzen und Thiergefechte wiederzu-
rückzubringen und dazu die erforderlichen An-
ſtalten zu machen ſuchen. Aber was läßt ſich
nicht von Zeiten erwarten, worin man zu einer
ſolchen Verwilderung im Genuß der ſinnlichen
Wolluſt gekommen iſt! Möchten doch nur Regenten und hohe obrigkeitliche Perſonen nicht

H 4 mit

mit in diesen Strom des moralischen Verderbens
hingerissen werden, möchten diese doch noch mit
feurigem Eifer sich bestreben, die ihrer Regierung, Aufsicht und Lenkung anvertrauten Menschen auf eine derselben würdige Art glücklich
zu machen, und möchten sie so auch den Frev-
lern Einhalt thun, die Gott zum Trotz eine
Menge von seinen Geschöpfen, die alle nach
dem verschiedenen Maaß ihrer Fähigkeiten, und
so weit, als die verschiedenen Verhältnisse der
Dinge zu einander es zulassen, der Schöpfer
glücklich gemacht haben will, durch böse Leidenschaften, Marter und Elend unglücklich machen
wollen! Möchten doch diese Regenten, die Gottes Statthalter auf Erden seyn sollen, als treue
Diener Gottes und als gute Väter der ihrer
Sorge und Pflege anvertrauten Menschen, allen denen Fluch und Verderben ankündigen, die
so muthwillig die gütigen Absichten Gottes hier
auf Erden zu zernichten sich gelüsten lassen
würden!

Drey

Drey und zwanzigste Betrachtung.
Von den Gewinnstspielen überhaupt.

Die Kampfspiele und Gewinnstspiele grän-
zen so nahe zusammen, daß es bey verschiedenen schwer ist, zu bestimmen, zu welcher
Klasse der Spiele sie gehören. Oft würde
man selbst irren, wenn man nach allgemeinen
und gewöhnlichen Merkmalen ein gewisses
Spiel ein Gewinnstspiel oder Kampfspiel nennen wollte. Es kann also der Fall eintreten,
daß ein gewisses Spiel, das gespielt wird, ein
Gewinnstspiel ist, und für ein Kampfspiel mit
gutem Grunde angenommen wird, und daß
umgekehrt ein Spiel ein Kampfspiel ist, welches sonst zu den Gewinnstspielen gerechnet
wird. Ja was noch mehr ist, ein und dasselbe Spiel, welches mehrere Personen spielen,

kann

kann in verschiedenen Rückfichten zugleich ein
Kampffpiel und ein Gewinnftfpiel feyn. Das
Ballfpiel ist z. B. mit unter den Kampffpielen
genannt worden. Ich habe es deswegen dazu
gerechnet, weil ich glaube, annehmen zu können, daß jede Spielparthey im Ganzen in der
Geschicklichkeit, womit gespielt wird, und in
dem Siege, als einem öffentlichen Zeichen eines
Uebergewichts in Geschicklichkeiten und Kräften, und endlich selbst in der Aeußerung der
Geschicklichkeiten und Kräfte, wobey gleichsam
der Besitz der Kräfte nicht nur gedacht, sondern
auch empfunden wird, weit mehr Interesse und
Vergnügen findet, als in dem Preise, der dem
Sieger zugleich zu Theil wird. Wenn in fol-
chen Fällen ein gewonnener Preis uns viel
Vergnügen macht: so rührt dieß nicht von dem
Werth her, den der Preis an sich hat, sondern
von dem Werth, den er als ein Zeichen des
Siegs erhält. Wir finden daher auch, daß die
alten Griechen den Siegern zum Theil bloß
Lorbeerzweige und ähnliche an sich gar nicht
kostbare Dinge zuerkannt haben. Allein wenn
man gleich dieß annehmen kann: so ist es doch
auch gewiß etwas nicht gar seltenes, daß manche bey den Kampffpielen nicht sowohl nach der

Ehre

Ehre zu ſiegen ſtreben, als nach der Belohnung,
die auf den Sieg folgt, und daß ſie an dieſen
Spielen nur unter der Bedingung Theil neh=
men, daß nicht unbeträchtliche Belohnungen
für den Sieger ausgelobt werden. Auf den
Fall, da die um einen Sieg oder Preis käm=
pfenden verſchiedenen Perſonen bey einem ge=
wiſſen Spiel theils vorzüglich ſich die Ehre des
Siegs wünſchen, theils nur nach dem Preiſe,
der zur Belohnung für den Sieger beſtimmt
wird, hinſtreben, kann man ſagen, daß ein und
daſſelbe Spiel in Anſehung des einen Spielen=
den eigentlich ein Kampfſpiel, und in Anſe=
hung des andern Spielenden eigentlich ein Ge=
winnſtſpiel iſt. Die Abſicht der Spielenden
und der Geſichtspunkt, woraus ſelbige die
Sache anſehen, beſtimmt alſo die individuelle
Benennung des Spiels. Auf eben die Weiſe,
wie das Ballſpiel, das Schießen nach dem
Vogel oder einer Scheibe, und ſelbſt das Wett=
rennen bey gewiſſen einzelnen Perſonen viel=
mehr ein Gewinnſtſpiel als ein Kampfſpiel
wird: ſo kann auch ein Spiel, das man über=
haupt zu den Gewinnſtſpielen rechnet, ein
Kampfſpiel werden. Dieß kann bey allen den
Spielen geſchehen, worin Geſchicklichkeit und

Nach=

Nachdenken dem Spiele vorzüglich seinen Lauf geben. Auch findet man bey diesen Spielen es häufig, daß die Spieler bloß um die Ehre des Siegs und nicht um Geld spielen. Beym Schachspiel, welches vorzüglich vom Denken abhängt, und von der sichern Uebersicht aller Wege, die man einschlagen, oder worauf man seinem Gegner sich widersetzen kann, welche verschiedene Wege alle den Augen vorliegen, und wobey also eigentlich kein Zufall Statt findet, wird z. B. fast nie auf die etwa zu gewinnende oder zu verlierende Summe Geldes gesehen, sondern nur auf den etwa zu erhaltenden Sieg.

Wenn wir also eine Gränzlinie zwischen den Kampfspielen und Gewinnspielen ziehen: so wird damit nicht gesagt, daß nicht unter gewissen Umständen ein gewisses Spiel auf der einen oder der andern Seite der Linie seyn könne, sondern nur dieß, daß im Ganzen eine gewisse Art des Spiels zu der einen oder der andern Klasse der angeführten Spiele gerechnet werden müsse. Und so setzt man es mit Recht nach der Seite der Linie, wo es sich gewöhnlich findet. Wobey also die Menschen größtentheils mehr nach dem Gewinnst trachten, als nach der

Ehre

Ehre des Sieges, und wobey man zugleich am
wenigsten Zuschauer sucht, oder sich um Zuschauer bekümmert, die Spiele können wir mit
Fug zu den Gewinnspielen rechnen, so wie
wir diejenigen Spiele, bey welchen man auf
Ruhm von Seiten der Zuschauer oder des Mitspielers und auf Sieg vielmehr als auf sonstigen Gewinn sieht, überhaupt mit Recht Kampfspiele nennen. Bey Kampfspielen pflegt auch
überhaupt ein öffentlicher Preis ausgesetzt zu
werden, da bey den Gewinnspielen man den
Preis bloß von seinem Gegner zu nehmen
pflegt. In Absicht auf beyde Spiele ist übrigens anzumerken, daß bey allen Gewinnst-
und Kampfspielen die Neigungen zu siegen
und zu gewinnen nicht leicht ganz getrennt
sind. Der, dem es eigentlich nur am Herzen
liegt, seine Mitkämpfer zu übertreffen und zu
besiegen, sieht doch gewöhnlich ein wenig mit
auf eine etwa zu gewinnende Geldsumme, und
wer vorzüglich nur um die zu gewinnende
Summe spielt, findet gewöhnlich in der Vorstellung des Sieges oder des Uebertreffens an
Geschicklichkeiten zugleich einiges Vergnügen.
Nur Wenige, die um Geld spielen, sind ganz
gleichgültig gegen die Ehre oder Schande, ge-

siegt

siegt zu haben, oder besiegt zu seyn. Von die=
sen Wenigen kann man aber dreist behaupten,
daß sie zu den niedrigsten und kleinsten Seelen
gehören, die ihren Blick so fest auf den Ge=
winnst gerichtet haben und sich daran so wei=
den, daß sie alles andre und also auch die Eh=
re, die mit dem Siege verknüpft ist, ganz aus
dem Gesichtspunkt verlieren. Und unter die=
sen niedrigen Seelen kann es keine verächtli=
chere geben, als diejenigen, welche selbst bey
Kampfspielen, wobey man gewöhnlich fast al=
lein nach Sieg und Beyfall strebet, den etwa
zu erlangenden Geldgewinnst bloß zum Gegen=
stand ihrer Begierde machen. So kann es
selbst bey den Kampfspielen, wobey eine zahl=
reiche Versammlung von Menschen zuschauet,
Manche geben, die nur darum den Sieg zu er=
fechten sich bestreben, damit sie die Geldbeloh=
nung davon tragen mögen, welche mit dem
Siege verbunden ist, wenn diese Summe gleich
gar nicht in einem natürlichen Verhältniß zu
den Bestrebungen des Kampfs steht. Und
wer kennt nicht elende Menschen, die um einer
kleinen Summe Geldes willen sich mit einan=
der herumschlagen, und dabey Gesundheit und
Leben in Gefahr setzen?

Was

... Was allen Gewinnſtſpielen, als Gewinnſtſpielen, indeſſen eigen iſt, und ſie von Kampfſpielen unterſcheidet, iſt dieß, daß man dabey
nach irgend einem Preiſe, der in Geld beſteht,
oder an ſich einen gewiſſen Werth hat, trachtet, und den Preis Andern zu entreißen ſich beſtrebt. Es iſt hier nicht vom Tauſch in Dienſt-
leiſtungen die Rede, wie in allen andern Fällen, da man gewiſſe Güter oder Beſitzungen
eines Andern an ſich zu bringen ſucht, ſondern
man beſtrebt ſich geradezu, ihm einen Theil
des Seinigen durch Geſchicklichkeit im Spiel
zu entwenden, und, um die Freyheit zu dieſem
Beſtreben zu erhalten, ſetzt man ſich dabey der
Gefahr aus, eben ſo viel wieder bey demſelben
zu verlieren.

Bey den Kampfſpielen heftet man den Blick
der Seele auf einen durch ungewöhnliche Kraft-
äußerung zu bewirkenden Vorzug. Dieſes
giebt der Seele eine Schwungkraft zu nicht gemeinen Beſtrebungen, und ſehen wir dabey
zugleich auf einen zu erkämpfenden Preis: ſo
begehren wir dieſen nur als ein Zeichen, daß
wir in unſern Beſtrebungen glücklich geweſen
ſind,

Das

Das Gut eines Andern veranlaßt aber bey den Gewinnstspielen die Neigung, Sieger im Spiele zu seyn. Und an sich ist es unedel, ein Verlangen nach eines Andern Gut entstehen zu lassen und zu unterhalten, wenn man damit nicht die Neigung verbindet, ihm wieder ähnliche Vortheile zuzuwenden, oder wenigstens durch die Mittheilung eines Vortheils gegen die Erhaltung eines andern Vortheils die Seele gewöhnt, nichts nehmen zu wollen, ohne dafür ungefähr eben so viel Andern wieder zu geben. Wollte man sagen, daß wir bey Gewinnstspielen auch den Mitspielern den Vortheil zugestehen, das Unsrige vermittelst des Spiels an sich zu bringen, und daß dabey noch die Idee der Billigkeit unterhalten würde: so würde dieß Gefühl des moralischen Guten doch einen viel zu schwachen Beytrag zur Tugendliebe geben, indem die Neigung, das Gut eines Andern an sich zu bringen, ohne ihm gleiche Vortheile dafür wieder zu geben, uns leicht nach und nach zu Betrügern und Räubern machen kann. Und jene Neigung hat ja der Spieler offenbar. Sein Wunsch ist einzig auf eignen Gewinnst gerichtet, und läßt sich nicht wohl von dem Wunsch trennen, daß der

Andre

Andre verlieren möge, weil der Verlust des Andern eine wesentliche Folge des eignen Gewinnstes ist.   Wollte man sagen, daß es doch möglich
wäre, daß man, indem man sich seines Gewinnstes freuete, zugleich mit Kummer an des
Andern Verlust gedächte: so würde dieß erstlich
einen philosophischen Tugendfreund erfordern,
und zweytens würde denn die Spielneigung
nicht Statt finden können.   Indem nach dem
Gesetz der Gerechtigkeit so der Kummer dem
Vergnügen das Gleichgewicht hielte: so würde
keine Neigung entstehen können.   Es ist auch
überhaupt entschieden genug, daß die Spielneigung in der Neigung, eines Andern Gut an sich
zu ziehen, ohne ihm dafür wieder ein Gut zuzuwenden, gegründet ist.   Man muß aber auch
nie eine Neigung, einem Andern zu schaden, unter dem Vorwande Statt finden lassen, weil
man ihm eine gleiche Neigung gegen sich gestat-
tet.   Nothwendig muß dabey die eigennützige
Neigung, Vortheile an sich zu reißen, und
Andern Vortheile zu entwenden, überhaupt
rege werden und Nahrung finden.   Dadurch
wird die wichtigste aller gesellschaftlichen Neigungen, nach welcher man gegen Andre gern
wohlthätig ist, und ihnen gerne mehrere Freuden und Glückseligkeiten verschaffen will, als

2. Theil.   J   man

man wieder von ihnen erhält, augenscheinlich
ganz zu Grunde gerichtet. Eine solche Neigung, an sich zu reißen, ohne wieder zu geben,
und dieses Ansichreißen durch irgend eine Uebermacht des Verstandes oder der List zu bewirken,
entspringt ganz natürlich aus allen Gewinnstspielen. Indem man damit die Besorgniß,
selbst zu verlieren, verbindet: so denkt man sich
seine Mitspieler wie Feinde, vor denen man sich
zu hüten hat. Durch diese Vorstellungsart wird
Widerwille gegen Andre erzeugt, und der gegenseitige so wohlthätig für die Menschen fließende
und über Alle Zufriedenheit und Wonne verbreitende Strom der Liebe und der Gegenliebe, und
des wechselseitigen Freuens über einander wird
so in seinem Fluß mehr und mehr gehemmet.
Eigennütziges Ansichreißen, Argwohn, Neid,
Widerwillen und feindselige Gesinnungen sind
also die natürlichen Folgen aller Gewinnstspiele, in so fern dabey wahre Neigung, etwas
durchs Spiel zu gewinnen, Statt findet. Ein
andres ist es, wenn man gegen den Gewinnst
gleichgültig ist. Allein wenn dieses sich wirklich so verhält, wie so Mancher das von sich
rühmt: warum begnüget man sich denn nicht
damit, daß man nur seine Geschicklichkeit im

Spiel

Spiel übt und zeigt? Was sagt man dadurch, wenn man vorgiebt, man spiele deswegen nur um Geld, damit man das Spiel interessanter mache, und sich in Aufmerksamkeit erhalte, doch im Grunde anders, als daß man gerne einen Theil fremdes Guts hätte, ohne einen gleichen Vortheil dafür wieder zu geben? Liegt dieß dabey nicht zum Grunde: so kann das Spiel auf diese Weise nicht interessanter werden, und behält in Absicht auf das darin liegende Unterhaltungsvermögen für uns eben den Werth, den es hat, wenn man umsonst spielt. Von den unglücklichen Folgen, welche der Verlust, wenn er auf der einen Seite groß ist, oft für den Verlierenden hat, sage ich hier nichts, weil das besser bey den verschiedenen besonders zu berührenden Gewinnspielen bemerkt werden kann. Aber eins trift noch zu sehr alle Arten der Gewinnspiele überhaupt, als daß es hier unberührt bleiben könnte. Hat einer eine etwas starke Begierde, Geld zu gewinnen, oder fühlt er es, daß er den Geldverlust, der mit dem Besiegtwerden im Spiel verknüpft ist, nicht wohl ertragen oder verantworten kann: so beschäftigen die sich darauf beziehenden Ideen die Seele schon so stark, daß sie darüber unruhig wird, und nicht geru-

J 2   hig

hig genug den Blick auf die beste Art der Aus=
führung dessen, was man beym Spiel zu thun
hat, richten kann.   Dabey kommt die Seele
also in eine unangenehme Lage, sieht sich in der
vortheilhaftesten Anwendung ihrer Geschicklich=
keiten und Kräfte gestört, und geräth, indem
so Verlust oder Gefahr zu verlieren immer mehr
erfolgt, leicht in eine ängstliche und die heftig=
sten Bewegungen der Seele und des Körpers
veranlassende Verfassung. Diese letzten Folgen
bemerkt man nicht bey Allen.   Sie können oft
leicht einen gewissen Verlust ertragen, oder sie
bedenken es auch nicht, daß das so vielleicht
anzubüßende Geld mit Ueberlegung besser an=
gewandt werden könne, und haben darüber al=
so keine Art der Gewissensunruhe, und sie ha=
ben zuweilen auch eine so gemäßigte Gewinnst=
neigung, daß sie dabey nicht in eine an Leiden=
schaft gränzende Bewegung gerathen.   Allein
wir wissen es aus der Erfahrung, daß nur
sehr wenige Menschen in diesem Fall sind, und
daß man sich irrete, wenn man sich einbildete,
daß alle diejenigen wirklich zu dieser Anzahl ge=
hören, welche dem Aeußerlichen nach dazu zu
gehören scheinen.   Und wird dann auch auf
diese Weise auf der einen Seite gespielt: so ist
darum

darum der Gegenspieler noch nicht in einer glei=
chen Fassung und Lage. Und dann leidet dieser
nur noch desto mehr. Sind aber auch gleich beyde
Spieler in dieser Lage; so ist damit das Spiel
noch nicht gerechtfertigt. Denn die vorher be=
merkten aus der Natur der Gewinnstspiele flies=
senden und in der Natur derselben liegenden
bösen Folgen und Eigenschaften bleiben dann
noch immer zurück.

Sonst ist in Ansehung der Gewinnstspiele
überhaupt noch anzumerken, daß man selbige
bequem unter drey Klassen bringen kann.
Spiele, wobey unser Verstand und Wille nichts
auszurichten vermag, sondern wobey bloß sol=
che Ursachen und Umstände wirken, die wir
nicht leiten können, und die in äußerlichen auf=
ser unsrer Macht befindlichen oder wenigstens
in solchen Dingen liegen, die nicht von unsrer
Erkenntniß und von den sich auf unsere Erkennt=
niß beziehenden Kraftäußerungen abhängen,
können eine dieser drey Klassen ausmachen.
Wir pflegen daher diese Spiele Spiele des Zu=
falls und des Ungefährs zu nennen, weil die
Kette von Ursachen und Wirkungen, aus denen
der Erfolg des Gewinnstes oder Verlustes ent=
springt, von unsrer Bemerkungskraft nicht kann

er=

erreicht werden, und wir daher auch eine gewisse Reihe von Ursachen und Wirkungen zu unserm Vortheil nicht bewirken können.

Andre Spiele sind so beschaffen, daß ein Theil der Ursachen, die den Ausgang des Spiels bewirken, dem Zufall, und ein andrer der Lenkung der Menschen unterworfen ist. In diesen Spielen ist gleichsam über einen Theil dieses kleinen Kriegstheaters ein Vorhang gezogen.

Endlich giebt es Spiele, wobey die ganze Charte des Landes, wo man operirt, vor unsern Augen aufgedeckt da liegt, und wobey der Verstand alles lenkt. Und so giebt es also Spiele des Zufalls, Spiele des Zufalls und des Denkens oder der Geschicklichkeit zugleich, und endlich Spiele des Denkens und der Geschicklichkeit allein.

Vier

Vier und zwanzigste Betrachtung.
Von den Spielen des Denkens und der Geschicklichkeit allein.

Das Schachspiel ist vielleicht das einzige Spiel, wovon man im strengsten Verstande sagen kann, daß der Spielende sein Werk ganz nach seiner Erkenntniß lenken kann. Zwar kann man dabey nicht den Plan des ganzen Spiels voraus machen. Es kann nur eine Menge von allgemeinen Vorschriften in der Seele liegen, die unter gewissen erfolgenden und aus Erfahrungen nach und nach uns bekannt gewordenen Umständen anzuwenden sind, und von denen man also Gebrauch macht, wenn sich diese Umstände finden. Allein man kann es doch nie wissen, ob und wann derglei=

chen

chen Umstände erfolgen werden. Auch giebt es
eine so gar große Mannichfaltigkeit in den Mi-
schungen der Hauptumstände, daß der Spieler immer nach der Art, wie diese Mischun-
gen kommen, seine Maaßregeln nehmen und
ändern muß. So weit also diese Umstände
von dem Mitspielenden abhängen, und der Spieler nicht die vom Mitspielenden etwa zu wählenden Züge weis und wissen kann: so gehören
die so veranlaßten Umstände zu den zufälligen
Dingen. Allein der Spieler kann dabey doch
den Mitspielenden Schritt vor Schritt beobachten, kann alle die Wege, die bey jedem Schritt
demselben vorliegen, übersehen, und immer
mit Kenntniß der Sache selbst einen gewissen
Zug wählen, und auch gewiß den Zug thun, den
er wählt, ohne daß irgend ein Zufall ihn an der
Ausführung hindert. Da also das, was der
Spielende jedesmal thut, vom Denken abhängt
und dem Denken gemäß bewirkt werden kann,
und da das ganze Feld, worauf man zusammen
kämpft, offen da liegt, mit allem dem, was darauf geschehen kann: so kann man mit Grund
sagen, daß es ganz vorzüglich ein Spiel des
Denkens sey. Man könnte es ein Kampfspiel
des Geistes nennen, und sollte es billig überhaupt
eher

eher zu den Kampfspielen als zu den Gewinnstspielen rechnen. Außerdem, daß beyde Spielende in Außsinnung der besten Wege zur Behauptung des Platzes mit einander wetteifern, findet man auch beym Schachspiel die
gewöhnliche Eigenschaft der Kampfspiele, daß
man nicht sowohl nach einem Gewinnst als
vielmehr nach der Ehre, gewonnen zu haben,
trachtet. Dennoch rechnet man das Schachspiel mit zu den Gewinnstspielen, wahrscheinlich, weil die Anstrengung der Geisteskräfte
nicht sichtbar wird, weil man gar nicht die Sache zu irgend einer Art der öffentlichen Unterhaltung macht, und weil diejenigen, welche so
Geld gewinnen, es doch einem bestimmten
Gegner abgewinnen, und man daher den Gewinnst nicht leicht einen Preis oder Belohnung
nennen kann. Im Ganzen kann man nun, so
fern wir auf die moralischen Wirkungen dieses
Schachspiels, nämlich auf das Gute und Böse
sehen, was dadurch in menschlichen Seelen und
unter Menschen veranlaßt werden kann, zu
dessen Lobe sagen, daß Gewinnsucht in Rücksicht auf Geld und Geldes Werth sehr selten
dabey Statt findet. Da die Seele so viele
Beschäftigung in Aufsuchung vortheilhafter

J 5   Gänge

Gänge findet, und da ihr Thätigkeitstrieb da=
bey in so hohen Maaß befriedigt wird: so
drängen sich ihr nicht leicht andre und also
auch nicht Gewinnstideen zu. Eine unmittel=
bar mit gedachtem Denkgeschäfte verknüpfte
Wirkung ist diese, daß die Seele sich im Den=
ken sehr dabey übt, und zu nicht gemeinen Fer=
tigkeiten im Denken gelangt. Wie zuträglich
es dem Menschen aber sey, wenn er sich übt,
alle Vorfälle von allen Seiten anzusehen, und
immer die besten Maaßregeln mit Gegenwart
des Geistes zu nehmen, das ist unnöthig hier
anzumerken. Nur ist die Frage, ob diese
Denkübung nicht nützliche Dinge betreffen und
dadurch einen unmittelbaren Nutzen bringen
könnte. Hierauf ist unstreitig zu antworten,
daß, wenn sich zwischen mehrern Personen
Stoff zu einer nützlichern Denkübung findet,
woran mehrere Theil nehmen können, und
worin jeder einen gewissen Grad der Stärke
hat, und welche in der Stunde des gesell=
schaftlichen Umgangs für Mehrere Reiz hat,
man eine solche nützlichere Denkübung vorzie=
hen sollte. Indem wir dieß eingestehn: so
müssen wir zum Vortheil des Schachspiels
doch bemerken, daß, wenn man sich auch über
gemein=

gemeinnützige Dinge · und über menſchliche
Pflichten unterhielte, in dem Fall, da es eine
Sache von geringer Erheblichkeit wäre, dieß
darum noch nicht geradezu nützlicher wäre, als
die Uebung im Schachſpiel. Die Art, wie unſre Denkfähigkeit beym Schachſpiel gebildet
und geübt wird, hat darin etwas Vorzügliches,
daß man dabey, wie in mathematiſchen Berechnungen, mit Zuverläßigkeit ſehen kann, wie
weit man einen rechten oder unrechten Weg
genommen habe. Hat man einen Fehler be-
gangen: ſo kann die Eigenliebe uns ſelbigen
nicht verbergen. Und wir wiſſen es, wie gewiß mehrere Perſonen, die über gewiſſe Dinge ganz verſchieden denken, und viel darüber
geſprochen haben, am Ende des Streits glauben, daß ſie Recht haben. So eine eigenſin-
nige und durch den Betrug der Eigenliebe be-
günſtigte Rechthaberey kann beym Schachſpiel
nicht Stätt finden. Wer wirklich durch gewiſſe irrige Züge auf Abwege kommt, erkennt
dieſen Irrthum deutlich in ſeinen Folgen; und
wer gewiſſe ihn in ſeinen Operationen ſtörende
Gänge ſeines Gegners nicht zeitig merkt, muß
es bald mit Gewißheit inne werden, daß Mangel der Bemerkung oder Mangel der Kenntniß
wirklich

wirklich Statt gefunden hat. Mit dem Ver⸗
lieren im Schachspiel ist es also eben so be⸗
schaffen als mit einem Rechenexempel, wobey
man nicht das rechte Facit herausbringt. Das
Schachspiel gewöhnt daher, so weit als es
wirken kann, den Menschen zum sorgfältigen
Nachdenken, lehrt ihn seine Maaßregeln rich⸗
tig nehmen, überführt ihn oft von den Schran⸗
ken seines Verstandes oder seiner Kenntniß,
und giebt ihm gar viele Anlässe, Mißtrauen in
seine Ideen und Kräfte zu setzen. Das sind
Vortheile, die man nicht leicht bey einer Sa⸗
che findet, die bloß den Namen eines Unterhal⸗
tungsvergnügens trägt. Was nicht eine so
vortheilhafte Wirkung zu haben scheint, ist das
gegenseitige Bestreben, sich den Weg zum Sie⸗
ge nicht nur dadurch zu bahnen, daß man alle
Wege seinem Gegner zu versperren und Plätze
zu besetzen sucht, wo man nicht kann angegrif⸗
fen werden, sondern, daß man auch ähnliche
Bemühungen des Gegners so viel als es in
unsern Kräften steht, zu zernichten sich bestrebt.
Indem dieß geschieht: so scheint die Seele
nach und nach eine Fertigkeit zu gewinnen, den
Mitspielenden in dem unangenehmen Lichte ei⸗
nes Widersachers zu betrachten. Und wie
leicht

leicht wird sich die so gewonnene Fertigkeit auf
viele andre Handlungen des menschlichen Lebens erstrecken und so ein Theil des herzlichen
Wohlwollens gegen Andre verloren gehen? Es
ist nicht zu läugnen, daß dieß eine Seite der
Gewinnstspiele und auch vieler Kampfspiele
ist, die wir nicht loben können. Wir sollten
zwar suchen, unsre Kräfte so zu üben, daß wir
damit vieles ausrichten könnten, wir sollten
uns zwar geneigt machen, mit Muth und Anstrengung nach einem entfernten Ziele der Vollkommenheit hinzuarbeiten, aber wir sollten
auch alles üben, was uns geneigt und geschickt
macht, Andre in angenehme und vortheilhafte
Lagen zu setzen, und also mit ihnen arbeiten,
und nicht allen ihren Bemühungen Hindernisse
in den Weg legen. Dieses letzte geschieht nun
beym Schachspiel so wie bey den meisten andern Spielen. Allein dieß ist doch nicht hinreichend, das Schachspiel verwerflich zu machen. Erstlich ist dem Schachspiel von der angeführten übeln Wirkung nicht so viel zuzuschreiben, als es dem ersten Anblick nach
scheint geschehen zu müssen. Jeder Spielende muß freylich immer seinen Mitspieler im
Auge haben, um dessen Unternehmungen, wenn

er

er sie für gefährlich hält, sich zu widersetzen.
Allein im Ganzen hat man doch den Blick
mehr auf die Ausführung eines gewissen eige=
nen Plans gerichtet, und übt sich, ohne deswe=
gen mit widrigen Empfindungen an den Mit=
spielenden zu denken, in den dahin zielenden
Kraftäußerungen, vielmehr, als in den Bestre=
bungen, dem Gegner seine Plane zu vereiteln.
Diese Lage der Seele wird auch dadurch sehr
mit befördert, daß wir unsern Plan mehr über=
sehen können, als den Plan des Gegners, weil
es so viele mögliche Wege und Absichten bey
diesem Spiel giebt, daß wir bey weitem nicht
immer merken können, worauf gewisse Züge
des Gegners etwa abzielen mögen. Endlich
arbeitet die Seele sehr im Stillen, und wenn
auch üble Gesinnungen einmal aufsteigen: so
werden diese, weil der Körper dabey gar nicht
in Bewegung ist, und nicht viele Veränderun=
gen des Gesichts, der Mienen und der Augen
veranlaßt werden, doch nicht sichtbar, erwecken
also nicht ähnliche üble Gesinnungen, und ver=
lieren sich daher oft ganz wieder. Endlich
haben wir bey diesem Spiel auch gar nicht die
Absicht, wenn nicht Geldgewinnst etwa uns
dabey reizt, einem Andern einen Theil des Sei=
nigen

nigen zu rauben, sondern wir wollen nur sehen, wie viele Kräfte wir in Vergleichung mit
den Kräften des Andern haben, und finden wir
uns darin übertroffen: so fühlen wir uns vielmehr dadurch veranlaßt, unsre Kräfte noch
mehr zu üben und sie zu erhöhen, als einen Andern mit schelen Augen anzusehen, daß er in
diesem Spiele stärker ist. Sind wir gute Geschöpfe: so freuen wir uns jeder Vollkommenheit, die wir in Gottes Welt antreffen, und so
schätzen wir einen jeden Menschen gern nach
dem ganzen Maaß seiner Vollkommenheiten.
Nach der Selbstliebe würde eine Freude, die so
durch den Anblick eines vollkommenen Menschen außer uns erregt wird, freylich einen höhern Grad der Lebhaftigkeit und Stärke bekommen haben, wenn wir diese in Andern entdeck-
ten Vollkommenheiten in uns gefunden hätten;
allein die Freude über die Vollkommenheiten
Andrer bleibt darum doch Freude und oft eine
große Freude. Endlich ist es eine der moralischen Stimmung der Seele sehr zuträgliche
Täuschung beym Schachspiel, daß wir vielmehr das uns entgegen stehende fremde Heer
der Schachsteine, wie unsern Gegner ansehen,
als den Mann, der dieses Heer commandirt.

Die

Die hierin arbeitende Denkkraft des Andern
ist der unsichtbare General, und wir fallen daher, wenn wir etwas Widriges darüber empfinden, daß wir nicht genug Widerstand leisten,
oder unsern Weg nicht nach Wunsch verfolgen
können, mit dieser widrigen Empfindung vielmehr auf die sichtbar in die Augen fallenden
leblosen Bauern und Officiers, als auf den, der
sie lenkt.   Alle diese Bemerkungen scheinen
mir nicht nur aus der Natur der Sache genommen zu seyn, sondern die allgemeine Erfahrung bestätigt sie auch.   Selbst die kleinen
und stolzen Menschen, die sich nicht mit reinem
Vergnügen an Andrer Vollkommenheiten weiden können, und daher alles hassen, wovon sie
sich übertroffen sehen, pflegen ihre Empfindlich-
keit doch dann erst gegen den Mitspielenden
zu äußern, wenn am Ende des Spiels sie erst
den Blick auf denselben richten, so aus ihrer
Täuschung kommen, und sich's gleichsam sagen: das ist nun doch der Mann, von dem du
dich besiegt sehen mußt.   Und dieß geschieht
besonders dann, wenn der Sieger sein Vergnügen über den erhaltenen Sieg sichtbar
äußert, oder auch mit einer gewissen Art der
Einbildung und des Stolzes sich es merken

läßt,

läßt, daß er überhaupt in Denkarbeiten den
Besiegten unter sich findet. Leute, die so siegen, und beym Besiegtwerden sich so betragen,
mußten freylich nie Schach spielen. In Rücksicht auf Andre scheint es aber ausgemacht zu
seyn, daß es ein empfehlungswürdiges Unterhaltungsvergnügen in Gesellschaften ist. Diejenigen, die nicht studiren oder studirt haben,
und welche, wenn sie nicht zufällig auf gewisse
Glückseligkeit, Pflicht und Religion betreffen-
de Gespräche kommen, nicht leicht geflissentlich
eine Materie glücklich dazu wählen und gut
darüber sprechen können, finden beym Schachspiel Unterhaltung und zugleich alle zuerst be-
nannten Vortheile. So fern Gelehrte nicht
übermäßig viele Kopfarbeiten haben, und
ihnen ein nicht ganz unbeträchtlicher Theil der
Muße zufällt, und selbige also ohnehin die erforderliche körperliche Bewegung haben können, ist das Schachspiel auch ihnen nicht zu
widerrathen. Ja auch dann, wenn sie übermäßig viele Denkarbeiten hätten, würde es
noch für sie zuträglich seyn, wenn sie beym
Schachspiel noch von Zeit zu Zeit lernten, wie
leicht man, auch wenn man etwas von allen
Seiten richtig gesehen zu haben glaubt, doch

2. Theil.   K   noch

noch fehlen kann, und wie vorsichtig und wie
schüchtern man jeden Schritt thun müsse, um
in jedem Fall das zu bemerken, was recht und
was wahr ist. Uebrigens müssen Studirende
und Gelehrte, die durch Amt oder Umstände
genöthigt werden, fast über ihre Kräfte zu arbeiten, dieses Spiel nicht lieben, sondern vielmehr die wenige Muße, die sie erhalten, dazu
gebrauchen, daß sie einmal die Seele ganz von
aller Denkarbeit befreyen und dem Körper Bewegung verschaffen. Denn Alle bekennen es,
daß, wenn man mit Emsigkeit und vielem
Nachdenken Schach spielt, dieses eine der
schwersten Arbeiten des Geistes sey. Auch findet man es allgemein, daß die Arbeit der Seele sehr bald den Körper in Wallung bringt und
erhitzt. Uebrigens hat dieses eines denkenden
Menschen so würdige Spiel noch das Gute,
daß jedermann die dazu nöthigen Sachen für
ein geringes Geld in seinem Zimmer und in
jeder Gesellschaft haben kann. Was ich indessen hier, meine Herren, zum Lobe des Schachspiels gesagt habe, entferne ich ganz von der
Neigung, dabey seinem Gegner eine Geldsumme abzugewinnen. Diese Neigung scheint
auch gar nicht mit der sonstigen Würde des
Spiels

Spiels und dem edlern dabey Statt findenden
Denkgeſchäfte der Seele ſich harmoniſch vereinigen laſſen zu können.

Das Schachſpiel hat neulich Herrn Hellwig
zu Braunſchweig zu der ihm viele Ehre machenden Erfindung eines darauf gebauten Kriegs-
ſpiels Anlaß gegeben. Es unterſcheidet ſich dieſes Spiel von erſterm erſtlich dadurch, daß man
auf einem viel größern Kampfplatz ſtreitet,
zweytens, daß es in dieſem Kriegsfelde Feſtun-
gen, Städte, Berge, Moräſte, und Waſſer
giebt, drittens, daß man mehrere und man-
nichfaltigere Figuren braucht, und daß endlich
viertens dabey faſt alle die verſchiedenen Operationen Statt finden, die im wirklichen Kriege vorfallen. Hieraus fließt von ſelbſt, daß
der Verſtand hier noch weit mehrere Beſchäf-
tigung findet, als beym Schachſpiel, und daß
die Endigung einer Spielparthie weit mehr
Zeit erfordert. Wenn täglich auch einige
Stunden dazu angewandt werden: ſo gehen
leicht acht Tage und darüber, ja nach Beſchaf-
fenheit der Geſchicklichkeit, womit geſpielt wird,
leicht einige Wochen damit hin. Da es unter
meinen Augen einige Monathe hindurch geſpielt iſt: ſo habe ich bemerkt, daß es für gu-

te

te Köpfe in einem hohen Grade interessant ist.
So fern die Spielenden mit andern Personen,
die mit aufs Spiel merken, umgeben sind, läßt
sich eine sehr angenehme Uebung des Verstan=
des und Witzes damit verbinden, woran der
Erfinder noch nicht dürfte gedacht haben. Die=
se besteht nämlich darin, daß man auf beyden
Seiten ein Journal hält über den gegenseitigen
Fortgang der Kriegsoperationen, oder eine or=
dentliche Zeitung darüber für die Theilnehmer
und Zusehenden schreibt. Wenn diese Zeitungs=
blätter gut geschrieben sind, und diejenigen,
denen sie vorgelesen werden, etwas vom Spiel
wissen: so kann dieß Materie zu einer recht
angenehmen Unterhaltungsstunde geben. In
dem Fall müssen die Spielenden aber vorher
eine Charte von den beyden Ländern, die der
Schauplatz des Kriegs sind, machen, und dem
Lande nicht nur, sondern auch den Festungen,
Städten u. s. w. eigne Namen geben, und her=
nach die Zeitungsartikel daher datiren, wo et=
was vorfällt.

Was nun die Moralität dieses neuen Spiels
betrift: so kann man fast alles, was ich in der
Hinsicht vom Schachspiel gesagt habe, darauf
anwenden. Nur hat es darin eine sehr nach=
theilige

theilige Seite, daß leicht zu viel Zeit damit
verloren geht. Personen, die täglich viele Berufsgeschäfte haben, ist es daher nicht zu empfehlen.

Die zur Erlernung und zu mehrmaliger Endigung dieses Spiels erforderliche Zeit und
Verstandeskraft, sind völlig hinreichend eine
Wissenschaft gründlich zu studiren, und etwas
nicht geringes zum Besten der Menschheit zu
unternehmen. Außer Officieren und außer Pa-
gen, so lange noch die Fürsten zu edlen Thaten
und zu großen Bedienungen bestimmte junge
Adliche zu diesem letztern seelenverderblichen
und an sich niedrigen Stande herabsetzen werden, dürfte es also Wenige geben, denen diese
Art der Spielunterhaltung anzurathen wäre.
Ganz vorzüglich ist es aber Officieren, die in
Friedenszeiten oft viele überflüßige Muße haben, zur Ausfüllung der geschäftleeren Stunden zu empfehlen. Wären es nicht eitle Träu-
me, wenn zuweilen ein Menschenfreund die
Hoffnung unterhält, daß mit dem Fortschritt
der Cultur nach und nach das barbarische Kriegs-
übel aus der Welt verschwinden würde; und
müßte nicht ohnehin ein tüchtiger Officier täglich das Studium der Kriegswissenschaft zu sei-

K 3   nem

nem Geschäfte machen; so würde ich es diesem
Kriegsspiel sonst zum Nachtheil anrechnen, daß
dadurch viele Kriegsideen in Umlauf gebracht
würden, und daß dieß mit Kriegsunterneh-
mungen veranlassen könnte. Allein itzt gehört
es ohnehin zu den Pflichten der Militärperso-
nen, ihre Wissenschaft zu treiben, und sich mit
mannichfaltigen Kriegsideen zu beschäftigen.

Mit dem Schachspiel haben auch noch das
Damenspiel und Mühlenspiel beynahe eine gleiche Beschaffenheit. Auch hier thut der Verstand alles, und auch hier bringt der Spieler seinen Stein hin, wohin er ihn haben will. Allein
das ganze Feld der möglichen Wege ist hier
viel leichter zu übersehen, es ist weit mehr Ein-
förmigkeit in dem ganzen Spiel, und wer den
ersten Zug hat, kann auch leichter gewisse
Maaßregeln nehmen, denen der Gegenspieler
sich nicht widersetzen kann. Es greifen diese
beyden Spiele den Kopf fast gar nicht an,
wenn man sie erst weis; und wer viele Denkarbeit verlangt, der findet seinen Verstand dabey nicht genug beschäftigt. Sollen diese Spiele also als etwas angesehen werden, das den
Geist im Denken übt, und ihm es zur Gewohnheit macht, immer in Wählung gewisser Maaß-

regeln

regeln erst alles von allen Seiten anzusehen,
und mit Behutsamkeit ein Resultat herauszubringen: so müssen diese Spiele darin dem
Schachspiel weit nachstehen. Bedenkt man
aber dagegen, daß das Schachspiel eine schwere
Denkarbeit ist, und Seele und Körper noch mehr
als die gewöhnlichen Denkgeschäfte angreift:
so sind für diejenigen, welche ohnehin immer
mit dem Kopfe arbeiten, und welchen eine Ent-
ledigung von denselben nothwendig ist, diese
Spiele weit dienlicher. Selbige werden aber
freylich nur auf eine kurze Zeit Unterhaltung genug darin finden. Uebrigens sind diese Spiele
Andern, deren Berufsgeschäfte nicht in eigentlichen Denkarbeiten bestehen, die keine schwere
Denkarbeit lieben oder übernehmen können,
oder die endlich von aller Anstrengung im Denken frey seyn wollen, als die unschädlichsten
Spiele anzupreisen.

Wenn man alles, was ein Spiel empfehlen
und angenehm machen kann, zusammen nimmt:
so wird man nicht leicht irgend eins dem Billardspiel vorzuziehen Ursache haben. Und ist
von Personen die Rede, die eine sitzende Lebensart haben, und in ihren Berufsgeschäften bloß
mit dem Kopf arbeiten: so ist es unstreitig das

K 4 vorzüg-

vorzüglichste Spiel. Das Billardspiel unterscheidet sich darin vom Schachspiel, daß es gar
wenige Anstrengung des Denkens erfordert. Es
gehört sehr wenig Nachdenken dazu, um es zu
bestimmen, wohin und auf welche Art ein Ball
zu machen sey. Dagegen hat man es nicht
leicht in seiner Macht, den Ball gewiß dahin
zu bringen, wohin er gebracht werden soll, wenn
man gleich nicht sagen kann, daß der Zufall an
dem Gange und an den Folgen des Spiels einigen Antheil hat. Denn alles, was wir beym
Billard Zufall nennen, hängt immer vom Stoß
des Balls ab, und dieser Stoß ist entweder nicht
genau so von der Hand ausgeführt, als wir es
wollten, oder wir verfehlen die grade Linie unsers Balls zum Ball des Andern, oder wir haben beym Dupliren oder Tripliren den Winkel,
in welchem des Gegners Ball von den Banden
des Billards abprallen muß, nicht richtig genug
uns vorgestellt, oder es nicht berechnet, daß des
Gegners Ball beym Wiederkehren von der Ban-
de wieder auf den Unsrigen stoßen, und so unsre Absichten vereiteln mußte. Immer hängt
alles, was erfolgt, wenn sich bey Bällen und
Billard und bey allem, was sonst bey diesem
Spiel gebraucht wird, keine Mängel finden, oder
auch

auch dieſe Fehler uns genug bekannt ſind, von
unſern Geſchicklichkeiten ab, und es giebt alſo
beym Billardſpiel nicht wahre, ſonbern bloß
ſcheinbare zufällige Erfolge, und alles hängt ab
von richtig genommenen Maaßregeln, und von
der Art, wie wir dieſe ausführen. Wenn ich
geſagt habe, daß das Billardſpiel wenig Nachdenken über die zu wählenden Maaßregeln erfordert: ſo iſt die Denkübung doch nicht ſo ganz
unbedeutend für uns, daß es in der Hinſicht
allen Reiz für uns verliert. Die Anzahl der allgemeinen möglichen Wege läßt ſich bald überſe-
hen und faſſen, und wenn dieſe nicht ſehr mannichfaltige individuelle Beſtimmungen litten,
wenn es nicht oft zweifelhaft wäre, auf welchem Wege wir am gewiſſeſten zu unſerm Ziele
kämen, und wenn endlich nicht bey der Wahl
eines gewiſſen Weges immer mit auf unſre körperlichen Geſchicklichkeiten und auf die daher
zu leitende Wahrſcheinlichkeit, unſre Abſicht zu
errei en, zu ſehen wäre: ſo würde ein thätiger
Menſch bald lange Weile bey dieſem Spiele haben. Allein bey jeder verſchiedenen Stellung
der Kugeln finden wir eine gar große Verſchie-
denheit in vielen individuellen Umſtänden. Die
Winkel leiden vom möglichſt ſpitzen bis zum

K 5   möglichſt

möglichst stumpfen eine gar große Abänderung;
in der Stellung der Kugeln gegen einander und
gegen die Löcher findet eine unzählige Verschie-
denheit Statt; bey jeder verschiedenen Stellung finden wir gemeiniglich mehrere Wege vor
uns, die wir betreten können, und fast immer
sind wir auf einige Minuten ungewiß, ob der
Ball am besten geschnitten, oder duplirt, oder
auf eine noch andre Art könne gemacht werden.
Wenn es entschieden ist, wie der Ball könne aufs
beste gemacht werden: so haben wir noch zu
beurtheilen, ob wir eben dazu auch die meiste
Geschicklichkeit in dem Gebrauch des Arms haben, oder ob unsre Kugel zur Lage unsers Körpers und des Arms bequem liege. Alles das
giebt dem Geiste viele Denkübung, ohne daß er
sich dabey auf irgend eine Weise anstrengen
oder fürchten darf, gewisse mögliche Wege aus
der Acht gelassen zu haben. Dieß alles ist just so,
wie es uns bey einer Sache, die Erholung seyn
soll, zu wünschen ist, besonders, wenn wir ohnehin Denkarbeiten haben, und die Seele also einmal davon ausruhen lassen müssen. Von dem
Umstande, daß diese Denkübungen nicht mit
Anstrengung verknüpft sind, rührt es aber ohne
Zweifel her, daß nun die Idee, etwas dabey
gewin-

gewinnen zu können, und die Begierde zum Gewinnst sich nebenher mit in die Seele schleicht, und daß man schon sehr häufig die Billardspieler um Geld spielen sieht. In der allgemeinen Betrachtung über Gewinnstspiele habe ich es schon angemerkt, wie leicht wir nun das Vergnügen des Spiels, das Vermögen der Seele, kühl über die besten Maaßregeln nachzudenken, und endlich den freyen Muth, wobey wir mit der größten Geschicklichkeit handeln, ganz verlieren. Dieses bemerkt man auch vorzüglich beym Billardspiel, wenn wir nicht etwa um ein sehr geringes Geld spielen. Veranlaßt Begierde zu gewinnen oder Furcht zu verlieren erst eine etwas starke Gemüthsbewegung: so behalten auch Körper und Arm nicht mehr ihr freyes Spiel und eine sichere zu unserm Vorsatze stimmende Bewegung, und weil das zu verlierende oder zu gewinnende Geld uns zu sehr beschäftigt: so bleibt leicht etwas, das bey der Wahl unsrer Maaßregeln mit in Rechnung gebracht werden sollte, ganz unbemerkt. Auch hat die Neigung zu gewinnen, oder das Verlorne wieder zu gewinnen, die Folge, daß man dieses Spiel dann länger fortdauern läßt, als man es fortdauern lassen sollte. Großmüthige

Men-

Menschenliebe muß uns immer besonders an den Geschäften Freude finden laſſen, wodurch etwas zur Glückseligkeit der Menschen gerade zu bewirkt wird. Erholungen und Vergnügungen müſſen alſo nur die Zeit ausfüllen, welche nach erfolgter Ermüdung bey jenen unſern Berufsarbeiten zur Wiederherſtellung unſrer Kräfte erforderlich iſt, und welche hinfließen muß, ehe wir unſre Spannungskraft und die zu unſern Arbeiten nöthige Munterkeit wieder erlangen. Wird aber um Geld geſpielt, und iſt dabey die hier ganz unmoraliſche Gewinnſucht mit wirkſam: ſo iſt es ganz natürlich, daß wir dieſem Spiele zu viele Zeit ſchenken, und alſo pflichtwidrig zu handeln anfangen. Spielt man um eine geringe Summe, oder iſt man gegen Verluſt und Gewinnſt ziemlich gleichgültig: ſo fällt dieſe üble Wirkung zwar bis auf einen hohen Grad weg; allein dann gewinnt auch, falls gedachte Wirkung ganz wegfällt, das Spiel ſelbſt dadurch nichts in Anſehung des Intereſſanten, was es an ſich hat. Und dann iſt es wieder beſſer, daß man nicht um Geld ſpiele, und in der Hinſicht nicht ein böſes Beyſpiel gebe. Dazu kommt noch die Betrachtung, daß, wenn auch gleich einer der Spielenden mit einer

ner gehörigen Fassung des Geistes spielt, dieß
öft nicht von dem Mitspieler gesagt werden
kann, und daß selten eine solche Gemüthsfas-
sung sich bey beyden oder allen Spielenden findet. Zum Lobe dieses Spiels gereicht es indessen, daß die Neigung, um Geld zu spielen,
im Ganzen beym Billardspiel sich nicht sehr
leicht einstellt; und wenn darin das Schachspiel noch einen Vorzug hat: so hat das Billardspiel wieder darin einen großen Vorzug,
daß es dem Körper eine überaus heilsame Bewegung giebt. Diese Bewegung ist nicht angreifend, und vertheilt sich auch über den ganzen
Körper. Jedes Glied ist fast dabey in Bewegung, und die verschiedenen Lagen der Bälle
erfordern ein große Mannichfaltigkeit in den
Stellungen des Körpers, wobey die Glieder immer so ausgestreckt und gebraucht werden, als
es derselben Verhältniß zu andern Gliedern gemäß ist. Diese Anwendung unsrer körperlichen Kräfte hat auch an sich sehr viel Angenehmes für uns, ohne Rücksicht auf den Einfluß,
den sie in die Gesundheit des Körpers hat.
Schade ist es aber am Ende, daß nur so wenige Menschen diese Art der Erholung von ihren
Arbeiten erlangen können. Wenige können
wegen

wegen der damit verknüpften Kosten ein Billard
anschaffen, oder einen dazu erforderlichen Platz
in ihrem Hause hergeben. Unter denen, welchen dieses Spiel vorzüglich dienlich wäre, sind
Wenige, die mit Anstand nach einem öffentlichen Hause gehen, und daselbst Billard spielen
können. Vielen, welche mit Anstand dahin gehen können, ist es dennoch nicht zu rathen, daß
sie dahin gehen, weil sie dabey so leicht in Gefahr kommen, zu viel Zeit zu verschwenden, und
in manche Unordnung zu gerathen, oder daran
Theil zu nehmen. Was also beym Schachspiel
so angenehm ist, daß nämlich jeder es in seinem
Zimmer haben könne, ohne deswegen Aufwand
machen zu dürfen, fehlt beym Billardspiel ganz,
und wie zuträglich dieses Spiel auch Vielen
wäre: so können sie sich doch das Vergnügen
dieses Spiels und die damit verknüpfte heilsame und angenehme Bewegung nicht verschaffen.

Ferner gehören zu den Spielen der Geschicklichkeit allein noch das Kegelspiel, und alle ähnliche Spiele, wie das Mailspiel und andre von
der Art. Das Kegelspiel ist vielleicht eins der
gewöhnlichsten in der Welt. Dieses rührt ohne
Zweifel daher, daß man die Kegel und die Kugel für ein Geringes kaufen kann, allenthalben

leicht

leicht einen Platz dazu findet, nichts dabey zu
lernen hat, und bloß einen ſichern Wurf der Kugel dazu braucht. Der ganze Werth deſſelben
beſteht in der Bewegung, welche dadurch dem
Körper verſchaft wird. Da der gemeine Mann
ohnehin in ſeinen Geſchäften Bewegung genug
findet: ſo würde dieſer, wenn er Cultur der
Seele genug bekäme, um am Leſen Geſchmack
finden zu können, viel beſſer ſeine Stunden der
Muße dazu anwenden, als zum Kegelſchieben.
In Rückſicht auf den großen Haufen der mit
dem Körper arbeitenden Menſchen iſt es auch
immer zu wünſchen, daß er ſo viel Cultur der
Seele erhalten möge, um ein leichtes und nützliches Buch mit Verſtande und Vergnügen leſen
zu können, und daß er durch die Erziehung dahin geführt werde. Für die ſtudirende Jugend,
für Gelehrte und für Alle, die ein ſitzendes Leben führen, iſt in Ermangelung einer andern
körperlichen Bewegung das Kegelſpiel freylich
nicht zu verwerfen. Nur würden Wenige mit
Anſtand und ohne Nachtheil desfalls nach öffentlichen Häuſern gehen können, weil immer
vorausgeſetzt werden kann, daß verhältnißweiſe
mehrere Perſonen von übeln Sitten und weniger Tugendliebe dahin kommen, als Andre,

deren

beren Umgang nützlich seyn kann. Daher kommt
es auch, daß ich, wenn ich einen jungen Menschen hochschätze, und ihm Vermögen und Neigung zutraue, ein recht nützlicher Mann zu
werden, bey der Bemerkung, daß er nach öffentlichen Häusern geht, seinetwegen nicht ohne Un-
ruhe seyn kann. Auf der andern Seite fehlt
es in den Städten bey den Häusern aber
auch sehr oft an dem dazu nöthigen Platz. In
Ansehung des Denkens findet die Seele fast gar
keine Beschäftigung dabey. Was die Spielenden
gegen Langeweile schützet, ist die unaufhörliche
Uebung, die Kugel so zu werfen, daß die meisten
Kegel fallen müssen; dabey auf die Bahn, sofern
dadurch das zweckmäßige Werfen begünstigt oder
verhindert wird, immer mit Acht zu haben, und
beym nächsten Wurf es besser als vorher zu machen. Dieß alles beschäftigt aber die Spielenden
am Ende noch nicht genug, und gewöhnlich werden sie sehr bald des Spielens müde, wenn nicht
allerhand Gespräche dazu kommen, und Allen
mehrere Unterhaltung verschaffen. Allein weil
diese letztere Art der Unterhaltung sehr oft nicht
erfolgt: so sucht man gewöhnlich das Spiel dadurch unterhaltend zu machen, daß man um Geld
spielt. Ist man erst dazu auf diese Art gekommen:

men: so erwartet man auch bey wiederholtem
Spielen nicht einmal mehr die Zeit, da das Spiel
langweilig zu werden anfängt, sondern man fällt
sogleich darauf, daß man um Geld spielen wolle.
Der Umstand, daß nun Gewinnsucht zu diesem
Spiel kommt, macht es aber, daß das Gute, was
dieses Spiel zugleich sonst hatte, da es nicht auf
eine zu lange Zeit die Spielenden genug zu unterhalten vermochte, und selbige also geneigt werden
ließ, zu ihren ordentlichen Geschäften zurückzu-
kehren, gänz verloren geht, und daß oft halbe und
wohl ganze Tage hindurch zuweilen gekegelt wird.
Da nun beym Kegeln fast immer um Geld gespielt
wird: so ist es zweifelhaft, ob die Summe der guten Folgen und der unschuldigen Empfindungen,
die damit verknüpft sind, nicht von der Summe
des Bösen, das daraus entspringet, überwogen
werde. Bedenken wir inzwischen zugleich, daß
eben diese Leute, die zu viel Zeit beym Kegelschie-
ben verschwenden, bey ihrem Hange, irgend ein
so genanntes Vergnügen zu haben, in Ermangelung des Kegelns auf Unordnungen im Saufen
oder bösere Spiele fielen: so dürfte wohl das Gute, was das Kegelspiel hat, merklich überwiegend
werden. Dabey versteht es sich, daß es doch bey
uns steht, es zu einem guten Spiel zu machen,

2. Theil.   L   und

und daß, wenn man sich nur dabey hütet, der Versuchung zum Spielen um Geld, welche bald durch lange Weile erweckt wird, unterzuliegen, man dabey zu bösen Neigungen und Trieben nicht leicht hingerissen wird. Ein wesentlicher Mangel dieses Spiels bleibt es aber immer, daß der Verstand sich dabey gar zu wenig beschäftigt findet, und daß alle diejenigen, die am Studiren Geschmack finden, gemeiniglich, wenn sie kegeln, es bloß deswegen thun, weil sie sich glauben eine Bewegung machen zu müssen, ohne irgend ein Vergnügen daran zu finden. Und findet sich Mißvergnügen oder lange Weile bey irgend einer sonst dem Körper zuträglichen Bewegungsart: so verliert der Körper die Hälfte des Vortheils schon. Denn ein aufgewecktes und munteres Wesen giebt erst jeder körperlichen Bewegung das Vermögen, Kraft und Leben in alle Theile des Körpers zu bringen und alles in demselben auf den Ton zu stimmen, den die Natur verlangt, wenn ihr wohl seyn soll.

Fünf

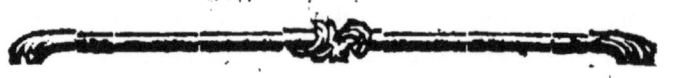

Fünf und zwanzigste Betrachtung:

Von den Spielen der Geschicklichkeit und des Zufalls.

Wir kommen, meine Herren, nun zu einer
Gattung der Spiele, welche vorzüglich
festen Fuß unter den Menschen gefaßt haben,
welche die gewöhnliche Unterhaltung der Men=
schen in Gesellschaften ausmachen, und welche
von so Vielen bis zur heftigsten Leidenschaft ge=
liebt und gesucht werden. Das sind die Spie=
le, worin theils der Zufall, theils die mensch=
liche Geschicklichkeit alles lenket. Es gehören
dazu alle verschiedene Kartenspiele, womit man
sich in Gesellschaften zu unterhalten pflegt, z.
B. das in unsern Zeiten so geliebte und selbst
besungene Whistspiel, nebst den ältern bekann=
ten Spielen, als Lomber, Quadrille, Tarock und

L 2   unzähli=

unzähligen andern, davon jeder, der sie nicht
kennt, nun schon sich aus Büchern, die dar=
über geschrieben sind, unterrichten kann. Diese
Spiele sind zu einem so hohen Grade des An=
sehns gekommen, daß man anfängt, die Ge=
schicklichkeit, dergleichen Spiele mit spielen zu
können, zur nothwendigen Eigenschaft eines
Menschen von Erziehung zu machen, und daß
man selbst die Kinder förmlich durch einen Leh=
rer darin unterrichten läßt.   Selbst Personen,
deren Begriffe vom Anständigen nicht bloß
durch herrschende Sitten und Gewohnheiten
gebildet werden, sondern die diese Begriffe
theils aus der Natur der Sache schöpfen, theils
mit Rücksicht auf das innere Wesen der Sache
prüfen, äußern zuweilen die Meynung, ein
Mann, der in der feinern Welt zu leben be=
stimmt sey, müsse nothwendig spielen können.
Endlich giebt es nicht Wenige, welche es fin=
den, daß diese Spiele sehr nachtheilige Ein=
flüsse in den Charakter und die Glückseligkeit
der Menschen haben, und welche dennoch, wenn
sie Gesellschaften haben, glauben, die Karten
und die Spieltische kommen lassen zu müssen,
weil sie im entgegenstehenden Fall zu fürchten
Ursach finden, daß sie als lächerliche oder

                                      dumm=

dumm= und albernfromme Leute würden ange=
sehen und verachtet werden. Auf solche Weise
werden fast Alle von diesem Strome der Spiel=
gewohnheit hingerissen, und fast Niemand stellt
sich hin, um denselben wenigstens so viel auf=
zuhalten, als es in seinen Kräften ist. Indem
dieses aber nun nicht geschieht: so bekommt
jener Strom auch zugleich mit durch dieses
Nachgeben einen Theil des Zuflusses und der
Nahrung, wodurch er unterhalten wird, und
indem man dieß bemerkt: so beruhigt man
sich deswegen dabey, weil man sieht, ein sol=
cher Strom werde ohnehin Zufluß genug ha=
ben, und ohnehin immer seinen Lauf behalten.
Vorläufig muß ich hier aber erst anmerken,
daß diese letzte Bemerkung uns nur bey sol=
chen Gewohnheitssitten und üblichen Hand=
lungen, deren Nachtheil kaum sichtbar wird,
und die uns also ganz unbedeutend zu seyn
scheinen, einen Grund zur Entschuldigung an
die Hand geben könne. Ist von wichtigern
Dingen die Rede: so müssen wir als treue
Freunde der Tugend und der Anständigkeit
auch nicht den allermindesten Beytrag zur Ver=
mehrung des Uebels liefern, und so sind wir
verpflichtet, uns so viel als wir können, dem

L 3   starken

starken Strom übler Gewohnheiten und Sitten entgegen zu setzen, wenn wir gleich sehen,
er werde demungeachtet ferner mächtig dahin
fließen. Ein solcher Widerstand hat mit der
Länge der Zeit doch oft eben eine solche Wirkung, als immer nach und nach auf einen harten Stein fallende Tropfen zu haben pflegen.
Eine nicht unbedeutende Wirkung ist es wenigstens, daß, indem einer sich als Mann dahin stellt, um dem Strom entgegen zu arbeiten, Viele andre veranlaßt werden, über die
Sache nachzudenken, daß Manche es bald bemerken, wie patriotisch jener Mann denkt und
handelt, und daß so nach und nach der Strom
des Uebels, wo nicht bis auf die Quelle ge-
stopft, doch bis auf einen gewissen Grad gehemmt
wird. Diese Sache werden Sie, meine theuren Freunde, so einleuchtend finden, daß es unnöthig wäre, noch etwas darüber hinzuzusetzen.
Indem ich dieß gesagt habe, so will ich nicht
behaupten, daß es nicht Fälle geben könne, wo
man ein solches Uebel seinen Gang auf eine
Weile nehmen zu lassen Ursache fände. Wir
müssen ja immer den größten Uebeln, wenn
deren mehrere da sind, vorzüglich entgegen
arbeiten, wir müssen ja oft ein kleineres Uebel

zu

zulaſſen, um ein größeres dadurch abzuwen-
den. Kann dieß auch durchs Spiel geſchehen,
falls dieß ein Uebel iſt: ſo wird ein ſolcher
Umſtand auch die Zulaſſung unſrer gewöhnlichen geſellſchaftlichen Spiele in einem ſolchen
Fall anrathen müſſen. Ob nach Anleitung der
von Erfahrungen hergenommenen Beobachtun-
gen wir aber gläuben müſſen, daß es ſolche Umſtände unter allen Ständen der Menſchen gebe,
das werden wir zu unterſuchen haben, wenn
wir erſt den moraliſchen Werth dieſer Spiele
werden geprüft und feſtgeſetzt haben.

Daß dieſe Spiele überhaupt viel Intereſſan-
tes haben, erhellt genug daraus, daß ſie allenthalben ſich finden, allgemein geliebt werden, und ſich immer behaupten. Zum Vortheil dieſer Spiele, in ſo fern auch nur von
dem Werth derſelben die Rede iſt, den ihnen
das Intereſſante giebt, welches die Menſchen
darin finden, und der ſich alſo auf den Zuwachs
angenehmer Empfindungen gründet, welche die
Spielenden daher ſcheinen bekommen zu müſſen, würde man aber ſchon zu viel zugeſtehen,
wenn man dieſen Spielen es in dem Sinne
zuſchriebe, daß es aus der Bemerkung einer
wahren Vollkommenheit entſprünge. Was
L 4   uns

uns gefällt und für uns Reize hat, kann uns
theils so gefallen und so uns reizen, daß der
Begrif der Vollkommenheit, so wie sich diese
in dem ganzen Gebiet des Schönen, des Guten und des Zweckmäßigen findet, zum Grunde
liegt.   Theils aber kann uns eine Sache auch
nur so weit interessant seyn, als wir dadurch,
einer andern Sache oder einem andern Zustande entgehn, der uns an sich widerlich und lästig
wird, oder als wir dadurch eine Neigung des
Eigennutzes befriedigen, die nicht in gehöriger
Verbindung mit der Liebe zu Andern steht.
Sind unsere Spiele nun interessant: so nehmen sie unstreitig einen großen Theil desselben
von dem Umstande her, daß wir dadurch aus
einer uns widrigen Lage herausgerissen werden.   Und wer unter Ihnen wird nicht, meine
Herren, sogleich darauf fallen, daß diese widrige
Lage oft aus der langen Weile entspringt, worin man leicht fällt, ehe man zum Spiel seine
Zuflucht nimmt, oder daß sie durch uns unangenehme Unterredungen mit seichten Köpfen
oder unerträglichen Schwätzern veranlaßt wird?
Wie weit außer dem Interessanten, das wir im
Spiel mit Rücksicht auf die Uebel, wovon es
uns befreyt, finden, sich sonst noch etwas In-
teressan-

teressantes finde, werden wir sehen, wenn wir
auf das sehen, was diesen Kartenspielen überhaupt wesentlich eigen ist. Das, was in diesen Spielen dem Zufall gebührt, besteht erstlich
in den Karten, die einem jeden zu Theil werden, und wobey nach der Mischung der Karten, sofern jeder ehrlich handelt, weder Geber
noch Nehmer irgend etwas Bestimmtes bewirken oder vorhersehen kann. Dieser Umstand
veranlaßt eine zweifelhafte Erwartung, und bewirkt es, daß eine thätige und gerne in die Zukunft hineinschauende Seele mit Begierde den
Ausgang erwartet, wovon sie sieht, daß er
nicht lange ausbleiben könne. Was aber am
Ende uns nun bekannt wird, kann uns wieder
nur so weit wichtig seyn, als es uns beysteht,
um das Uebergewicht über Andre zu erhalten.
Weil aber einer edlen Seele ein Sieg eigentlich
nur angenehm seyn kann, wenn er ein Erfolg
von unsern Kräften und der willkührlichen Anwendung derselben ist: so kann ein Vortheil,
der uns zwar siegen hilft, aber weder sich auf
unsre Kräfte gründet, noch willkührlich durch
ein uns wohlwollendes Wesen uns zugewandt
wird, uns nicht weiter Vergnügen machen, als
er uns am Ende zum Besitz eines Guts hin-

L 5 führt,

führt, davon wir wahren Genuß haben können. Der Sieg selbst kann dieses Gut nicht
mehr in hohem Grade seyn, weil der es nur so
weit wäre, als wir darin einen Beweis von
einer gewissen Uebermacht unsrer Kräfte und
von einem gewissen durch unsre Kräfte er-
reichten Ziel finden. So bleibt denn nichts
als ein Gut, das uns der beym Spiel mit
herrschende Zufall in die Hände bringt, zurück,
nichts als bloß der Gewinnst an Geld, der mit
dem Gewinnen im Spiel verknüpft ist. Was
uns also das Spiel von der Seite am Ende
interessant macht, ist die eine Weile unsre
Seele beschäftigende Begierde nach einem
Theile des Guts eines Andern, das Vergnügen über den erlangten Besitz desselben und die
beym erfolgten Verlust wieder erweckte und
oft vermehrte Gewinnsucht. Alles, was so in
der Seele vorgeht, unterdrückt edelmüthige
und wohlthätige Gesinnungen. Es ist hier
kein gegenseitiger Wettstreit, einander Vortheile zuzuwenden, welcher Wettstreit so viele
Glückseligkeiten und so viel Großes in gesellschaftliche Verbindungen hineinbringt, sondern
ein Krieg Aller gegen Alle, mit der Absicht,
Andern Vortheile zu entreißen, ohne ihnen eben
so viel oder mehr geltende wieder zu geben.

Errei-

Erreichen wir unsre Absicht: so lernen wir
uns freuen über den Besitz eines Guts, deßen
Verlust einem Andern Mißvergnügen macht,
und so gewöhnen wir uns, Freuden zu genieß-
sen, die wir nicht nur nicht mit unsern Nebenmenschen theilen, sondern die sogar selbigen
ein in gleichem Verhältniß zu unsern Freuden
stehendes Mißvergnügen zuwege bringen. Können wir uns dieses auf der andern Seite sich
findenden Mißvergnügens bewußt seyn, und
doch dabey heiter unsre Freude genießen: so
fangen wir an, in sehr hohem Grade böse Geschöpfe zu seyn. Kleben wir aber mit unserm
Blick bloß an unserm Gewinnst, ohne uns das
Mißvergnügen des Mitspielers vorzustellen:
so sind wir doch wenigstens so weit, als dieß
geschieht, selbstsüchtige oder die Sachen einseitig ansehende Geschöpfe, die mit ihren Vorstellungen und Ideen an sich selbst hängen,
und nicht einen starken Trieb haben, immer um
sich zu sehen, und dahin zu arbeiten, daß alles,
was umher ist, wohl und glücklich seyn möge.
Haben wir so viel Gutes noch an uns, daß wir
Andre nicht gerne leiden sehen: so erfordert es
unsre Ruhe und Zufriedenheit, daß wir, wenn
wir gewinnen, dann nur an uns und nicht an
die

die Verlierenden denken, und das Spiel giebt
uns natürlichen Anlaß, darin es immer mehr
und mehr zur Fertigkeit zu bringen.   Und
sichtbar wird so eine der reichsten Quellen zu
menschenfreundlichen und wohlthätigen Bestrebungen verstopft.   So ist die Lage der Spielenden beym Gewinnst.   Verliert man: so ist
das Mißvergnügen darüber eben so stark, als
das Vergnügen ist beym Gewinnst.   Dadurch
wird das Interessante des Spiels freylich nicht
vermindert.   Denn die darauf erfolgende
Sehnsucht nach Gewinnst und das Vergnügen
über den Gewinnst, wenn er erfolgt, gewinnen
bey diesem Contrast an Stärke und Lebhaftigkeit.   Und die Seele liebt einen Zustand, worin ihr Vorstellungen und dazu stimmende Bewegungen zuströmen, wenn nur nicht unsere
eigne subjectivische Unvollkommenheit dazu
Materie hergiebt, oder wenn nur die Hofnung
uns Aussichten zu einem diesen Zustand des
Mangels weit aufwiegenden Vortheil öfnet.
Sofern aber die Furcht in diesen Umständen
mächtiger wird, als die Hofnung, wie dieß sich
oft bey Spielenden findet: so fängt doch im
Ganzen die Summe der unangenehmen Empfindungen an stärker zu werden, als die Summe

me der angenehmen Empfindungen, wenn man
verliert. Erfolgt oft Verlust zu wiederholten
Malen nach einander, und sehen wir, wie dieses bey den Meisten, die spielen, so ist, daß wir
so vielen Verlust nicht wohl tragen können,
oder lieben wir endlich, auch wenn wir den
Verlust tragen können, das Geld und den Gewinnst heftig: so pflegt ein Zustand der Un-
ruhe und der Angst zu erfolgen, der im ganzen Körper sichtbar wird, und eine Verwirrung und Blindheit der Seele in Rücksicht
aufs Spiel veranlaßt, worüber sich Zuschauer
nicht genug wundern können. Alle diese unangenehmen Vorstellungen und Empfindungen
veranlassen oft eine höchst peinliche Lage des
Verlierenden. Bey dieser peinlichen Lage ist
es ganz natürlich, daß derjenige, durch dessen
Spiel und Gewinnst ich in eine solche Lage gesetzt bin, mir in einem widerlichen Lichte erscheint, und so führen uns Gewinnstspiele gerade zu Haß und Feindschaft gegen unsre Mitspieler hin, und machen uns der Annehmung
solcher menschenfeindlichen Ideen und Gesinnungen gegen die Menschen überhaupt immer
mehr und mehr fähig. Wer auf Spielende
viel zu merken Gelegenheit findet, und einige
Nei-

Neigung hat, Menschen zu beobachten, wird
es finden, daß selbst, wenn um ein geringes
Geld gespielt wird, oft schon die stürmischten
Bewegungen in den Seelen der Spielenden
durch die Ideen von Gewinn und Verlust, durch
Habsucht und durch Schadenfreude in Ansehung des verlierenden Mitspielers erregt werden. Denn wir kommen leicht auch zu einer
solchen Schadenfreude, sobald eine solche selbstsüchtige Seelenstimmung, als die Gewinnstspiele veranlassen, einen gewissen Grad der
Stärke erreicht hat. Die menschliche Seele
ist bey ihren Vorstellungen, die doch alle eine
Reihe von dazu stimmenden Empfindungen
und Handlungen gemeiniglich zur Folge haben,
tausendfältigen Täuschungen unterworfen.
Leicht sieht sie daher Dinge, die mit einander
zusammen existiren, als Ursache und Wirkung
gegen einander an, und findet also, wenn die
scheinbare Wirkung angenehm ist, zugleich an
der scheinbaren Ursache Wohlgefallen. Nun
ist beym Spiele es so, daß Verlust auf der einen Seite Gewinnst auf der andern Seite zur
Begleitung hat. Und so freuen wir uns, ehe
wirs uns versehen, als Schadenfrohe über den
Verlust des Gegners, wenn darauf zuerst unsre

Seele

Seele Blick fällt, indem wir deſſen Uebel als die Urſache unſers Wohls anſehen. Sind wir aber gegen die erſten Ideen und Bewegungen dieſer Art nicht auf unſrer Hut: ſo gewinnen wir gar zu leicht eine Fertigkeit, uns an Andrer Elend zu weiden, indem ſich mit deſſen Vorſtellung die Idee vom eignen Vortheil verbindet, auch dann, wenn das vorhin genannte Verhältniß zwiſchen fremdem Elend und eigenem Vortheil nicht Statt findet.

Sehen wir auf das Spiel, ſo weit als es durch unſre Geſchicklichkeit gelenkt wird: ſo ſind die Spielenden darin hier bis auf einen hohen Grad von einander abhängig. Beym Schachſpiel muß ich auch meine Maaßregeln nach und nach mit Rückſicht auf das, was mein Gegner thut, ändern. Aber ich ſehe die beyderſeitige Lage und das Feld, worauf gekämpft wird, offen vor mir. Ich kann ſehen, wie weit das, was der Gegner thut, ihm ſelbſt zuträglich iſt, und ich ſehe, wie ein gewiſſer Zug ſich zu ſeinem eignen Spiel und zu dem meinigen verhält. Bey den gedachten Kartenſpielen iſt es ganz anders. Ich weis es nicht, welche Karten der Gegner hat, und aus den Karten, die er unter gewiſſen Umſtänden ausſpielt,

kann

kann ich auch keinen sichern Schluß machen
auf das, was er hat. Spielt er mit Kenntniß: so kann ich darüber nur so weit gegründete Muthmaßungen haben, als er nicht die
Absicht gehabt hat, mich irre zu leiten. Begeht er einen Fehler: so zieh ich daraus in der
Voraussetzung, daß er mit Kenntniß gespielt
hat, unrichtige Folgen über die Lage seines
Spiels und die noch in seinen Händen befindlichen Karten. Daher kommt die natürliche
Neigung, Andre über unser Spiel irre werden
zu lassen, und uns, wo möglich, Kenntniß von
dessen Spiele zu verschaffen. Daher rührt es
auch, daß sich die Spielenden so leicht Vorwürfe über unrichtiges und unvernünftiges
Spielen machen. Und daher rührt es endlich,
daß man so leicht unvermerkt nach des Andern
Karten hinschielt, um sich selbige zu merken,
und sein Spiel darnach einzurichten; daß man
so sehr darauf studirt, wie man durch gewisse
Künste unvermerkt gewisse günstige Karten sich
in die Hände spielen könne, und daß man nicht
nur darauf sinnt, Vortheile eines Andern an
sich zu ziehen, ohne dem Andern Vortheile wieder zuwenden zu wollen, sondern daß man ihm
auch betrügrischer und hinterlistiger Weise alle
die

die Wege und Vortheile, welche in den gegen=
seitigen Operationen nach den Gesetzen des
Spiels auf beyden Seiten offen und erreich=
bar bleiben sollen, versperrt und vorenthält.
Weil dergleichen Künste und Betrügereyen oft
bemerkt werden: so veranlassen sie den sonst
redlichen Spieler ebenfalls, in der Hinsicht sein
Bestes zu thun. Spielen zwey und zwey in
Verbindung mit einander gegen zwey oder
mehrere Andre: so ist es wieder natürlich, daß
ein jedes Versehen nicht nur demjenigen Miß=
vergnügen macht, der es im Spielen begeht,
sondern daß dieser auch darüber Vorwürfe
von seinem Spielgehülfen hören muß. In
Rücksicht auf das schöne Geschlecht ist es etwas,
das dessen Charakter äußerst verderben, demsel=
ben alle Ideen der Ungerechtigkeit geläufig
machen, und das Gefühl des Abscheus vor bö=
sen Kunstgriffen und Lastern sehr schwächen
muß, wenn es sich unter dem Vorwande alle
Abweichungen von den Gesetzen des Spiels er=
laubt, und selbst vorsetzlich die Auszahluug des
verlornen Geldes unterläßt, weil es glaubt, in
dem Stück eine gewisse galante Nachsicht von
unserm Geschlecht erwarten zu können.

Nimmt man alles Angeführte zusammen: so findet man hier eine Menge von Dingen, die eine fortdauernde Theilnehmung unter den Spielern veranlassen, und ihnen das ganze Spiel auf eine gewisse Reihe von Stunden unterhaltend machen können. Allein ob man gleich nach Betrachtung aller dieser Dinge vermuthen sollte, daß auch außer dem Interesse, welches in dem Spiele Gewinn und Verlust veranlassen, noch hinlänglich viel Interessantes zurückbliebe, welches die Spieler, auch wenn sie umsonst spielten, hinlänglich unterhielte: so beweist doch die Erfahrung darin das Gegentheil. Fast ohne Ausnahme spielt man immer um Geld, und, um von der Seite das Interessante zu erhöhen, hat man fast kein Kartenspiel, worin nicht vielfacher Verlust Statt finden könnte. Außer allem Zweifel ist es also, daß das, was überhaupt das Böseste bey Gewinnstspielen ist, nämlich die Begierde, fremdes Gut an sich zu raffen, diesen Spielen den größten Theil des Interessanten giebt. Auch zeigt diese Gewinnsucht sich allenthalben sichtbar genug, und artet sehr oft in Wuth und eine gänzliche Blindheit aus, worin man nicht nur eine Hölle für sich schaft, nicht nur andern Mitspielern

lern

lern zur Plage wird, nicht nur alle Geſetze der
Anſtändigkeit und alle Feinheit in den Sitten mit
Füßen tritt, indem man zankt, flucht und tobt,
ſondern auch oft ſich und Andre zwingt, um ſo
hohe Summen zu ſpielen, daß man ſich und die
Seinigen leicht in den elendeſten Zuſtand ſetzt,
und ſich, indem man das Spiel die Seele ganz
beſchäftigen läßt, und immer am Spielen hängt,
zu allen Berufsgeſchäften in der menſchlichen
Geſellſchaft untüchtig macht. Auch müſſen die
Spielenden in der Faſſungsfähigkeit und in der
Verſtellungskunſt es ſehr weit gebracht haben,
wenn man nicht ſichtbare Aeußerungen aller der
ſeelenverderblichen Folgen offenbar in ihrem Be=
tragen und in ihren Mienen ſoll entdecken kön=
nen. Ich würde fürchten, meine Herren, daß
ich alles, was ich hier von dieſen Spielen ge=
ſagt habe, und nach welchem alles, was wir
dabey bemerken, dazu dient, daß die Seele in
ihren weſentlichen Kräften und Eigenſchaften
dadurch verdorben wird, nicht mit hinlänglich
ſorgfältiger Rückſicht auf die natürliche Be=
ſchaffenheit der menſchlichen Seele und auf die
aus der Natur des Spiels fließenden Wirkun=
gen geſagt hätte, wenn nicht die Erfahrung al=
les dieſes nur zu ſehr beſtätigte. Allgemein

findet

findet man es, daß die Spielenden beym Spiel
ganz die gewöhnliche Artigkeit und sorgfältige
Aufmerksamkeit auf alles, was anständig, fein
und edel ist, verlieren, und daß sie sichtbar viele Stufen von der menschlichen Würde, die
man sonst bey ihnen findet, herabsinken. Verdruß, Habsucht, Neid, Schadenfreude, Bestreben, Andre durch feine Betrügereyen und
Kunstgriffe zu überlisten, Zanken und Fluchen
sieht man wechselseitig auf einander bey dem
großen Haufen der Spieler folgen.

Wenn sich dieß nicht bey Allen findet: so rührt
es daher, weil manche Menschen durch Anlage
oder Erziehung zu viele Uneigennützigkeit und
großmüthige Gesinnungen bekommen haben, als
daß die beym Spiel natürlich erfolgenden Anwandlungen zum Gegentheil mächtig genug
werden könnten, um jene schon zur Festigkeit
erhabnen moralischen Vollkommenheiten zu
zernichten oder merklich zu schwächen. Auch
spielen diese nicht leicht deswegen um Geld,
um sich das Spiel interessant zu machen, sondern um sich darin nach ihren Mitspielern zu
richten, und selbst beym Spiel der langen Weile zu entgehen, die sie nicht ertragen können.
Wenn indessen bey diesen Menschen das Gift
                                           nicht

nicht faßt: so ist das Gift doch da, und mindert auch leicht ein wenig die starke Gesundheit
der guten tugendhaften Seele. Dazu kommt
noch dieß, daß eben diese guten Spieler leicht
an Spieler, die nach Gewinn heftig geizen,
und sich List und Trug erlauben, mehr verlieren, als sie verlieren sollten. Und da diese
mit gehöriger Fassung und nicht sich nach Gewinn sehnenden Spieler nicht das Interessante
des Spiels vom Geldgewinnst hernehmen dürfen: wie leicht wird es selbigen werden, bloß
dann zu spielen, wenn man dadurch etwas Bö-
fers verhindert, oder, falls sie ihrem Amte nach
vorzüglich Muster der Tugend seyn sollten, sich
ganz einer Sache zu enthalten, die bey recht
gutgearteten Seelen nur so weit Werth haben
kann, als sie gegen lange Weile schützet, dem
Verstande einige Uebung giebt, oder an die
Stelle eines noch größern Uebels tritt!

Wenn wir nun endlich bedenken, daß diese
Spiele es größtentheils mit sind, deren sich
Spieler von Profeßion, die fast auch immer
Betrüger sind, bedienen, um Andre ihres Vermögens zu berauben, und junge, unerfahrne,
in die große Welt hineintretende Leute, nachdem sie sie vorher gewöhnlich noch dazu auf

M 3 andre

andre Abwege gebracht und in manche Unordnungen hineingezogen haben, um ihr Geld zu
bringen; wenn wir es bedenken, daß außer der
Verderbung, welche die Seele der Spielenden
fast immer mehr oder weniger annimmt, so
Viele immer, wenn sie verloren haben, mit einem verdrießlichen Wesen zu Hause kommen,
und die Plage ihrer ganzen Familie und ihres
Gesindes werden; und wenn wir endlich erwegen, wie Viele durch dergleichen Spiele sich
und Weib und Kinder arm machen: wie können wir uns dann bewogen finden, diese Spiele
für Unterhaltungsmittel anzusehen, die der
menschlichen Gesellschaft keinen Schaden bräch-
ten, und wowider man nicht zu eifern hätte?
Und ich habe, meine Herren, Sie noch nicht
einmal auf den höchst wichtigen Umstand aufmerksam gemacht, daß nämlich die bey diesen
Spielen herrschende Gewinnsucht die Seele zu
sehr für selbige einnimmt, daß man das Spiel
zu seinem angelegentlichsten Geschäfte und nicht
zu einer Erholung macht, welche die zu den
Berufsgeschäften erforderliche Spannungskraft
zurückführt, und daß also viel zu viel Zeit damit verschwendet wird, und oft ein sich nach
der Hülfe, die man ihm schuldig ist, umsonst

sehnen-

ſehnender Elender in ſeiner Noth länger fort
ſeufzen muß. Und wie ſehr verdient doch alles
dieß noch mit erwogen zu werden!

Allein vielleicht iſt doch am Ende dieſe Art
der Spiele ein kleineres Uebel, dadurch einem
größern Uebel abgeholfen oder der Zugang verwehrt wird. Dieſes werden wir nun noch zu
unterſuchen haben. Es darf aber hier ſogleich
dieß, als zugeſtanden, vorausgeſetzt werden,
daß man nie ein kleineres Uebel Statt finden laſſen dürfe, wenn ohne deſſen Beyhülfe
ein größeres Uebel kann aus der Welt weg-
geſchaft werden. Es wird alſo zu fragen ſeyn,
ob nach der Lage, worin die Menſchen zu ſeyn
pflegen, und welcher ſie ſich nicht entziehen
können, es möglich zu machen ſey, daß die Uebel, welche durchs Spiel ſollen verdrängt werden, auch ohne das Spiel können verhütet
werden?

Bey der Beantwortung dieſer Frage iſt theils
auf einzelne Fälle, theils auf geſellſchaftliche
Verbindungen überhaupt zu ſehen. So lange
noch Kartenſpiele vielerwärts unter Perſonen
von Würden und Anſehen ſo herrſchend üblich
ſind, daß man es Einem zu einer guten Lebensart anrechnet, wenn er mitſpielen kann, obꞇz

M 4 daß

daß Einer nur so fern als ein taugliches Glied
der Gesellschaft angesehen wird, als er mit,
spielt: so lange kann es freylich, wiewohl das
auch nur sehr selten der Fall seyn wird, Umstände geben, unter welchen Einem, der sich
keine Art des Ansehens anmaaßen dürfte, und
der nicht hoffen könnte, in die Denkungsart der
Personen, die ihn umgeben, einigen Einfluß zu
haben, das Mitspielen anzurathen wäre. Ist
aber von der ganzen Societätseinrichtung und
von den Uebeln, die darin nicht vermieden
werden können, wenn nicht größere an beren Stelle kommen sollen, die Rede: so scheint
es nicht nur aus der Natur der Sache zu er-
hellen, sondern es wird auch durch die Erfahrung, die man bey vielen Gesellschaften und
selbst fast an ganzen Dertern findet, erwiesen, daß
die Kartenspiele auf keine Weise zu gesellschaftlichen Unterhaltungen nothwendig sind.

Eins von den Gesellschaftsübeln, auf dessen
Vertreibung man beym Spiel vorzüglich sieht,
ist die lange Weile, welcher man nicht glaubt
entgehen zu können, wenn man nicht zu den
Karten seine Zuflucht nimmt.

Das Wesentlichste, was hierauf zu antworten ist, und wobey auf die heilsamste Art für's
gemeine

gemeine Wesen gesorgt würde, ist dieß, daß
man nie so viele Zeit zu den Besuchen und Zu-
sammenkünften bestimmen sollte, als man dazu
zu bestimmen pflegt.   Ich wage es auch zu
sagen, daß die Natur uns nicht durch ihre wesentlichen Einrichtungen dahin führt. Das Leben der Menschen besteht in Thätigkeit, und
Thätigkeit ist so sehr ein Bedürfniß der Natur,
daß man nur durch zu harte und drückende Be-
lästigungen an Arbeit bewogen werden kann,
sich einzubilden, daß Unthätigkeit und stille
Ruhe den Menschen glücklich machen könne.
Bekommt man diese Vorstellung nicht durch
den Druck eigner Arbeiten: so wird sie gewiß,
wie manche andre falsche und irrige Idee, durch
Reden und Beyspiele Andrer veranlaßt.   Be-
geben sich nun Manche in einen solchen Zustand der Unthätigkeit und bleiben sie auch darin: so ist das nicht ein Beweis, daß sie die ge-
suchte Zufriedenheit und Glückseligkeit so gefunden haben.   Beobachten wir solche Müs-
siggänger: so findet sich keiner, es wäre denn,
daß er kaum etwas mehr als eine Pflanze wäre, der nicht das Gegentheil beweist.   Ist sehr
wenig Leben und Feuer in einem Menschen:
so versinkt er freylich beym Mangel der Be-

M 5   wegung

wegung an Seele und Leib nach und nach im=
mer mehr in einen Zustand des Schlummers
und der Trägheit, wobey die Idee der Arbeit,
bloß weil er die Vortheile davon nicht kennt,
unangenehm ist. Bey einem solchen Zustande
der natürlichen Trägheit giebt sich auch nach
und nach der Mensch mehr und mehr zufrie=
den. Allein selbst diejenigen, welche durch den
Mangel der angebornen Naturkraft oder durch
vernachläßigte Uebung der Kräfte, endlich in
ein solches Pflanzenleben hinsinken, sind doch
nicht glückliche Menschen. Die Länge der Zeit
liegt noch immer schwer auf ihnen, und mei=
den sie gleich alle ordentliche und zur Glückse=
ligkeit der Menschen nöthige Arbeiten, weil sie
unglücklicher Weise sich Arbeit und Vergnügen
als widersprechende Dinge vorstellen: so su=
chen sie doch irgend etwas, das sie sich gar
nicht als Arbeit denken, um sich damit zu be=
schäftigen. Sehr selten finden sie so etwas
nach ihrem Wunsch, indem ihnen das, was sie
als eine Quelle der Glückseligkeit ansahen, das
erwartete Vergnügen nicht gewährte, und sie
auch nie zu ihrem Trost es sich sagen können,
daß sie, indem sie so leben, würdige Menschen
sind. Uebung unsrer Kräfte, wodurch wir im=

mer

mer auf eine fühlbare Art den vorhandenen
Schatz unsrer Kräfte uns gegenwärtig erhalten, und wodurch wir veranlaßt werden, uns
dieser Kräfte zu freuen, ist also ohne Ausnahme
eine sichere und reiche Quelle der Glückseligkeit,
wenn wir wenige verunglückte Mißgeburten
ganz kraftloser und träger Menschen, die denn
auch bald dahin sterben müssen, ausnehmen.
Selbst alle die Thätigkeitsäußerungen, die wir
unter dem Namen der Vergnügungen und Erholungen kennen, machen uns selbst nur so fern
glücklich, als die Kräfte unsers Geistes oder
Körpers dabey in lebendiger Bewegung sind,
und uns die Idee unsers Daseyns und unsrer
Kräfte auf eine angenehme Art gleichsam an-
schaulich machen.   So fern wir aber nun zugleich über alles, was in uns vorgeht, und
was wir so willkührlich thun, denken: so muß
das Vergnügen, was die in Thätigkeit und Leben gesetzten Vermögensfähigkeiten geben, ganz
natürlich nach dem Maaß vermehrt oder gemindert werden, als wir bey dem Gebrauch
unsrer Kräfte finden, daß dadurch zu den wesentlichsten Vollkommenheiten und zu den wesentlichsten Theilen der Glückseligkeit entweder
in Absicht auf uns oder in Absicht auf Andre
ein

ein nicht unbeträchtlicher Beytrag geliefert
wird.   Je größer dieser Beytrag ist, desto
größer muß auch unser Vergnügen seyn, wofern wir dabey im Zustande des Denkens, das
heißt, im Zustande der Menschheit sind, und
uns über die bloß sinnlichen Thiere erheben.
Diese stärkern Beyträge liefern die Menschen
aber durch die Berufsgeschäfte, welche sie
übernehmen, welche durch die wesentlichsten
Naturbedürfnisse und durch die zu bewirkenden Societätsvortheile veranlaßt werden. Auch
finden wir nicht wenige Menschen, die sich dabey so glücklich finden, daß es ihnen schwer
fällt, ihre Kräfte nicht bis zur Schwächung
und selbst Tödtung zu gebrauchen.   Lassen wir
uns nach dem bis zur Ermüdung fortgesetzten
Gebrauch unsrer Kräfte Schlaf und Ruhe willkommen seyn: so geschieht es theils, weil wir
sonst nicht wieder zur Fortsetzung unsrer Geschäfte tüchtig werden, theils weil das von unsern Vorsätzen und von unserm Willen ganz
unabhängige stille Geschäft der Natur, da sie
ihre Kräfte wieder herstellt, selbst ein zwar sehr
dunkelbemerkbares aber dabey doch angenehmes Gefühl über uns verbreitet.   Ist diese
Kraftverschwendung in Ansehung des Körpers
                                           oder

oder der Seele nicht allgemein, sondern trift
sie nur einen Theil der Menschheit: so wollen
wir nicht gänzliche Ruhe haben, sondern suchen
Erholung, wobey diejenigen Vermögensfähigkeiten ruhen, deren Ermüdung erfolgt ist, und
wobey andre Kräfte wieder geübt werden, die
bey der gewöhnlichen Berufsarbeit nicht genutzt werden. Diese Thätigkeitsäußerungen
nennen wir zum Theil auch deswegen Vergnügungen, weil wir durch keine Betrachtung und
durch keinen Umstand genöthigt werden, die
dazu nöthigen Kräfte bis zur Ermüdung zu
gebrauchen, und weil wir dabey das ebenge-
dachte angenehme Gefühl der Wiederherstellung
unsrer ermüdeten Kräfte zugleich mit haben.
Handeln wir nun bey der Wahl dieser Erho-
lungsbeschäftigungen als Menschen, das heißt,
als denkende Geschöpfe: so können sie uns
nur so weit Vergnügen machen, als auch durch
die Uebung der sonst ungenutzten Kräfte noch
ein Beytrag zum Wohl der Welt geliefert werden kann, oder als eben dabey die Wiederherstellung der ermüdeten Kräfte aufs glücklichste
erfolgt, oder als wir dabey neuen Reiz bekommen, wieder, sobald die ermüdeten Kräfte hergestellt sind, zu unsern sonstigen Berufsarbeiten

beiten froh zurück zu kehren, und wo möglich, dabey unsre Kräfte noch weiser zu nutzen.
Auch können uns Erholungsgeschäfte von dieser Art nur so weit gefallen, als wir es erkennen, daß wir noch nicht wieder im Stande
sind, mehr Gutes zu schaffen, und den wichtigern Beytrag zur Glückseligkeit der Welt zu
liefern, der durch Abwartung unsrer Berufsgeschäfte erhalten wird; oder als wir es finden, daß dieses Erholungsgeschäft selbst noch
auf eine Weile mehrere vorth ilhafte Folgen
hat.   Nie werden wir aber als denkende Wesen irgend ein Erholungsmittel lieben, oder
auch nur so nennen können, wenn wir dadurch
zu nützlichen Geschäften selbst untüchtig oder
davon zurückgehalten werden, oder wenn selbst
dadurch die Würde der Menschheit, die sich
nur so weit behauptet, als wir unsre Kräfte
nach richtigen Societätsgrundsätzen aufs beste
nutzen, und als wir zur Vollkommenheit unsrer Selbst und andrer Wesen großmüthig vieles beytragen, zernichtet, oder wenigstens derselben durch diese unrecht nun noch so genannten Vergnügungen entgegen gearbeitet wird.
Sind diese Gedanken der Natur der Sache
überhaupt und der Natur unsers Wesens ins-
beson-

beſondre gemäß: wie werden wir denn von
dem Werth der Kartenſpiele mit Rückſicht auf
den Vortheil, da ſie lange Weile verhüten, urtheilen müſſen? Wenn lange Weile da iſt, wie
fern ſind wir Schuld daran, und wie fern können wir ſelbige überhaupt verhüten? Beym
geſellſchaftlichen Umgange pflegt man eine
Weile ſich mit Eſſen und Trinken und Geſprä-
chen zu unterhalten. So lange wir damit uns
ſo beſchäftigen, daß die Zeit angenehm hingeht, ſtellt ſich, wenn man wenige verzärtelte
Empfindſame und launenvolle Mißvergnügte
ausnimmt, keine lange Weile ein. Und bey
dieſen eben genannten entdeckt man auch nicht
leicht, wenn ſie nicht etwa ſehr geldgierig und
gewinnſüchtig ſind, irgend eine Neigung ſich
durchs Spielen die lange Weile vom Halſe zu
ſchaffen. Bey allen Andern iſt es ſo lange, als
man ißt und trinkt und ſpricht, unnöthig, gegen die lange Weile Veranſtaltungen zu treffen. Aber wenn nicht mehr Materie zum
Sprechen natürlich zufließt, wenn der Caffee
oder Thee getrunken und die Mahlzeit geendigt iſt, dann fängt man an zu gähnen, ſtille
zu ſitzen, ſich anzuſehen, und verlegen darüber
zu ſeyn, daß man in Geſellſchaft iſt und doch
nichts

nichts sich auf die Gesellschaft beziehendes
thut. Aber warum ist es so mit den Menschen beschaffen? Soll es ein Wink seyn, daß
sie nun zum Spiel ihre Zuflucht nehmen?
Laßt uns, meine geliebten Freunde, ehe wir
dieß bejahen, wieder an das denken, worüber
wir vorher ohne Zweifel alle eins geworden
sind. Es ist die eintretende lange Weile freylich ein Zeichen, daß wir itzt thätig seyn wollen. Laßt es uns also nur untersuchen, ob
unsere Kräfte zur Erneuerung unsrer gewöhnlichen Nutzen und Glückseligkeit in die Welt
bringenden Geschäfte wieder hergestellt sind;
und finden wir das: warum kehren wir zu den
Geschäften, wodurch wir am meisten nützlich
werden, und wobey wir, wie es deutlich gezeigt
ist, am glücklichsten sind, nun nicht wieder zurück? Die kommende lange Weile ist eine heilsame Veranstaltung der Natur, und ein Wink,
daß es nun Zeit sey, unsre Arbeit wieder anzufangen.

Allein unsre gesellschaftlichen Einrichtungen sind, heißt es, einmal nicht so angeordnet. Man bittet zum Mittagsessen, und bittet seine Gäste, den Nachmittag und den Abend
zu bleiben. Aber warum ändern wir nicht die-

se

se böse Sitte, welche lange Weile bringt,
Zeit verdirbt, nützliche Thätigkeit verhindert,
Regenten, Richter, Advocaten, Aerzte und
öffentliche Lehrer von ihren vielen und zur
Hervorbringung gesellschaftlicher Vortheile und
zur Verminderung menschlichen Elends und
Kummers höchst nöthigen Berufsgeschäften
zurückhält? Warum schränken wir nicht die
zum Umgange bestimmte Erholungszeit auf
eine, zwey oder höchstens drey Stunden ein?
Ja wer kann wider den Strom herrschender
Sitten schwimmen? O, meine Freunde, herrschende Sitten kommen nach und nach, und
können auch durch anhaltendes Wirken dagegen wieder in andre herrschende Sitten
verwandelt werden, besonders wenn Natur
und Pflicht uns dabey zu Hülfe kommen. Aber
wie, wenn unsre Naturkräfte noch nicht wieder
hergestellt wären, oder wenn beym Besuch das
Unterhaltungsmittel, welches Essen, Trinken
und Sprechen uns an die Hand giebt, ganz
fehlte? Sind unsre Kräfte in ein bis zwey
Stunden nicht hergestellt: so ist es schon ein
Zeichen, daß sie zu stark gebraucht sind. Und
für diejenigen, welche in so hohem Maaß Arbeit und Geschäftigkeit lieben, daß sie eine so

2. Theil.   N   lange

lange Zeit zur Erholung brauchen, hat nicht
leicht das Spiel vielen Reiz. Solchen emsi-
gen Arbeitern wäre nur zuzurufen: Mäßigt
euch, und sorgt dafür, daß ihr lange zum
Besten der Welt wirksam seyn könnet. Hätte
aber für einen solchen eifrigen Arbeiter das
Spiel einige Annehmlichkeit, wie das gewiß
selten der Fall ist: so dürfte er auch unter
Hunderten von Personen, die spielen, wohl
kaum Einige seiner Art finden können. Fehl-
ten aber selbst sogleich beym Anfang des Be-
suchs alle andre Unterhaltungsmittel und selbst
aller Stof zur Unterhaltung: so ist das ein
Beweis, daß wir dann nicht in Gesellschaft
gehen, sondern vielmehr für uns der Ruhe
pflegen sollen. Ich finde also, da wir Menschen alles Gedachte ändern und zu unserm
Vortheil ändern können, und da wir also
uns nicht der Gefahr und der Pein der langen Weile auszusetzen und zu unterwerfen
gezwungen sind, nichts für die gesellschaftlichen Kartenspiele unter dem Vorwande zu
sagen, daß wir dadurch von der langen Weile befreyet werden. Auch erhellt aus dem
Obigen, daß wir auf keine Weise ein Erholungsmittel dazu wählen können, daß an sich
　　　　　　　　　　　　　　　nicht

nicht nur nichts Gutes in die Gesellschaft
hineinbringt, nicht nur uns nicht bessert und
veredelt, sondern uns selbst in den wichtigsten Neigungen des Herzens mehr oder minder verdirbt. Fänden sich Umstände, die
uns nöthigten, ganze Nachmittage und wohl
gar ganze Tage zusammen zu bleiben: wird
man sich denn nicht auf irgend eine Weise
trauen und sonst beschäftigen können? Und
könnte dieß nicht geschehen; müßten Alle in
gesellschaftlicher Verbindung bleiben und ein
Vergnügen genießen: ließe sich denn nicht
ein des Menschen mehr würdiges und die
Seele in guten Regungen und Neigungen
stärkendes oder wenigstens an sich selbst und
in seinen Folgen unschuldiges Unterhaltungsmittel ersinnen? Unter den Personen des andern Geschlechts wäre es eine nicht genug
zu lobende Sitte unsrer Zeit, daß sie ihre
Frauenzimmerarbeiten mit in Gesellschaft nehmen, wenn es sie nicht zugleich veranlaßte,
desto eher es sich zu erlauben, zu viele Zeit
außer dem Hause zuzubringen, und zu wenig auf ihre Haushaltung zu sehen. Aber
besser ist's doch, daß sie so zu viel Zeit in
Gesellschaft zubringen, als wenn sie es bey

N 2   dem

dem die Seele so leicht verderbenden Kartenspiele thun.   Und besser wäre es denn auch,
wenn die Männer auf eine ähnliche Weise
vielmehr die Zeit, diese so schätzbare Gabe
Gottes, nützten, als beym Spiel, wie eine lä-
stige und widerliche Sache, vertrieben!

Auf eben die Art werden wir die Sache
anzusehen haben, wenn man sagt, das Spiel
mache der Verläumdung, die, wenn man
etwas lange in Gesellschaft spricht, sich ein-
zustellen pflegt,   auf eine glückliche Art ein
Ende, oder ersticke selbige in ihrer Geburt;
oder wenn man anräth,   damit das unend-
liche Geschwätz der Gecken und Narren, welches so Mancher in der Gesellschaft nicht
ohne viele Mühe erträgt,   zu unterdrücken.
Können wir denn nicht solche Gesellschaften
vermeiden oder wenigstens bald verlassen?
Und könnten wir das nicht: so gehörte das
zu den seltnen Fällen, in welchen wir denn
auch nach obigen Betrachtungen lieber einmal
das Uebel der langen Weile müßten ertragen wollen,   als eine Sache in den Gang
bringen oder erhalten, die so viel Verderben unter die Menschheit bringt.   Und wie

sind

sind nicht einmal gezwungen, uns jene lange
Weile oder ein ähnliches Uebel gefallen zu
laſſen, da wir noch beſſere Spiele haben,
und es dem menſchlichen Geiſte nicht ſchwer
fallen würde, noch andre lauter Gutes wirkende und ganz unſchuldige geſellſchaftliche
Unterhaltungen zu erfinden. Im Ganzen brauchen die Menſchen aber nicht ängſtlich dafür
zu ſorgen, daß ſie geſellſchaftliche Unterhaltungsmittel erhalten. Die Natur führt uns
im Ganzen nach erfolgter Ermüdung zu Ge-
ſprächunterhaltungen hin, wenn wir in Geſellſchaft gehen, und zum geſellſchaftlichen
Genuß irgend eines wahren Bedürfniſſes.
Eine weiſe Einrichtung der Natur iſt es, daß
ſie uns nicht leicht geneigt ſeyn läßt, ein
ſolches Geſellſchaftsvergnügen auf eine lange
Zeit zu genießen, damit wir deſto eher und
williger bald wieder zu unſern Geſchäften
zurückkehren. Auch finden wir, daß in jener Zeit durchgängig unſre Kräfte wirklich
wieder hergeſtellt werden, und daß wir die
ſo erneuerten Kräfte zu unſern Geſchäften
wieder hinbringen können. Wir brauchen
daher nicht Reizungsmittel zu ſuchen, die
uns bewegen können, die Zeit des geſell-

ſchaft-

schaftlichen Zusammenseyns möglichst auszudehnen. Ohnehin geht ja noch außer der Stunde, die oft die Gesellschaft wegnimmt, nicht wenige Zeit mit mancherley andern Erholungsmitteln dahin.

Und nun werden Sie, meine geliebten Freunde, aus allem, was wir über die Kartenspiele mit einander überlegt haben, gewiß von selbst die Folge ziehen, daß wir als patriotische Weltbürger so viel, als in unserm Vermögen ist, und als wir von unsern Bemühungen glückliche Erfolge erwarten können, diesen so allgemein herrschenden Kartenspielen entgegen zu arbeiten verpflichtet sind. Die Beyspiele derer, welche Aemter bekleiden, die dazu bestimmt sind, Recht und Gerechtigkeit zu handhaben, über die Haltung der Gesetze zu wachen, richtige Kenntnisse über alles, was wahr, gut und pflichtmäßig ist, unter den Menschen zu verbreiten und Tugend und Glückseligkeit zu befördern, sind immer vorzüglich wirksam. Es giebt immer in allen Ständen eine Menge gemächlicher Menschen, die selbst den Werth der Dinge zu erforschen sich nicht die Mühe geben mögen. Wenn diesen

sen nicht augenscheinlich das Gegentheil in
die Augen leuchtet: so glauben sie gerne, der
Mensch sey doch wohl das, was er seinem
Amte nach seyn soll. So finden sie denn
auch in den Handlungen des Menschen dessen
Glaubenssystem, wenn es dessen Beruf mit
sich bringt, nach dem, was recht und wahr
ist, zu forschen, das, was er erforscht hat,
Andern vorzutragen, und diese zugleich zur
Beobachtung alles dessen, was recht und gut
ist, hinzuleiten. Sehr natürlich ist es dann
zugleich, daß sie sich berechtigt halten, dem
Beyspiel eines solchen Mannes in ihrem Wandel zu folgen, indem sie denken, er müßte
nothwendig das Beste in allem kennen und
ausüben. Wie viele Verpflichtung haben
also Alle, die Leiter und Regierer andrer
Menschen sind, ihr ganzes Leben ihren Glauben predigen zu lassen, jeden Schritt im
Denken und Glauben vorsichtig zu thun und
noch sorgfältiger den erlangten Kenntnissen gemäß zu wandeln! Würden alle diese Leute
sich dieser Spiele enthalten, wären sie sonst
sichtbar von aller Scheinheiligkeit und Heucheley entfernt, und ließen sie aus ihrem
Wandel und aus ihren Urtheilen jeden es hell

N 4   und

und deutlich sehen, daß Gottesfurcht und
Menschenliebe sie in allem leiteten: dürften
wir dann, wie herrschend auch die hier ge-
prüften Kartenspiele sind, nicht hoffen, daß,
wenn eine solche gegenwirkende Kraft bey den
angesehensten und besonders zur Nachfolge
reizenden Menschen sich eine lange Zeit fände,
nach und nach dieser herrschenden Sitte wieder ein Ende gemacht werden könnte? *
Ganz vorzüglich werden wir aber von den
Predigern und allen Lehrern der Religion
und aller menschlichen Pflichten es erwarten,
daß sie nicht nur nicht an diesen so viel Verderben und Unglück in die Welt hineinbrin-
genden Spielen Theil nehmen, sondern auch
durch gründlichen Unterricht und sanften und
freundschaftlichen Rath dem Fortgange dieser
Spiele möglichst viele und starke Hindernisse
in

* Als ich einige Zeit nach dem Abdruck dieser
Betrachtungen des Herrn Pinto 1768 zu
London gedrucktes Schreiben über das Kartenspiel las, fand ich, daß er in der That
eine solche Hofnung äußert, indem er sagt,
man würde mit der Zeit vielleicht diesen Zeit-
vertreib entbehren können, und dann würden sich Tugend und Vernunft weit mehr
in die Höhe schwingen.

in den Weg legen. Und bey dem Lichte, wor=
in ich diese Spiele und deren Werth erblicke,
und bey der gewissen Versicherung, daß mich
in Prüfung dieser Spiele keine dagegen er=
weckte Leidenschaft, keine Neigung, eine etwa
angenommene Meynung nun zu verfechten,
oder irgend etwas anders, das einer behut=
samen und sorgfältigen Untersuchung dieser
Materie hinderlich seyn könnte, geleitet hat,
wie könnte ich bey diesem Lichte, meine theuer=
sten Freunde, und bey dieser Versicherung
meine Nebenmenschen mit Wärme und Eifer
lieben, und mit Wärme zu deren Glückselig=
keit wirksam seyn, wenn ich nun nicht vor=
züglich lebhaft wünschte, daß Sie und zwar
jeder in einem so großen Kreise um sich her,
als wohin er wirken kann, dieser seelenver=
derblichen Vergnügungsart anhaltend, eifrig,
aber auch weise entgegen arbeiten möchten!
Und wie sollte ich mir's nicht erlauben zu hof=
fen, daß besonders Sie, die Sich ganz dem
Dienst der Wahrheit, der Religion und Got=
tes widmen wollen, mit allen ihren Kräften
hierin wirksam seyn werden? Indem ich das
wünsche und hoffe: so kann ich nicht umhin,
eben so eifrig zu wünschen, daß Sie hiebey

R 5 als

als treue Haushälter Gottes auf Erden und
als ächte Gehülfen Gottes in dem Geschäfte,
da er jede Vollkommenheit in seinen Werken
zu schaffen und über alle empfindende und
denkende Wesen viele Glückseligkeiten auszu-
gießen sucht, weise handeln mögen. Und so
müsse es fern von Ihnen seyn, eine Sache,
die unter gewissen Umständen doch bey guten,
recht guten Menschen wenig oder nichts Böses wirken kann, ja die ein weiser Mann in
gewissen einzelnen Fällen zu genehmigen Ursache findet, mit Heftigkeit geradezu zu verdammen; denen, die spielen, ihre Seligkeit
abzusprechen, und die Jugend darüber, daß
sie nie spielen wolle, gleichsam in Eid und
Pflicht zu nehmen. Unweise würde es auch
seyn, wenn Sie ein Haus, worin gespielt
wird, wie eine Pest fliehen und mit einer
ängstlichen Miene aus der Gesellschaft, worin
Spieltische hingesetzt werden, wegeilen wollten. Auch möchte ich nicht rathen, daß Sie,
ohne natürliche Anlässe dazu zu haben, allenthalben wider diese Spiele redeten, und unter
Personen, denen Amt und Kenntnisse überhaupt eben so sehr als Ihnen das Recht geben, über der Dinge Werth zu urtheilen, die

Rolle

Rolle des Zurechtweisers spielten. Predigen
Sie einst immer darüber auf den Kanzeln mit
einer Wärme, der man immer Ihre zärtliche
Menschenliebe, und Ihren Eifer, Ihren Brüdern nützlich zu seyn, ansieht, die aber nie
in stürmenden Eifer und in Zorn ausartet.
Und giebt man Ihnen in Gesellschaften Anlaß, darüber zu reden: so sagen Sie eben so
sanft als gründlich, wie Sie glauben, diese
Spiele ansehen zu müssen. Lassen Sie, wenn
mehrers nicht frommet, auf die Frage, ob
Sie spielen, oft nur dieß die Antwort seyn,
Sie spielten überall nicht Kartenspiele; und
fragt man abermal, warum nicht? so begnügen Sie Sich in gleichem Fall nur damit,
daß Sie sagen, Sie hielten nach reiflicher
Ueberlegung sich verpflichtet, Sich einer Sache zu enthalten, die Sie im Ganzen für etwas sehr Verderbliches hielten. So eine
Antwort von einem Manne gegeben, dessen
Leben Geschäftigkeit für andrer Menschen
Wohl ist, der ohne alle Ziererey und ohne
alle Spuren eines tadelsüchtigen Wesens seinen Kenntnissen sorgfältig gemäß handelt,
und der von Herzen fromm lebt, aber nicht
das Schild der Frömmigkeit mit pharisäischer
Eitel

Eitelkeit und Heucheley allenthalben aus
hängt, wird bey verständigen Menschen oft
viel mehr wirken, als eine noch so gründ=
liche Auseinandersetzung und Widerlegung,
die bey denen, die spielen, desto weniger Ein=
gang findet, weil selbige, indem sie nach=
geben, zugleich gegen den Belehrer in einem
nachtheiligen Lichte erscheinen, in welchem
sie jedoch der Eigenliebe zufolge nicht gerne
erscheinen wollen. Diesen Eingang wird
man desto weniger dann finden, wenn die
Spielenden sonst Personen von größerm An=
sehn oder auch wohl gar nach dem Urtheil der
Welt von mehrern Einsichten sind. Aber
dulden Sie in Ihren eignen Häusern selbst
diese Spiele nicht, wenn nicht etwa so hohe
und angesehene Männer Ihre Gäste sind,
daß Sie das dem Hauswirth sonst zukom=
mende Recht, alles anzuordnen, vielmehr
selbigen zu überlassen Ursache finden, als Sich
dasselbe anzumaßen. Wenn z. B. ein Fürst
oder hohe obrigkeitliche Person bey einem Un=
terthanen einmal einkehrte: so würde es
höchst ungereimt seyn, wenn der Hausbe=
sitzer die Unterhaltungsvergnügungen dersel=
ben bestimmen oder auch nur vorschlagen
wollte.

wollte. Denken Sie jedoch nicht, daß dieser
Fall schon eintrete, wenn die Personen, die
Sie bey Sich haben, von etwas höherm
Stande sind, als Sie selbst. Ist von der
Jugend die Rede, die Ihrer Erziehung anvertraut ist: so schimpfen und schelten Sie
nicht aufs Kartenspiel, aber lassen Sie selbige durch Unterricht und Uebung sich den
Gedanken bis zur Fertigkeit herrschend machen, daß es schwer halte, bey diesen Spielen der Tugend getreu zu bleiben, und daß,
wenn allenthalben reiflich über die Sache
nachgedacht würde, ordentlich und tugendhaft lebende Menschen gewiß diese Spiele,
als eine im Ganzen der menschlichen Glückseligkeit und Tugend höchst nachtheilige
Sache meiden, vielweniger in ihren Häusern veranlassen oder dulden würden. Und
indem Sie so, meine Geliebten, handeln: so
wird der Segen Gottes immer mit Ihnen
seyn, der gewiß jeden weise handelnden Freund
Gottes und der Menschen begleitet. *

* Als ich mit der Revision dieser Betrachtungen zur zweyten Auflage beschäftigt war, erhielt ich Barbeyracs Traité du Jeu où l'on
examine

examine toutes les Questions de droit
naturel et de morale, und habe beym
Durchlesen das Vergnügen zu bemerken, daß
dieser Gelehrte über die Sittlichkeit der
Spiele eben so gedacht hat, als ich nach
wiederholtem Nachdenken darüber denken
muß.

Sechs

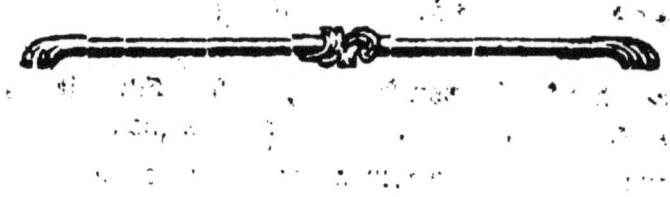

Sechs und zwanzigste Betrachtung.
Von den Spielen des Zufalls.

Nach allem dem, was von den Gewinnstspielen überhaupt, und dann theils von den Spielen des Denkens, theils von den Spielen des Denkens oder der Geschicklichkeit und des Zufalls insbesondere gesagt ist, haben wir nun noch, meine Herren, diejenigen Spiele zu betrachten, wobey der Erfolg des Spiels ganz vom Zufall abhängt. Die gemeinsten und bekanntesten Spiele dieser Art sind die Würfelspiele, alle Hasardspiele mit Karten, und die verschiedenen Arten der Lotteriespiele. Wenn alle diese Spiele gleich darin übereinkommen, daß menschliche Geschicklichkeit die Kette von Ursachen, wodurch ein gewisser Ausgang bewirkt wird, gar nicht lenket, und daß auch kei-

ner

ner die Reihe von Folgen, welche sich mit gedachtem Ausgang endigen, so fern alles redlich
zugeht, vorher übersehen kann, um darnach seine Maaßregeln zu nehmen: so sind doch diese
Spiele ihrer innern Güte und ihren Folgen
nach sehr von einander unterschieden.

Sehen wir auf die Würfelspiele: so giebt
es deren unzählige Arten.   Bey einigen spielt
Mann gegen Mann, bey andern spielt Einer
gegen verschiedene Andre, und bey noch andern
spielen Alle mit einander um eine gemeinschaftlich zugesetzte Summe.   Wenn Mann
gegen Mann spielt: so nimmt derjenige, welcher die meisten Augen wirft, oder bey dessen
Wurf sich zwey gleiche Zahlen finden, eine
Summe ein, um welche man sich einig geworden ist, und in einem Augenblick oder in wenigen Augenblicken ist Gewinnst oder Verlust
in beyden Fällen entschieden.   Jeder sucht hier
also unter dem Beystande des Glücks sich eines Theils des Vermögens seines Gegenspielers zu bemächtigen.   Dieß hat also erstlich
die Wirkung, welche alle Gewinnstspiele, worin man einen oder einige Gegenspieler hat,
haben müssen, daß die Seele verenget und zu
niedrigen Eigennutz hingelenkt und gewöhnt
                                    wird.

wird. Diese Wirkung ist desto stärker, je öfter die Begehrungssucht nach dem Gute eines Andern erregt wird, indem in jedem Augenblick, worin das Spiel sich endigt, das Spiel sich erneuert, und so auch jene Habsucht wieder lebendig wird, und dieß den eigennützigen Neigungen eine größere Stärke und mehrere Dauer giebt. Diese Wirkung hervorzubringen, dazu trägt auch der Umstand vieles mit bey, daß die Seele nicht irgend eine sie beschäftigende Denkarbeit bey diesem Spiele hat, und daß also sie immer von den Ideen des Gewinnstes und des Verlustes angefüllt bleibt. Auch ist die so entstehende Gewinnsucht und die damit verknüpfte Leidenschaft oft so heftig, daß sie selbst ganz ungewöhnliche Folgen hat. Bey diesem Spiel wirkt Einer durch keine eigenthümliche Kraft gegen den Andern, und keiner bestimmt also den Erfolg des Gewinnstes oder des Verlustes willführlich. Verliert Einer also: so hat er seinen Gegenspieler nicht als die Ursache anzusehen, weil er es zu hell sieht, daß selbiger nicht durch eine bestimmte Art des Wurfs ein bestimmtes Fallen der Würfel veranlassen kann. Und dennoch finden wir, daß der Verlierende oft gegen den Ge-

2. Theil.   O   winner

winner in Wuth geräth, indem die Seele bey
ihren verwirrten Vorstellungen mit ihrem Haß
auf alles fällt, was irgend einen Antheil an
dem Spiel hat, wenn gleich derjenige Antheil,
den der Gegner beym Werfer daran hat, nicht
von Kenntniß und dadurch gelenktem Willen
herrührt.   In einer solchen Wuth flucht und
schlägt man auch oft auf die Würfel, auf den
Tisch, und alles, was man daselbst gegenwärtig sieht, als wenn jede Leidenschaft gegen leblose und also ganz absichtlos wirkende Dinge
nicht etwas höchst Ungereimtes wäre. Kommt
es nicht zu einer solchen sinnlosen Raserey: so
entsteht aus diesem Spiel unmittelbar nicht so
viele Disposition zum Haß gegen seinen Gegner, als bey den Spielen, wobey die Geschicklichkeit des Gegenspielers mitwirkt, indem man
hier mit Recht sich den Gegner, als die willkührlich wirkende Ursache, vorstellt.   Dagegen
entsteht bey diesen und ähnlichen Hasardspielen
weit eher eine solche ganz ungereimte leidenschaftliche Raserey, und der daraus entspringende gänzliche Verlust der menschlichen Würde enthält gewiß so viel Böses in sich, und hat
so viele üble Folgen, daß dadurch das Böse,
was die bey den andern Spielen sich befinden-

                                                    den

den mehrern Anläſſe zur Feindſchaft bewirken, wahrſcheinlich noch weit überwogen wird. Eine böſe Folge der Gewinnſtſpiele haben die Haſardſpiele dieſer Art aber in weit größerm Maaß, als die Spiele, wobey die menſchliche Geſchicklichkeit mitwirkt, nämlich den mit der hier erhöheten Gewinnſucht in gleichem Verhältniß ſtehenden Neid, womit der Verlierende den Gewinnſt ſeines Gegners anſieht. Und wir wiſſen, daß von der ſtarken Bewegung des Neides wiederum man nur einen Schritt zu thun hat, um den beneideten Mann auch herzlich zu haſſen. Endlich wird die Seele bey dieſen elenden Würfelſpielen, weil nur eine Art des ſinnlichen Abſcheus und der ſinnlichen Begierde immer ſie bewegt und beſchäftigt, nach allen ihren Kräften verenget, und der Menſch ſinkt, wenn er ſo eine lange Zeit geſpielt hat, ſichtbar bis zu unvernünftigen Thieren herab, oder ſelbſt unter ſelbige herunter.

Spielt Einer gegen viele Andre zugleich: ſo wird die Seele des Hauptſpielers wegen der mehrern Perſonen, wider welche er ſpielt, mehr zerſtreut, und weil ſie ſich diejenigen, welche gewinnen, nicht ſo beſtimmt denken kann: ſo iſt daſelbſt auch weniger Nahrung zu Neid und

Haß.

Haß. Von beyden bleibt indeſſen genug
übrig, und in dem Augenblick, da der eine oder
der andre gewinnt, fällt auf denſelben Widerwillen genug, um den Hauptſpieler ſo zu einem
elenden Eigennützigen zu machen, und Groll
und menſchenfeindliche Geſinnungen zu erregen. Alle, die wider ihn ſpielen, ſammeln zuſammen noch vielmehr Widerwillen gegen den
Hauptſpieler, wenn dieſer gewinnt, zuſammen,
als in eines einzigen Gegenſpielers Herz zu
ſeyn pflegt.

Am unſchuldigſten überhaupt ſind die Wür-
felſpiele, da man um einen gewiſſen Preis
ſpielt. Dieſer Preis kann entweder von Einem,
der einer Geſellſchaft ein Vergnügen machen
will, hergegeben, und dem, der den höchſten
Wurf thut, beſtimmt ſeyn; oder Alle, die um
einen Preis ſpielen, geben das Geld vermittelſt eines zur Anſchaffung deſſelben erforderlichen Zuſatzes her. Im erſtern Fall unterhal-
te ich den Wunſch zum Beſitz eines Guts, das
zu begehren mir erlaubt iſt, weil jemandes
Güte es unter der Bedingung, daß ich's gewinne, mir zugedacht hat. Die Vorſtellung
von deſſen Güte, da er hat geben und nicht
nehmen wollen, muß, wenn meine Seele edler
Regungen

Regungen fähig ist, eine ähnliche großmüthige
Gesinnung erwecken.   Ein wenig anders ist es
mit der Sache beschaffen, wenn jeder etwas
hergiebt, um einen etwas größern Preis für
den Gewinnenden auszumachen.   Es ist in
diesem Fall die Neigung, vieles zu erhalten,
mit dem Vorsatze, weniges zu geben, verbun=
den, und man gewöhnt sich so leicht nach und
nach zu der Idee, daß man es sich erlauben
dürfe, sich auf Kosten des gemeinen Wesens
zu bereichern.   Ersteres begünstigt nicht groß=
müthige Gesinnungen, und letzteres ist sehr
schädlich.   Denn wenn der Gedanke erst in die
Seele kommt, man könne schon ansehnliche
Vortheile vom Staat oder von irgend einer
Menge von Menschen, die mit einander zu ei=
ner Gesellschaft verbunden sind, zu erhalten
wünschen, indem jeder so nur weniges dazu
hergäbe, und man doch so viel gewönne: so
wird man sehr bald sich diesen Fall nicht mehr
so bloß denken, daß man selbst sowohl, als je=
der Andrer zu den Vortheilen etwas hergeben,
und daß auch jeder der Andern eine gleiche
Wahrscheinlichkeit, gedachte daraus entsprin=
gende Vortheile zu gewinnen, vor sich sehen
müsse; sondern man wird anfangen, durch
       O 3   will=

willkührliche Bemühungen dem Staat solche
Vortheile zu entreißen, das heißt, jedes übri-
ge Gesellschaftsmitglied einen Theil dazu hergeben zu lassen, ohne selbst etwas dazu herzu-
geben, und ohne jedes Mitglied, wie es recht
und billig wäre, in eine Lage zu setzen, worin
es gleiche Vortheile gewinnen könnte. Nimmt
aber so eine Neigung mit solchen Bemühungen in gesellschaftlichen Verbindungen überhand: so sucht bald jeder vom gemeinen
Schatz einen Theil wegzurauben, ohne eben so
viel, oder, wie das jeder auf eine großmüthige und edle Weise mit Freuden zu thun sich
bestreben sollte, noch mehrers dazu hinzulie-
fern. Wer dann noch als ein edler Patriot
und als ein großmüthiges Mitglied der Gesellschaft gar gerne zur Vermehrung der Summe
des Ganzen eifrig und treu geschäftig ist, muß
es bald sehen, daß von allen Seiten her alles
geschäftig ist, das, was er darbringt, an sich
zu reißen, daß nichts wieder für ihn geschieht,
und daß man ihm nicht einmal Dank weis für
das, was er thut. Auf diese Weise sieht er
sich am Ende genöthigt, weil er sonst unkom-
men müßte, auf seiner Hut zu seyn, und nicht
so sehr mehr für das gemeine Beste als für sei-

nen

nen Vortheil zu sorgen. Viele, welche nicht
hinlänglich starke Anlagen zu großmüthigen
Gesinnungen haben, und bey denen selbige
nicht durch Grundsätze zur Festigkeit gebracht
sind, werden selbst dieser die Menschheit so
sehr zierenden edelmüthigen Denkungsart untreu, und die Zahl ächter Menschenfreunde und
Patrioten muß so immer mehr und mehr ab-
nehmen. Es giebt freylich unter den Menschen gar viele Dinge, Sitten und Handlungs-
weisen, wodurch eine ähnliche Verderbung der
Seele veranlaßt wird, auch wird bey etwas
guten Seelen die Wirkung dieser Art der Hasardspiele nicht stark seyn; allein wenn die
Moralität dieser Spiele untersucht werden soll:
so muß eine solche aus der Natur der Sache
fließende und für jeden, der nicht in Tugend
und Edelmuth sehr stark ist, schädliche Folge
wenigstens nicht aus der Acht gelassen werden.
Mit dieser Art der Spiele kommen manche
Spiele, der Beschaffenheit und den Wirkungen nach, überein, wobey man noch andre Dinge zu Hülfe genommen hat, um selbige desto
mehr zu einem gesellschaftlichen Unterhaltungsmittel zu machen. Von dieser Art ist z. B.
das allgemein bekannte Affenspiel, womit ein
O 4   neulich

neulich von Herrn Wagner erfundenes chrono=
logisches Spiel übereinkommt. Und von die=
sem letztern kann ich nicht umhin, im Vorbey=
gehen zu bemerken, daß es viel Unterhaltendes
hat, und daß der Jugend dadurch das ihr sonst
gemeiniglich so widrige Geschäfte, sich die Chro=
nologie in Verbindung mit den wichtigsten
historischen Begebenheiten bekannt zu machen,
eben so nützlich als angenehm gemacht wird.
Indem so der Seele außer den Ideen, welche
der Gang des Spiels veranlaßt, noch andre
daran hängende die Seele nicht wenig beschäf=
tigende Ideen zugeführt werden: so werden
die ohnehin nur schwach wirkenden nachtheili=
gen Eigenschaften dieser Spiele noch mehr ge=
schwächt und unterdrückt.

    Mit den Würfelspielen, wobey ein Mann
gegen mehrere spielt, und wobey ein Wurf
oder einige Würfe Gewinnst oder Verlust ent=
scheiden, kommt das unter dem Namen von
Pharao bekannte Kartenspiel nebst andern ähn=
lichen Spielen sehr genau überein. Nur sind
die bösen Wirkungen dieser Spiele weit stär=
ker und ausgebreiteter, weil große Spieler, die
ganz ihr Werk aus dem Spielen machen, sich
lieber der Karten als der Würfel bedienen, und

weil

weil diese Kartenspiele von den Großen und
Vornehmen geliebt und gesucht zu werden pflegen. Dieser letztere Umstand hat die Folge,
daß auch Andre diesen Spielen mehrern Werth
beylegen, als den gewöhnlichen Würfelspielen,
und daß sie diese Spiele leicht bis zur Wuth
lieben. Mancher, der viele Eitelkeit hat, rechnet es sich thörichter Weise auch zur Ehre an,
daß er bey diesen Spielen mit unter den Angesehensten von Geburt und Stande erscheinen
kann, und wird dadurch zu diesen Spielen, die
er sonst noch wohl miede, hingezogen. Wie
weit diese Hasardspiele die Seele verderben,
davon will ich hier nichts wiederholen, weil
ich darüber eben das sagen müßte, was ich
schon über die Würfelspiele dieser Art gesagt
habe. Die verderblichen Wirkungen sind nur
hier noch stärker, nach dem Maaß, wie die
Neigung und Leidenschaft stärker zu seyn pflegt,
womit man diesen Kartenspielen ergeben ist.
Diese stärkere Leidenschaft entsteht wahrscheinlich daher, daß der Gang dieser Spiele nicht
so sehr kurz und einförmig ist, als man ihn
bey den Würfeln findet, und daß Gewinnst
und Verlust oft mit jedem Umschlagen der Karten entschieden ist. So viele Karten, als ein

D 5　　　　　　　Spiel

Spiel hat, und so mannichfaltig diese Karten
gemischt werden können, so lange dauert ein
Spiel, und so abwechselnd kann der Weg seyn,
den man dabey, indem man immer von neuem
anfängt, durchwandelt.   Es giebt hier also
einen weit größern Reichthum von Ideen, die
sich jedoch alle mit den Ideen des Gewinnstes
und Verlustes unmittelbar verbinden, und also
die daraus entstehenden starken Bewegungen
der Seele und die dadurch bewirkte Verderbung verstärken.   Nur sinkt bey diesen Spielen, weil die Seele in einem größern Thätig-
keitskreise sich dabey befindet, der Mensch nicht
so sehr in den thierischen Zustand herab, welcher bey den Würfelspielern sich einstellt, indem bey diesen der Blick der Seele bloß auf
Gewinn und Verlust und die geringe Verschie-
denheit der Würfe hinstarrt. Bey den Kartenspielen bleibt der Mensch mehr Mensch,
wird aber auch als Mensch, so fern seine Seele
den natürlichen Wirkungen des Spiels weicht,
weit mehr verdorben, und im Ganzen ist so
das Uebel noch größer.   Hier ist aber nun der
Ort, wo wir auf andre fürchterliche oft aufs
ganze Leben fortwirkende und Manchen auf
einmal in das äußerste Elend stürzende Folgen
dieser

dieser Hasardspiele, welche Folgen die Würfel-
und Kartenspiele mit einander gemein haben,
unsern Blick hinrichten müssen. Es ist schon
angemerkt worden, daß die fortdauernde Verstärkung der Gewinnsucht und des Abscheus
vorm Verlieren, welche Verstärkung durch die
immer wiederkehrende augenblickliche Entscheidung des Gewinnstes und Verlustes bewirkt
wird, die Seele, wenn sie sich nicht durch viele
Uebung zu einem gewissen Grad der Fassung
gebracht hat, gewöhnlich sehr bald in die hef-
tigste Bewegung und in eine Art der Spiel-
wuth setzt. In einem solchen Augenblick sieht
sie theils auf das hiebey zu überlegende Gegenwärtige und Zukünftige, und auf die Folgen
des etwa erfolgenden Verlustes nicht, theils
sieht sie alles, was der Seele davon vorschwebt,
mit verwirrten Blicken an. Indem sie in einer solchen Lage ist, und die Neigung zu gewinnen in die allergrößte Leidenschaft übergeht:
so spielt man, wenn man gewonnen hat, leicht
sehr hoch, indem man theils zu seiner Sicherheit an das gewonnene Geld denkt, theils die
großen Summen, die man zu gewinnen hoft,
vor dem Blick der erhitzten Einbildungskraft
hat. Weil aber das Spiel nun immer so große
dem

dem Spieler so theuer am Herzen liegende
Summen betrift: so spielt selbst der Gewinner,
wenn der Blick seiner Seele auf den vielleicht
erfolgenden Verlust fällt, oft mit einer Angst,
wobey er am ganzen Körper zittert, und der
Schweiß sich über seinen ganzen Körper er=
gießt. Dieß geschieht nun noch weit mehr,
wenn sich das Blatt wendet. Wenn dieß ge=
schieht: so wählt er bey der Verwirrung der
Seele, worin er ist, um von diesem peinigen=
den Gefühl des Schreckens und des Widerwil=
lens sich wieder frey zu machen, gar leicht das
Mittel, abermal großes Spiel zu wagen, in=
dem er dabey den Blick wieder, zu einiger Her=
stellung des Muths und der Zufriedenheit, auf
die Summen richtet, die er nun wieder auf
einmal zu gewinnen hoft. In diesem Tau=
mel der Verblendung und der Raserey gesteht
er wenigen Würfen der Würfel oder einigen
aus dem Ungefähr hervorgehenden Karten oft
die Macht zu, seinen ganzen Geldvorrath und
selbst alle seine Güter ihm wegzunehmen, und
sie dem Bankhalter in die Hände zu bringen.
So wird oft Einer, der wenig Minuten vor=
her einer der reichsten Menschen war, auf ein=
mal im höchsten Grade arm und elend. Und
ist

ist es nöthig, meine Herren, daß ich es Ihnen nun noch sage, wie vieles Elend diese unglückliche Lage des Verlierers begleiten und darauf erfolgen muß? In den ersten Minuten scheint, wenn die Wuth zu spielen aufs höchste gekommen ist, und die Seele sich die Ideen von großem Gewinnst so geläufig macht, und zu so vieler Gewißheit erhoben hat, daß sie ganz daran hängt, und das Spiel als das einzige Mittel ansieht, dazu zu gelangen, nichts peinlicher nach dem Verlust alles Geldes zu seyn, als die Vorstellung, daß man nun nicht weiter fortspielen könne.   Bey jedem vorhergehenden Verlust gieng er zwar mit dem Glücksrade sehr ungern herunter; aber die daraus entspringenden quälenden Empfindungen wurden doch durch die Vorstellung gemildert, daß er sich daran fest halten, und so wieder mit demselben sich hinaufschwingen würde.   Nun sieht er sich auf einmal vom Glücksrade tief in einen Abgrund hinabgeschleudert. Wie marternd einem, der so spielt, und alles verloren hat, die Vorstellung ist, daß er nun zu spielen aufhören müsse, sieht man daraus, daß die mit so vieler Wuth Spielenden dann, wann alles baare Geld verloren ist, selbst die nöthigsten

Sachen

Sachen und selbst ihre Wohnungen und Güter aufs Spiel setzen, um nur noch fortspielen und den Schatten des Reichthums, den sie vor ihren Blicken haben, weiter verfolgen zu können. Nach Verfließung der ersten Minuten pflegt, wenn gar keine Möglichkeit da ist, das Spiel zu erneuern, dann die ganze gegenwärtige und zukünftige traurige Lage, woran der erhitzte und seine Vorstellungen allein auf den Gewinnst hinrichtende Spieler vorher gar nicht dachte, und worin ihn sein Spiel hineingebracht hat, seiner Vorstellungskraft aufs lebhafteste zu erscheinen, und der mit dieser Vorstellung verknüpfte Gram ist desto peinigender, da noch die vorigen glänzenden Glücksaussichten seiner Seele gegenwärtig sind, und durch ihren Contrast die nun erfolgte entgegengesetzte Lage weit fürchterlicher und verabscheuungswürdiger machen. Nachdem er diese mit Rücksicht auf sich kaum bemerkt hat: so stellt sich ihm alles vor, was ihn umgiebt, und was mit ihm verbunden ist. Er sieht Aeltern, Frau, Kinder, Anverwandte und selbst Freunde, die sein Schicksal mit ihm theilen, die sein Elend kränkt, die über seine Raserey aufgebracht sind, die über den Mangel, welchen sie nun leiden sollen,

weinen

weinen und wehklagen, und er sieht die Miene
des Widerwillens und der Verachtung, womit
jeder vernünftige Mensch auf ihn hinblickt, lebhaft vor sich.   Er erblickt nun in sich den
Verbrecher, der sich und Andre unwiederbring-
lich unglücklich gemacht, sieht und fühlt die
Thorheit, da er einen sichern Glücksstand einem
Spiel anvertraut hat, wobey selbst mehrere
Wahrscheinlichkeit ist zu verlieren als zu gewinnen, und verabscheut sich dergestalt, daß er
seinen eignen Anblick nicht mehr ertragen kann.
Denn wie Mancher geht in der Verzweiflung,
worin er so gestürzt wird, hin, und macht seinem Leben ein Ende!   Thut er diesen Schritt
auch nicht: so verfolgt ihn doch oft lebenslang die schreckliche Vorstellung der Zeit, worin er so wider sich und die Seinigen rasete,
und man liest die fortwährende Marter seiner
Seele in seinen hohl liegenden Augen, in den
finstern und halb wilden Blicken, in der hagern
und blaßgelben Gestalt, womit er der Welt zur
Warnung umher wandelt.   Sind die Folgen
des Spiels auch nicht so fürchterlich und so
sichtbar, meine geliebten Freunde, lesen wir die
peinliche Lage der Seele auch nicht jedem aus
Augen, Mienen und Gestalt, stürzt einer sich
auch

auch nicht durchs Spiel so ganz in den Abgrund des Elends hinein: so wissen Sie es ja,
wie wenig von dem, was in der Seele vorgeht, unter dem Verstellungsgeschlecht der
Menschen leserlich sichtbar ist, und es wird Ihnen nicht schwer werden, alle die Stuffen der
innerlichen Bekümmernisse, welche Folgen des
Spiels sind, sich lebhaft genug vorzustellen,
um diese Quelle des menschlichen Verderbens
und des menschlichen Unglücks, so wie es die
Sache erfordert, zu meiden und zu verabscheuen.   Und werde ich Sie es bemerken lassen dürfen, daß nicht nur die Verlierenden solche Elende werden, sondern daß selbst die Gewinner, wenn sie nicht zu allen menschlichen
Empfindungen erstorben sind, ähnlichen Leiden
nicht entgehen?   Man sieht Leute, die Andre
im Duell erlegt haben, oft, von den Furien der
Hölle in ihrem Gewissen gepeitscht, bis an ihr
Lebensende einhergehen, und der Anblick des
Ermordeten läßt oft nie von ihnen ab.   Wie
natürlich ist es, daß so dem Gewinner alle die
Elenden, die durch ihn in tausendfältiges Unglück an Leib und Seele hineingestürzt waren,
in ihrem jammervollen Zustande erscheinen!
Und bringt er sich zu einem Zustande der Fühl-

losigkeit

losigkeit und Verstockung in der Absicht, er
langt er endlich nach vieler Bemühung eine
Fertigkeit, den Blick der Seele nie auf diese
von ihm zu Grunde Gerichteten zu heften; was
hindert einen solchen Gefühllosen noch in aller
Hinsicht eine Geißel seiner Nebenmenschen zu
werden, zu rauben und zu morden, wenn nur
Geld und Gut dadurch kann erbeutet werden?
Dieß gilt ganz vorzüglich von den Spielern
vom Handwerk; und wenn wir darin nicht
äußerlich solche Verworfene des menschlichen Geschlechts erblicken: so rührt es von der
Nothwendigkeit her, daß sie, um ihr Gewerbe
des Betrugs und der Grausamkeit fortsetzen,
und Viele in ihre Schlingen hereinlocken zu
können, sich mit aller Anstrengung der Seele
darauf üben, daß sie immer eine gefällige Miene beybehalten. Aber glauben Sie es, unter
einer solchen gleißenden Gestalt liegt Gefühllo-
sigkeit gegen menschliches Elend, wilde Grausamkeit und Mordlust verborgen. Und man
der Anführer einer Räuberbande ist gewiß vorher ein solcher Spieler gewesen.

Wollte man aber auch an alles dieß nicht
denken, wodurch der Mensch, wenn er bey diesen Spielen verliert oder gewinnt, so lange er

2. Theil.   P   noch

noch menschliche Empfindungen hat, leicht zu
einem Elenden und zu einem Ungeheuer wird;
wollte man bloß an den äußerlichen Gewinnst
und Verlust denken, und glauben, daß da,
wo Gewinnst wäre, auch Glückseligkeit seyn
müßte: so müßte man dennoch diese Spiele
wie die Pest meiden.   Denn die Wahrscheinlichkeit zu verlieren ist im Ganzen weit
größer, als die Wahrscheinlichkeit zu gewinnen.
So oft wird es zur Vertheidigung dieser Spiele angemerkt, daß das verlorne Geld doch immer in der Spielgesellschaft bliebe, und daß
also extensive oder intensive der Gewinn überhaupt dem Verlust gleich seyn müßte! Da dieses vielen Schein für sich hat, und die Betrachtung der Sache aus diesem Gesichtspunkte gewiß Viele zum Spiel verführt, oder die Neigung zum Spiel unterhält: so können wir die
Sache nicht ganz ungeprüft vorbeylassen.

   Es ist wahr, was beym Spiel verloren
wird, das fällt auf der andern Seite den Ge-
winnern wieder zu; aber es ist falsch, wenn
man sich dieß dazu denkt, daß eben so viele angenehme Empfindungen und Glückseligkeiten
den Gewinnenden zu Theil werden, als die
Verlierenden Mißvergnügen und Elend aus-
                                    zustehen

zuſehen haben. Falſch iſt es auch, daß die
Vortheile des Gewinnſtes, womit die Gewinner heim kehren, dem Verluſt gleich kommen,
womit die Verlierenden den Spielort verlaſ-
ſen. Wir wollen erſt auf das ſehen, was die
Gewinnenden an Glückſeligkeit gewinnen
möchten. Denn Gewinnſt kann doch nur ſo
weit Werth haben, als Glückſeligkeit damit
verbunden iſt. Es iſt ſchon erwieſen, daß der
Gewinner, ſo weit als er noch menſchliche Empfindungen und Reſte der Menſchenliebe hat,
ſelbſt beym Gewinnſt elend ſeyn müſſe. Denn
er nimmt nur und giebt nicht, und ſieht ſeinen
Bruder, den er hätte nach ſeinem Vermögen
glücklich machen ſollen, in Noth und oft in
Verzweiflung. Aber hätte er ſich auch in Abſicht auf ſolche menſchliche, das iſt, einem We-
ſen, das urtheilt und denkt, angemeſſene Empfindungen verhärtet, und hätte er das Gefühl
für die Vergnügungen, die ſonſt mit der Befriedigung der menſchlichen Bedürfniſſe verbunden ſind, noch behalten: ſo wüchſe mit der
Maſſe des Geldes, ſo fern er alle weſentliche
Bedürfniſſe ſchon ohnehin befriedigen kann,
nicht das Maaß ſeiner Glückſeligkeit. Was
der Natur über ihre wahren Bedürfniſſe gege-

P 2   ben

ben wird, zerstört, wie das schon in vorhergehenden Betrachtungen genug erwiesen ist, ihre Kräfte, ihre Gesundheit und Wohlseyn. Ueberfluß kann also nur auf einige Minuten zur Zeit des Gewinnstes ein Vergnügen der Imagination geben. Sehr bald verschwindet ein solches Vergnügen aber, als wenn's nicht da gewesen wäre. Soll Ueberfluß ein dauerhafteres Vergnügen geben, und die ganze Glückseligkeit des Menschen erhöhen: so muß es bloß von dem Geschäfte hergenommen werden, da man damit würdige Menschen, die Mangel haben, oder deren Verdienste nicht erkannt werden, oder denen man gerne Beweise der Liebe giebt, unterstützt, belohnt oder erfreut. Eine so edle Glückseligkeit kennt der Spieler aber nicht, der sonst den Zustand des Leidens nicht ertragen könnte, worin sein Gewinnst den Verlierenden bringt. Also der Gewinner ist nicht leicht glückseliger, wenn er gewinnt. Dieß könnte indessen geschehen, wenn er nun wahre Bedürfnisse befriedigen könnte, die er vorher nicht hätte befriedigen können, falls ihm nicht der Gewinnst zugefallen wäre. Hierauf ist aber anzumerken, daß noch keiner das Spielen für eine vernünftige Art, Geld zur Be-

friedi-

friedigung wahrer Bedürfniſſe zu gewinnen, gehalten hat. Denn iſt man in Noth: ſo wird man ſich vernünftiger Weiſe nicht der Gefahr ausſetzen, in die äußerſte Noth zu gerathen, ſo lange die Wahrſcheinlichkeit zu verlieren eben ſo groß oder noch größer iſt, als die Wahrſcheinlichkeit zu gewinnen. Diejenigen, welche alſo auch das Spiel zu einer Gewinnſtquelle mit Rückſicht auf die Befriedigung wahrer Bedürfniſſe machen, ſind ſicher unbeſonnene Leute. Und es iſt bekannt, daß ein Menſch nicht leicht bloß in einem Punkt unbeſonnen iſt. Hat ein Spieler alſo gewonnen: ſo nimmt er nun nicht ſein Geld, um weiſe damit hauszuhalten; ſondern er gedenkt, auf dieſe Art komme er noch wohl zu mehrerem Gelde. Er denkt nicht mehr an die Gefahr, daß er eben ſo viel hätte verlieren können, und daß er ſich das Geld theuer ſeyn laſſen müſſe, welches mit dieſer Gefahr erkauft iſt, ſondern er denkt: Du biſt leicht dazu gekommen, und ſollſt nun einmal aufgehen laſſen, und dir etwas zu Gute thun. Die Neigung, Geld zu verſchwenden, geht, wenn dem Spiel zuletzt ein Ende gemacht iſt, oft ſo weit, daß man aus bloßem Muthwillen und in einem Anfall von ausgelaſſener

P 3 Raſerey

Raserey eine Menge von Sachen und selbst von
Kostbarkeiten zernichtet, um nur zu zeigen, daß
man Geld nicht achte, und Geld im Ueberfluß
habe. Und, was das seltsamste ist, die Verlierenden lassen den Verdruß über ihren Verlust oft an dem noch übrigen Gelde dadurch
aus, daß sie auch nun den Rest desselben hin-
durchbringen, oder (wie es der zu einem solchen
Leben stimmende gemeine Ausdruck ist) zum Teu-
fel gehen heißen. Falsch ist es also, wenn man
glaubt, das Geld bleibe doch unter der Spielgesellschaft, und es gehe nur, wie Ebbe und
Fluth, hin und her. Wäre es aber auch der
Fall, daß auf einer Seite bleibender Gewinnst
wäre, wenn auf der andern Seite sich Verlust
fände; wäre auch der Gewinner nach dem
Maaß mehr glücklich nach dem Gewinnst, als
der Verlierende nach dem Verlust mehr unglücklich wird, welches beydes, wie aus dem
Gesagten erhellt, falsch ist: so wäre dennoch
die ganze Gesellschaft damit nicht in Rücksicht
auf Glück und Unglück in einem Gleichgewicht.
Sehr oft ist einer bloß Gewinner und alle üe-
brigen sind Verlierende. Nach den Wegen der
Natur und nach den Wünschen brüderlich gesinnter Menschen sollen die Menschen, so weit,

als

als es immer die zu guten Societätseinrichtun-
gen erforderliche Ordnung zuläßt, in dem Genuß
des Guten, was sich auf unsrer Erde findet, zu
gleichen Theilen gehen. Wenn also in einer
Spielgesellschaft nur ein Gewinner ist, wie sich
das oft so findet; und wenn auch dieser Eine intensive so viele wonnevolle Empfindungen hätte,
als die unangenehmen Empfindungen aller Verlierenden betrügen, welches nie geschieht: so
wäre denn doch nur Einer höchst glücklich, und
viele Andre bis auf einen nicht geringen Grad
mißvergnügt oder selbst ganz unglücklich. Dieß
störte das Gleichgewicht der Natur so sehr als
möglich, indem diese will, daß, so weit als das
Uebel ein Ingredienz der Welt ist, es möglichst
gleich vertheilt werde, und daß, wenn einige
leiden, doch wenigstens Mehrere wieder gewinnen, und daß nicht bey einem Menschen
überströmende Wonne und bey einem Andern
Mißvergnügen und Kummer sich finde: Also
weder intensive noch extensive wird unter Spielern auf einer Seite so viel gewonnen, als auf
der andern verloren wird. Und wäre selbst das
auch anzunehmen: so wäre es den Gesetzen der
Gerechtigkeit doch im hohen Grade zuwider,
welche die Natur in Austheilung menschlicher
Glückseligkeiten will beobachtet haben.

P 4   Wollte

Wollte man nun am Ende sagen, das Geld, welches so die Spieler überhaupt einbüßten, bliebe in der menschlichen Gesellschaft, und käme so selbst leicht an bessere Menschen: so wäre dieß zuzugeben; aber so flösse hieraus doch dieß, daß diese Hasardspiele ihre Liebhaber wenigstens unglücklich machten, und daß nach dem Maaß, als die Zahl der Spielenden sich mehrte, Unglück und Verderben über diese Menschen käme. Und die andern Menschen, die guter Art sind, werden sich nicht Geldzuflüsse wünschen, wodurch diejenigen, woher sie kommen, unglücklich und lasterhaft werden.

Ehe wir die Untersuchung dieser Sache endigen, müssen wir aber noch einen Blick auf die Lage der Spieler von Profeßion wieder werfen. Es ist schon bemerkt, wie wenig sie auch, wenn sie immer gewinnen und sich so Reichthum sammeln, je glücklich seyn können, so lange sie noch Menschen bleiben, und nicht alle Gefühle der Menschenliebe und der Billigkeit verlieren. Allein wir haben noch eins zu erwägen, welches so Manche veranlaßt, bey solchen Hasardspielen Bank zu halten, und welches so Viele nach und nach dahin bringt, Spieler von Profeßion zu werden. Es ist nämlich
bekannt,

bekannt, daß derjenige, welcher die Karten auf=
legt, im Ganzen Gewinnst auf seiner Seite
hat. Dieser Umstand, welcher allgemein be=
kannt ist, müßte alle Zusetzer nothwendig be=
wegen, nicht ein Spiel zu wagen, worin meh=
rere Wahrscheinlichkeit wider sie als für sie ist,
und ist ein neuer Beweis, wie thöricht dieje=
nigen handeln, die durch einen solchen Weg zu
Reichthümern zu gelangen suchen. Allein auch
auf der andern Seite sollte jene vortheilhafte=
re Lage, worin der Bankhalter ist, keinen be=
wegen, sich damit abzugeben, und ein Spieler
von Profeßion zu werden. Die Wahrschein=
lichkeitsregeln, welche aufs Spiel anzuwenden
sind, erfordern oft, wenn sie richtig aus Erfah=
rungsfällen sollen abgezogen und gefaßt wer=
den, eine größere Menge von Fällen, als ein
Mensch erleben und zusammenbringen kann.
Auch leiden die Erscheinungen eines bestimm=
ten Gewinnstes oder Verlustes eine so man=
nichfaltige Versetzung, daß es schlechterdings
sich nicht berechnen läßt, in welchen Perioden
der Zeit gewisse Fälle gewiß erfolgen werden.
Auch lehrt es die Erfahrung, daß von Zeit zu
Zeit wider die Erwartung erfahrner Spieler
alles anders läuft, als man nach Wahrschein=

lich=

tslettsregeln vermuthen konnte. So kommt auch oft plötzlich ein großer Verlust, der jeden ruinirt, welcher nicht sehr große Schätze hat. Und so große Schätze, die nicht durch wiederholtes so genanntes Sprengen der Bank zernichtet würden, hat ein Spieler doch auch nicht leicht; und hätte er sie: welch eine ungereimte Sache wäre es dann, Spieler seyn zu wollen! Auch sind solche Spieler nicht immer klug und vorsichtig in ihrem Wagen und in der Einrichtung ihres Spiels. Allgemein findet man bey ihnen heftige Leidenschaften und rasche Schritte, wodurch sie ihrem Untergange über kurz oder lang entgegen laufen. Man frage die Erfahrung, so wird man finden, daß unter hundert solcher handwerksmäßiger Spieler kaum zween bis drey bis an ihres Lebens Ende ihr Auskommen haben. Die Uebrigen bringen früh oder spät den übrigen Lebenstheil in Rauben und Stehlen, in Mangel und Elend zu. Bloß gewisse kaltblütige und im Bösen, wenn ich mich so ausdrücken darf, stark gewordene Seelen kommen bisweilen mit ihrem Spielen so durch die Welt. Diese brauchen mit kalter Ueberlegung alle Künste und Behutsamkeit, um diejenigen, welche mit ihnen spie-

len,

len, um das Ihrige zu bringen. Und im übrigen sind diese Spieler verhärtete Bösewichter
und Ungeheuer, oder sie tragen auch die Hölle
in ihrem Busen lebenslang mit sich herum.

Wenn wir alles dieses, meine theuersten
Freunde, überlegen: wie sollten wir nicht mit
Abscheu gegen diese Spiele, die so Manchen
weniger oder mehr elend machen, und die so
Manchen ins äußerste Verderben stürzen, erfüllt werden, und alle unsre Kräfte daran wen-
den, diesen Abscheu auch in die Seelen Andrer
und vorzüglich derer hinein zu bringen, welche
mit Unschuld und Tugend oft in die Welt des
Betrugs und des Verderbens hineintreten, und
vom Tage, da sie Theil an diesen Spielen zu
nehmen angefangen haben, die Zeit der Laster-
haftigkeit und der nagendsten Bekümmernisse
zählen müssen! Wie sollten wir nicht trauren, daß die Großen der Erde, die es sehen,
daß Fluch und Verderben diesen Hasardspielen auf dem Fuß nachfolgt, und die selbige fast allenthalben strenge verbieten lassen, sich es doch vorbehalten, diese Spiele
des Verderbens zu spielen, und denen, die
zu ihren Spielen kommen, Zutritt dazu verschaffen! Wir wissen es, was die Beyspiele

der

der Großen bey dem großen Haufen wirken.
Dieser dünkt sich, wenn er mit den Vornehmen
gleiche Vergnügungen und Zeitvertreibe sucht,
groß und glänzend, wie sie, zu seyn. Und
jene Beyspiele veranlassen mehrere heimliche
Spiele dieser Art, als das öffentliche Verboth
und die strengste Wachsamkeit über Haltung
des Verboths verhindern kann. Und was sind
doch die Edlen und Großen dieser Erde, wenn
sie nicht große Muster in Tugenden sind, und
wenn sie sich Vergehungen erlauben, die sie
Andern verbieten! Wie kann so das Band
des Vertrauens und der Liebe zwischen ihnen
und denen, die ihrer Sorge und Pflege anvertraut sind, fest geknüpft werden, wenn es aus
öffentlichen Handlungen erhellt, daß sie nicht
vom Geist der Religion, der Tugend und einer
allgemeinen Wohlthätigkeit beseelt sind!

Und wie sollten wir nicht zugleich, meine
Freunde, trauren, daß selbst in den Ländern,
worin diese Hasardspiele verboten sind, dennoch
Messen und Umschläge das elende Vorrecht
haben sollen, selbige zuzulassen, und unter einer Menge von Menschen eine desto heftigere
Spielsucht zu erwecken, da die Erlaubniß nur
auf eine kurze Zeit eingeschränkt ist! Sollten
Sie

Sie es nicht bemerkt haben, daß die Umschlags-
spiele die ersten Glieder einer langen Kette von
Unordnungen, Ausschweifungen und einer verderblichen Spielsucht nur bey zu Vielen nur
zu oft schmieden? Sollten Sie es nicht bemerkt haben, daß die Spielsucht zu der Zeit
bey Vielen zuerst rege wird, welche bis dahin
von dieser Pest der menschlichen Glückseligkeit
noch nicht angesteckt waren? Und wer kann
es nicht bemerkt haben, daß bey Andern, welche schon der Neigung zum Spiel ergeben sind,
diese Neigung, welche gegen das Ende des
Jahrs etwas schwächer geworden war, dann
wieder lebendiger und stärker wird? Und wie
Mancher muß Ihnen bekannt seyn und bekannt
werden, der, ehe er zum Spielen sich verführen läßt, in seinen Geldangelegenheiten ordentlich ist, und sich vor Schulden hütet, der, sobald er zu spielen anfängt, Schulden macht,
sich nun bemüht, sich gegen die Sorge und Un-
ruhe, welche jede edle Seele als eine der peinlichsten Uebel dieses Lebens ansieht, zu verhär-
ten, und der sich so zu tausend betrügrischen
Kunstgriffen und selbst Niederträchtigkeiten
herabläßt, um nur den Verfolgungen der Gläu-
biger zu entgehen, oder selbige so um das Ihrige

ige zu bringen! Und wenn wir die ganze Kette moralischer und phyſiſcher Uebel anſehen,
die ſo über dieſe Unglücklichen und über alle
diejenigen, die mit Selbigen in Verbindung
ſtehen und ſtehen werden, kommen müſſen: wie
wenige Menſchenliebe müßten wir haben, wenn
wir nicht ſehnſuchtsvoll wünſchten, daß kein
Ort, kein öffentliches Haus, und keine den
Luſtbarkeiten und den Zuſammenkünften vieler
Menſchen geweihte Zeit ferner die unſelige
Freyheit behalten möchte, die den Vergnügungen und den Luſtbarkeiten zueilenden Menſchen
in Unglück und Laſter zu ſtürzen! Und wenn
Menſchenliebe uns bewegen muß, dieſes ſehnſuchtsvoll zu wünſchen: wie ſollten wir denn
nicht zugleich wünſchen, daß allen herumzie-
henden Spielern, die, wenn auch ſelbſt dergleichen Spiele verboten ſind, heimliche Gelegenheiten dazu zu machen wiſſen, noch ſorgfältiger der Eingang in Land oder Stadt verſperrt
werden möchte, als man ihn bettelnden Müſ-
ſiggängern, Räubern und Spitzbuben zu ver-
ſperren ſucht? O fienge man an, ſolche Spieler, die nach öffentlichen Warnungen wider ſie,
ſich noch in ihrem ſchändlichen Gewerbe betreffen ließen, ihre Verbrechen im Gefängniſſe
büßen

hüßen zu laſſen, oder auf eine ſchmählige Art aus dem Lande zu führen: wie bald würde man denn Länder und Städte von dieſen Verderbern der Menſchheit reinigen können! Aber wie wenig müßten diejenigen, welche durch Geburt, Amt und Macht vor aller Menſchen Augen hoch hingeſtellt ſind, um durch Handlungen und Beyſpiele ihre Brüder zur Glückſeligkeit hinzulenken, ſich dann auch je ſo weit erniedrigen, daß ſie an einem ſolchen Werke des Verderbens ſelbſt Theil nähmen, und ſo das Brandmaal der Schande wieder auslöſchten, welches durch jene heilſame Veranſtaltungen dieſen Haſardſpielen gegeben würde!

Und die Lotterieſpiele, wie werden wir dieſe nun noch anſehen müſſen? Wir können dieſe in zwo Hauptgattungen eintheilen, zu deren einer alle Klaſſenlotterien gehören, und wovon die zweyte das Genueſiſche Lotto ausmacht.

Alle Arten der Klaſſenlotterien kommen in Anſehung der Moralität am meiſten mit allen den Haſardſpielen überein, da jeder Theilnehmer etwas zuſetzt, um eine aus allen Zuſätzen entſpringende Summe zu gewinnen. Wir haben, meine Herren, es ſchon geſehen, daß bey dieſen Spielen natürlich, ſo weit, als die Seele

Q 4   Eindrücke

Eindrücke von außen her annimmt, eine solche
Stimmung derselben veranlaßt werden muß,
die großmüthigen Bewegungen zur Mittheilung menschlicher Glückseligkeiten nicht zuträglich ist. Denn man will gerne viel haben und
wenig geben. Handeln wir so mit Rücksicht
auf unsrer aller Mutter, auf die Erde: so ist
das so, wie es seyn soll. Diese erhält und
besitzt ihre Schätze in der Absicht, daß wir für
weniges, das wir ihr vermittelst unsrer Thätigkeit geben, vieles wieder erhalten sollen.
Und wenn wir für das Viele wenig geben sollen: so sieht's die Vorsehung, daß die Geschäftigkeit, wodurch wir zu den Gaben der Natur
gelangen, und daß der geringe Preis also, wofür wir selbige einkaufen, selbst zu unsrer Glückseligkeit erforderlich ist. Ist aber von unsern
Mitbrüdern die Rede, die mit uns gleiches
Verlangen nach Glückseligkeit haben, und die
überhaupt nach den Gesetzen der Billigkeit eben
so viele Vortheile von ihren Mitmenschen erwarten, als sie selbigen zuwenden, oder die,
wenn sie auch großmüthiger Weise nicht so
viele Vortheile wieder erwarten, als sie selbigen zu verschaffen suchen, doch dieß ganz willkührlich thun, und sich selbige nicht gewaltthä-

tig

tig oder liſtig rauben laſſen wollen: ſo iſt es
höchſt ſchädlich, ſich die Neigung zu erlauben,
wenig zu geben und viel zu nehmen. Dadurch
wird alles eiferſüchtig, neidiſch, feindſelig und
folglich unglücklich, da hingegen die Neigung,
vieles zu geben, und, wo möglich, wenig zu nehmen, gegenſeitiges Zutrauen, gegenſeitige Liebe, gegenſeitige Freude über einander, ein allgemeines Gefühl des Adels und der Würde,
welche mit Wohlthätigkeit verknüpft ſind, und
alſo die beſte Glückſeligkeit denkender Geſchöpfe zur Folge hat. Eine ſolche wohlthätige Neigungslage befördern ſolche Spiele, da
man wenig zuſetzt, um vieles einzunehmen, und
dieſes Viele von unſern Nebenmenſchen zu erhalten, freylich nicht. Und wenn die Lotterieſpiele bloß geſellſchaftliche Spiele wären: ſo
würden ſie auch nicht günſtiger beurtheilt werden können. Allein unter den Lotterieſpielen
ſind diejenigen, welche in Geſellſchaften geſpielt werden, in Anſehung der dadurch veranlaßten Wirkungen bey weitem nicht von ſo
großer Wichtigkeit, als die großen Lotterien,
die man zu gewiſſen Zeiten zieht, und wozu
ſich nicht die Zuſetzer verſammeln, ſondern nur
ihre Zuſätze hergeben. Derjenige, welcher die

2. Theil.   Q   Plane

Plane dieser Lotterien entwirft, unterscheidet
sich von andern Spielen, da gemeinschaftlich
Alle zusetzen, dadurch, daß er bloß für die Ausführung des Plans sorgt, aus der ganzen
Maße des durch Zusätze zusammen gebrachten
Geldes sich einen Theil vorbehält, und das
Uebrige in verschiedene Gewinnstsummen vertheilt, von welchen jeder Zusetzer unter Begün-
stigung des Schicksals einen Gewinn erhalten
kann. Weil hier nicht alles schnell vor sich
geht, weil man nicht oft und nicht leicht eine
große Summe zusetzt, weil der Zusetzer sehr
viele sind, und der Gewinner schlechterdings
nicht die Verlierer sieht, und weil endlich die
Menge der Zusetzenden es leicht geschehen läßt,
daß derjenige, welcher die Lotterie dirigirt und
die ganze Ausführung veranstaltet, von der
großen Summe des Zusatzes einen beträchtlichen Vortheil sich selbst zueignet: so wird
man sogleich vermuthen müssen, daß das Lot-
teriespiel sich noch durch viele besondre Umstände von andern Spielen, da jeder zusetzt,
und den Zufall es dann entscheiden läßt, wer
die Gewinnstsummen erhalten solle, unterschei-
den müsse.

Es

Es geht bey diesen Spielen nicht alles
sehr schnell vor sich.   Oft geht mit der Ziehung
der verschiedenen Klassen einer Lotterie ein gan=
zes Jahr hin.   Es fehlt hier also der sonst bey
den Spielen sich findende oft wiederkehrende
Reiz, die   Seele mit Ideen des Gewinnstes und
des Verlustes angefüllt zu haben; und es ent=
stehen also auch nicht leicht die leidenschaftli=
chen Bewegungen, die ein Erfolg jenes Reizes
und der so erweckten Ideen sind.   Die Gefahr,
viel zu verlieren, ist auch nicht sehr groß, weil
die Ziehung einer Lotterie viele Zeit wegnimmt,
und die Zusätze nicht leicht sehr hoch sind.
Zwar fehlt es auch nicht an Beyspielen, daß
auch durch Klassenlotterien sich Leute zu Grun=
de gerichtet haben, durch eine Menge von Loo=
sen; allein das gehört doch im Ganzen zu den
seltenen Fällen, und man kann in diesen Fällen
sicher annehmen, daß sich ungemein starke
Spielneigung bey solchen Leuten finde, die so
viel in Klassenlotterien wagen.   Der Umstand,
daß der Zusetzer so viele sind, ist in Ansehung
der moralischen Wirkungen dieser Spiele eine
Sache von vieler Wichtigkeit, so wie es in
eben der Hinsicht von großer Wichtigkeit ist,
daß keinem Spieler die Mitspieler vor Augen

Q 2   sind.

sind. Indem ich bey der Menge der Zusetzer
und bey dem mäßigen Zusatz eines Jeden mir
es vorstelle, daß, wenn ich ein ansehnliches Loos
erhalte, doch niemand dabey viel einbüße: so
finde ich, daß die Menschenliebe dabey wenig
leidet, und ich gewöhne mich also nicht so sehr
dazu, gegen die Leiden und die Uebel Andrer
gleichgültig zu seyn, wenn ich dabey gewinne,
oder wohl gar eine Fertigkeit in Schadenfreude zu erlangen, welche so leicht erfolgt, wenn
ich Verlust und Schaden Andrer wie eine Quelle meines Gewinnstes mir vorstelle. Es erfolgt also so weit, als ich meinen Gewinnst
mit dem Verlust Andrer zusammendenke, nur
eine schwache Fertigkeit, ungerührt den Schaden eines Andern meinem Gewinnst zur Seite
zu sehen, indem ich den Verlust des Andern als
sehr erträglich gegen meinen nicht unbeträchtlichen Gewinnst ansehe. Dazu kommt noch
dieß, daß ich bey den Lotterien gar nicht eine
anschauliche Vorstellung der Verlierenden und
des jeden treffenden Verlustes erhalte. Sie
kommen theils gar nicht vor meinen Blick,
theils übersieht und faßt mein Blick nicht die
Menge, zerstreut sich also, und hat keine Wirkung in Absicht auf gewisse zu erweckende Neigungen

gungen und Empfindungen. Ich scheine mir
also bey diesen Lotterien gleichsam aus dem
Schooß der Vorsehung einen Gewinnst zu schöpfen; und indem ich mir nun kein Leiden und
keinen Verlust Andrer denke: so nimmt auch
meine Seele nicht eine Fertigkeit an, über meinen Gewinnst vergnügt zu seyn, unterdessen
da ich Andre über ihren Verlust mißvergnügt
sehe. Beträfe es in einem solchen Fall eine
Sache von Wichtigkeit, und würden bey der
Erhöhung meines Glückszustandes Andre
merklich unglücklich: so würde der an Glückseligkeit Gewinnende, indem Andre sehr viel
litten, und er dieß nicht sähe und dächte, zwar
noch Unschuld und natürliche Güte behalten,
und durch Gewöhnung zur gelassenen Ertragung des Leidens Andrer also nicht eben einen
Hang zur Grausamkeit bekommen, wie das
bey gütig gesinnten Regenten oft der Fall ist,
deren Unterthanen oft im äußersten Druck leben; allein in einem solchen Fall müßte man
doch solchen Menschen die Augen über Andrer
Elend öfnen, um sie dadurch zu bewegen, aus
einer Quelle der Vortheile nicht zu schöpfen,
die nur durch Schweiß und Blut und Leiden
Andrer Nahrung bekommt. So ist es mit den

Q 3 Lotterien

Lotterien nicht beschaffen.   Es geschieht da=
durch kein Uebel bey Andern, worauf ich den
Blick der Seele zu richten Ursache habe, um
mich vom Zusetzen dadurch abzuschrecken.   Und
daher ist es gar nicht nöthig, daß ich bey mei=
nem Gewinnst mir das Mißvergnügen irgend
eines Verlierenden denke.   Die Unschuld und
natürliche Güte des Herzens bleibt so ganz un=
verletzt, indem man denkt, man bekomme den
Gewinn aus der Hand der Vorsehung.

Man läßt bey der Menge der Zusetzer und
bey der beträchtlichen Summe Geldes, die so
zusammen kommt, es leicht geschehen, daß die=
jenigen, welche die Lotterie und alle dahin ge=
hörige Einrichtungen dirigiren, sich einen be=
trächtlichen Vortheil zuwenden.   Denkt man
auch einmal, indem man den Plan durchsieht,
und darüber nachdenkt, wie fern alles mit Bil=
ligkeit und nach gehörigen Verhältnissen ein=
gerichtet ist, denkt man dann einmal, der Lot=
teriedirector habe sich zu viele Procente oder
sonstige Vortheile vorbehalten: so läßt man
sich dadurch doch selten abhalten, ein Loos zu
nehmen, wenn man die Lotterie sonst nach sei=
nem Wunsch eingerichtet findet.   Dieser Um=
stand muß üble Wirkungen veranlassen, wenn
es

es jedem frey stehet, eine Lotterie zu veranstalten. Weil der Lotteriedirector sich willkührlich und sicher die Vortheile bestimmen kann,
welche er haben will: so muß dieß nothwendig
bey allen Geldgierigen und Dürftigen den
Wunsch erregen, daß sie eine solche Lotterie zu
Stande bringen mögen. Und nun werden der
Lotterien so viel kommen, daß die Vielheit der
verschiedenen Lotterien eben eine solche Spielsucht erwecken müssen, als sonst durch die öftere Erneuerung eines und desselben Spiels nach
und nach erweckt wird. Auch würden so die
Menschen durch die vielen Gelegenheiten, ihr
Glück in der Lotterie zu versuchen, viel zu
häufig in die Lotterie einsetzen, und die sämmtlichen Theilnehmer würden, einige Gewinnende ausgenommen, dabey zu viel Geld einbüs-
sen, weil derjenige, welcher die Lotterie veranstaltet, immer gewisse Vortheile für sich haben,
sie nicht in geringem Maaß nehmen, und oft
auf tausendfache Art seine Plane reizend ein-
richten würde. Dazu kann noch leicht der Fall
kommen, wie er ja wirklich sogar oft itzt, da
die Lotterien eine Sache der Staaten geworden, und Privatpersonen entzogen sind, Statt
gefunden hat, daß nämlich der Lotteriedirector

Q 4   alles

alles Geld einnimmt, die Ziehung gar nicht
zu Stande kommen läßt, und das Geld für sich
gebraucht. Weil jeder in einem solchen Fall
nicht sehr viel einbüßt: so ist es natürlich, daß
man einen Menschen, der vielleicht in Schulden
steckt, mit seiner Beute davon gehen läßt, ohne
ihn gerichtlich oder gewaltthätig zu verfolgen.
Keiner will dann als Einsetzer wegen eines
kleinen Zusatzes mit einer solchen gerichtlichen
Verfolgung Aufsehen machen. Mancher wird
auch durch das wirkliche oder scheinbare
Elend, worin ein solcher wortlos handelnder
Lotteriedirector ist, oder worin er sich hinein
setzt, zum Mitleiden bewogen, und bringt aus
dieser Ursache auf keine Bestrafung. Alles
dieß muß eine Menge von Lotterien, vielen
allgemeinen Verlust und selbst viele Betrügereyen unter den Menschen veranlassen. Auch
haben alle diese Umstände es gewiß bewirkt,
daß man alle Lotterien zu Staatsvorrechten gemacht hat. Und so hat man damit auf einmal
dem großen Uebel, das so entstehen mußte, ge-
wehret. Freylich muß nun der Staat nicht
viele Lotterien veranstalten, und dem Lande zu
viel Geld entziehen. Die Ueberlegung und
Entscheidung, wie weit das, was darin geschieht,

schießt, zuträglich ist, gebührt aber doch auch
demselben, und keinesweges einzelnen Privat=
personen. Augenscheinlich giebt der Staat
das, was er so nimmt, auch dem Lande wieder,
indem die Regenten oder die Repräsentanten
des Staats, so weit als selbige wirklich väter=
lich für ein ihrer Leitung und Regierung an=
vertrautes Volk sorgen, das durch Lotterie ge=
hobene Geld nicht für sich nehmen, sondern es
zu des Landes Besten anwenden. Wenn Pri=
vatpersonen aber solche Geldcanäle öfnen: so
öfnen sie selbige sich, und die zusetzenden Theil=
nehmer der Lotterie, die Gewinner ausgenom=
men, erhalten von der sichern Hauptsumme, die
der Direction zufällt, nichts. Dieses sicher
zu erübrigende Geld wird bey den Staatslot=
terien sogar den Verlierenden mit zum Besten
verwandt. Und geschieht dieß: so würde
selbst, wenn dadurch zu viel Geld dem Volke
entzogen würde, dann wenigstens noch dieß
zur Entschuldigung der Vielheit der Lotterien
gesagt werden können, daß doch das Volk da=
von immer wieder Nutzen hätte. Brauchen
die Regenten oder höchsten obrigkeitlichen Per=
sonen aber darin eine weise Mäßigung: so
werden die Wirkungen einer Lotterie leicht ganz

Q 5 und

und gar gut.   Wer so einsetzt, sieht zwar auch
mit auf den Gewinnst, kann auch, wenn er
sonst sehr eigennützig ist, bloß auf den zu hof=
fenden Gewinnst sehen; allein eine solche See=
lenrichtung und dazu stimmende Neigung fließt
dann doch keinesweges aus der Einrichtung
der Lotterie wesentlich heraus.   Er wird viel=
mehr durch die Natur der Sache auf die Idee
geleitet, daß er mit seinem Zusatz dem Staat
sicher einen Beytrag zu dessen Besten gebe,
und indem Selbstinteresse erregt wird, welches
nur ungewisse Hofnungen zum Gegenstande
hat: so wird damit die patriotische Gesinnung
und Neigung, dem Staat einen sichern Vor=
theil zuzuwenden, vortheilhaft verbunden. Weis
man endlich selbst, wozu der Staat das Geld
anwenden will, und kann sich das Gute, was
so bewirkt wird, vorstellen: so werden auch
die Zusetzer veranlaßt, von Zeit zu Zeit an das
Gute zu denken, und sich darüber zu freuen.
Durch diese Seelenlagen werden ganz na=
türlich andre zu jenen Ideen und Gemüthsbe=
wegungen stimmende Vorstellungen und Nei=
gungen erregt, und der Mensch im Guten über=
haupt gestärkt und weiter gebracht.

Haben

Haben diejenigen, welche in eine solche Klassenlotterie setzen, und dazu nicht mehr bestimmen, als was sie wohl entbehren können, an sich nicht viele Spielsucht, viele Eigennützigkeit und heftige Neigungen: so wird auch die Seele nicht leicht voll von den Ideen des Gewinnstes und vom heftigen unruhigen Verlangen nach Gewinnst. Die Betrachtung des gemeinen Bestens, welches durch die Lotterie bewirkt wird, und die darauf abzielende gute Regung des Herzens wirkt jeder solcher eigennützigen Gesinnung und aller unedler Leidenschaft entgegen. Nimmt nun ein Herz allerhand gute Empfindungen, wenn Anlässe dazu entstehen, willig an: so kann sich ein solcher Theilnehmer an einer dem Staat zum Besten eingerichteten Lotterie auch mancherley angenehme Empfindungen versprechen, die aus seiner Theilnehmung gewiß entstehen. Denkt er an das, was der Staat mit dem Gelde machen will: so freut er sich herzlich dieses Guten, und gewinnt mehrere Disposition, sich alles Guten zu freuen. Fällt ihm dabey seine Theilnehmung ein: so macht ihm die Vorstellung Freude, daß er doch sein Scherflein mit dazu hergebe. Bey diesem Gedanken kann er die

Ver-

Vorstellung, daß er vielleicht keinen Gewinnst
bekommen werde, leicht ertragen, und wird sein
Herz nun gar nicht daran hängen, und so wird
er auch kühl genug bleiben, um es nicht wahrscheinlich zu finden, daß er vielmehr ein Ge-
winnstloos als eine Niete bekommen werde.
Indem er so urtheilt, so bauet er nicht irgend
eine Unternehmung und Handlung auf die
Hofnung, daß er gewinnen werde, welches so
leicht geschieht, wenn die Seele bey Gewinnstspielen in Leidenschaft geräth. Bey dieser gelassenen Lage seiner Vorstellungen und Empfindungen wird er doch auch zuweilen bey recht
guter Muße nach geendigter schwerer Arbeit
den Fall als möglich denken, daß er einen an-
sehnlichen Gewinnst erhalten könne, und wenn
er sich den denkt: so wird er Entwürfe über
die beste Anwendung eines solchen Gewinnstes
machen. So weit als seine Ideen durch die
bemerkten aus der Natur der Sache bey diesen
Klassenlotterien entspringenden Umstände geleitet werden, ist er nun in einer Lage, worin
er gute und edle Entwürfe jener Art zu machen
geneigt seyn muß. Solche Momente der Spe-
culation, solche unschuldige Spaziergänge der
Seele in eine vielleicht sich einstellende Zukunft,

kunft, machen einem solchen Menschen in mancher Minute der Muße oder der Ausruhung
ein Vergnügen, das allein schon weit mehr für
die Glückseligkeit desselben werth ist, als der
Zusatz des Geldes, welchen ein Loos erfordert.
Wenn in solchen Umständen aber die Seele
solche aufheiternde Spaziergänge thut: so bleibt
sie dabey doch von unruhiger Sehnsucht und
von der thörichten Ueberredung, es müsse gewiß ein großer Gewinnst erfolgen, und man
könne in der Hinsicht schon itzt mehr Geld
brauchen, nach der vorher aus der Natur der
Sache hergeleiteten Denkungsart weit entfernt.
Wird eine Klassenlotterie weise eingerichtet;
sind Regenten der Länder das, was sie ihrer
wesentlichen Bestimmung nach seyn müssen,
nämlich weise und liebreiche Väter und Ver-
pfleger einer großen Staatsfamilie; sorgt man
dafür, daß die durch solche Lotterien eingeho-
benen Gelder auf eine dem Volk bekannte Art
zum Besten des Landes verwandt werden; verhüten es die Väter einer Staatsfamilie, daß
keiner viele Loose nehme, und sich dadurch in
die Gefahr eines großen Verlustes und also
auch leicht in heftige durch Vorstellungen von
Gewinnst und Verlust veranlaßte Gemüthsbe-
wegun-

wegungen setze: so sind die Klassenlotterien nicht nur nicht schädlich, sondern selbst allen Theilnehmern in aller Hinsicht zuträglich. Und diese Vollkommenheiten, welche nach den hier angegebenen Ideen die Klassenlotterien haben sollten, sind nicht von der chimärischen Art, welche man nur in einer Ideenwelt finden kann, sondern man kann alle diese Vollkommenheiten ganz frey und willkührlich in unsrer wirklichen Welt gedachten Lotterien geben, ohne daß man desfalls mit wichtigen aus verwickelten und unbekannten Ursachen entstehenden Folgen und Hindernissen zu kämpfen hat.

Die Zahlenlotterie, welche aus Genua nach andern Orten Italiens, und so nach Deutschland, Dännemark und Schweden gekommen ist, macht die zweyte Hauptklasse von Lotterien aus. Man hat von diesem Genuesischen Lotto gesagt, daß man es im Occident und Norden für eine solche Strafruthe der Vorsehung ansehen könnte, als der Orient an der Pest hat. Wie weit ist dieß der Einfall eines witzigen Kopfes oder das Urtheil eines Mannes, der über die Natur dieses Lotto und über die wirklichen Folgen desselben nachgedacht hat? Wäre auch der Gedanke nicht das Resultat sorgfältiger

tiger Ueberlegungen und richtiger Beobachtun-
gen: so würde man doch schon denken müssen,
daß dieses Lotto wenigstens eine sehr böse Seite
hätte, die bemerkt wäre, und zu einem solchen
Urtheil Anlaß gegeben hätte.   Wir wissen es
nun schon Alle, daß dieses Lotto unter den Zahlen von eins bis zu neunzig, als auf welche
neunzig Zahlen es sich einschränkt, nur fünf
gewinnende Zahlen hat, daß jeder auf gewisse
willkührlich aus neunzig zu wählende Nummern eine gewisse Summe setzen kann, die verloren geht, wenn keine dieser Nummern aus
dem Glücksrade herausgeht, und die in einer
gewissen Vervielfältigung von dem Lotto auf
die unter den gewählten Nummern herauskom-
mende Nummern zurückbezahlt wird.   Ferner
ist es bekannt genug, daß, wenn unter den gewählten Nummern hernach zwey und mehrere
gezogen werden, dann auf eine Ambe, Terne
oder Quaterne die Einsatzsumme in einer ziemlich großen Vervielfältigung, als Gewinnst,
fällt, und Ideen eines gar großen Gewinnstes
erweckt.

Die Einrichtung des Spiels ist höchst sim-
pel in Ansehung der Ziehung, und so begreiflich, daß auch ein sehr dummer Mensch es

leicht

leicht faßt, wie es damit beschaffen ist.　Zu=
gleich öfnet es ein ungeheur weites Feld zu
Speculationen, und führt diejenigen, welche
Wahrscheinlichkeitsrechnungen lieben, in eine
Bahn, die sie nicht absehen können, und doch
glauben absehen zu können.　Es wird mit der
größten Kunst durch dieses Spiel in Menschen
von vielerley Denkungsart und Gesinnungen
Spielneigung hineingebracht, und diese Nei=
gung geht leicht in eine wirklich rasende Spiel=
wuth über.　Die simple Einrichtung des
Spiels und die Leichtigkeit, womit ein Spieler
auf eine solche Lotterie fällt, macht es wahr=
scheinlich, daß der Erfinder anfänglich nicht
alle damit verknüpfte Umstände und Folgen
gesehen, oder seine Erfindung aus der Ueber=
sicht der in einer solchen Spielart gegründeten
verschiedenen Wirkungen genommen, und so
dieß Spiel angepriesen hat.　Wenn dieß letz=
tere der Fall wäre, und der Erfinder darauf
gesonnen hätte, eine Spielart zu erfinden, wor=
an die Menschen leicht mit leidenschaftlicher
Neigung Theil nähmen, und wobey derjenige,
der dieß Spiel dirigirte, leicht große Reichthü=
mer erwerben könnte: so zeugt dieß von sehr
tiefer Kenntniß der menschlichen Natur und der
mensch=

menschlichen Schwächen. Aber wahrscheinlich
hat derjenige, welcher es erfunden hat, nicht
einen in die Natur der Dinge so tief eindrin-
genden Blick und so viele Menschenkenntniß
gehabt. Es ist ohne Zweifel ein sehr spielsüch-
tiger Mensch gewesen, der ein leicht zu Ende
gehendes und sich immer wieder erneuerndes
Spiel hat haben wollen. Einem solchen fällt
es leicht ein, daß man aus einer gewissen bestimmten Menge von Zahlen leicht einige wenige Zahlen herausziehen könnte, und daß man
für diejenigen, die vorher diese Zahlen errathen
würden, unter der Bedingung, daß sie ein gewisses zusetzten, eine gewisse Prämie festsetzen
könnte, und daß wegen der wenigen Wahrscheinlichkeit, mit jenen gewählten Nummern
just diejenigen wenigen zu treffen, die hernach
unter vielen, die gezogen werden können, wirklich gezogen werden, diese Prämie nicht sehr
gering seyn müßte. Und wie sollte der, der
diese Prämie oder die Vervielfältigung der
Einsatzsumme bestimmen will, nicht darauf bedacht seyn, diese Summe scheinbar groß aber
doch so festzusetzen, daß er auf sichern Ueberschuß
Rechnung machen könne. Es mag indessen
dieses Lotto, so fern dabey alle Umstände und

2. Theil.   R   Folget

Folgen in Anschlag gebracht werden, ein
Werk des Zufalls oder des Nachdenkens gewesen seyn: so ist es gewiß, daß es durch seine Folgen eine höchst wichtige Sache geworden, und daß das Lotto in seinen Folgen eine
Sache vom größten Umfange ist.

Wegen der simpeln Operation, da beym Lotto neunzig Nummern gemacht werden, und
man fünf Zahlen aus denselben herausnimmt,
kann eine jede Ziehung geschwind geendigt und
gar oft erneuert werden. Wir haben es schon
bey den vorhergehenden Spielen angemerkt,
daß die öftere Endigung des Spiels und die
öftere Erneuerung desselben der Seele immer
neuen Reiz giebt, sich mit den Ideen des
Spiels zu beschäftigen; und daß dieß diese Beschäftigung bis zur Gewohnheit und Fertigkeit
erhebt. Diese Gewohnheit stellt sich desto eher
ein, weil, so oft ein Spiel geendigt, und Verlust
oder Gewinnst entschieden ist, die Vorstellungen und Empfindungen der Seele durch den
erlangten Gewinnst oder durch den erlittenen
Verlust vorzüglich lebhaft und stark werden.
Auch haben wir es gesehen, wie sowohl in dem
einen als dem andern Fall die Seele nicht in
eine moralisch gute Lage kömmt, besonders
wenn

wenn man als Gewinner die Verlierenden vor
sich sähe, und sich nach und nach gewöhnte,
sich über einen Vortheil zu freuen, der eine
Folge des Schadens Andrer wäre.   Die letztere üble Folge findet bey den Klassenlotterien
fast gar nicht Statt, außer wenn man zufälli-
ger Weise es hört, daß dieser oder jener verloren hat.   Bey dem Lotto von Genua ist die
Sache schon ganz anders beschaffen.   Man
hat dafür gesorgt, daß die Spielenden bis zu
Tausenden zugegen seyn, und die ganze Ziehung ansehen können.   Selbige versammeln
sich denn auch in großer Menge, und kann
man gleich hier nicht den Haufen der Verlierer von dem Haufen der Gewinner unterschei-
den: so kann man doch nach vollendeter Ziehung es mehrern Hunderten aus dem Gesicht
lesen, ob sie verloren haben, und wenn der Gewinner dieß bemerkt: so hat die angeführte
Folge doch hier bis auf einen gewissen Grad
Statt, und dieß ist noch mehr der Fall, wenn
man sehr oft hört, daß Einer oder der Andre
durch starkes Spielen sich um sein Vermögen
gebracht hat.   Die Wirkung zur Verderbung
des Herzens ist jedoch hier nicht so stark, weil
der Gewinnende sich wenigstens nie eigentlich

R 2   die

die denken kann, die durch ihren Verlust zu
seinem Gewinnst etwas beygetragen haben, ins
dem sein Gewinnst aus der ganzen Geldmasse
geht, wozu die ihm bekannt werdenden Vers
lierer nur wenig vielleicht beygetragen haben.
Indem ich indessen diese, in Absicht auf die nas
türliche Stimmung des Herzens zur Güte, so
schädliche Wirkung des Spiels in Rücksicht auf
die Spieler berührt habe: so kann ich nicht
unterlassen, hier den Blick auf den oder diejes
nigen zu richten, welche die Unternehmer des
Lotto sind, und hier das sind, was beym Phas
raospiel derjenige ist, der die Bank hat. Bey
den Klassenlotterien sind die Unternehmer, als
Unternehmer, nicht Spieler, sondern sie vers
theilen die ganze Summe der Einnahme für
gewisse Procente in verschiedenen Gewins
nen unter die Zusetzer. Beym Genuess=
schen Lotto aber setzen die Lottodirectoren eine
große Summe hin, spielen damit gegen alle
Zusetzer, und machen die Hauptklasse der Ges
winner oder Verlierer aus. Alle Zusetzende
spielen auch eben so wider diese Directoren, als
die Zusetzer beym Pharaospiel gegen den spies
len, der die Bank hat. Gewinnen nun die
Lottointeressenten, und sehen selbige einen Hau=

fen

fen gewonnenen Geldes nach Ziehung der Lotterie vor sich: so kann es nicht anders seyn,
als daß sie sich den Haufen der Unglücklichen
zugleich mit vorstellen, welche Opfer dieses
Gewinnstes geworden sind. Sie müssen es
durchaus denken, daß die gewonnenen großen
Summen, welche sie vor sich liegen sehen, und
welche oft zwanzig bis fünfzigtausend Reichs-
thaler betragen, den Spielern durch die in selbigen erregten heftigen Leidenschaften ausge-
preßt sind. Und lernen sie es erst, diese Vorstellungen, ohne darüber traurig zu seyn, zu
ertragen, oder sich dabey ihres Gewinnstes zu
erfreuen: so bilden sie sich nach und nach zu
bösen menschenfeindlichen Tyrannen. Gut ist
es indessen, daß man diese Spiele nicht leicht
Privatpersonen, auch durch Pachtung, in die
Hände kommen läßt, daß die Lottodirectoren
also selbst nicht Eigenthümer des Gewinnstes
sind, und also durch eignen Gewinnst nicht
gehindert werden, Mitleiden mit den armen
Leuten zu haben, die sich so zum Spiel herzulok-
ken lassen; und abermal gut ist es, daß die
Fürsten, auf deren Rechnung diese Lotterien
gezogen werden, selbst nicht die Wirkungen
dieses Spiels immer mit vor Augen haben,

R 3 und

und daß also selbige nicht durch Angewöhnung
zum Anblick des eignen Gewinnstes in Verbindung mit der Vorstellung alles des Elends, das
dadurch über den größten Haufen der Spieler
kommt, um den Theil der Seelengüte gebracht
werden, der ihnen sonst zu Theil geworden ist.
Aus diesem Umstande fließt aber nicht, daß ein
Fürst von väterlichen Gesinnungen gegen sein
Volk nicht einmal den ganzen Vorgang ansehen sollte. Wie sehr wäre es vielmehr zu
wünschen, daß er in einer Stunde, da seine
Seele voll von Verlangen wäre, Menschen
glücklich zu machen, diese Scene der Politik
und des menschlichen Lebens, so wie sie in der
Natur da ist, oder treu nach der Natur gemalt,
ansähe, um eine richtige Vorstellung davon zu
erhalten, und eine dieser Kenntniß und seinen
huldreichen Gesinnungen angemessene Ent-
schließung in Absicht auf einen solchen Zufluß
von Einkünften zu fassen.   So lange man indessen diese Spiele Statt finden läßt, ist es
für Alle, die Theil daran nehmen können, höchst
nützlich, den Werth dieses Spiels möglichst
genau kennen zu lernen.   Es steht doch bey
uns, ob wir dieser Geldquelle mit Nahrung
und Zufluß geben wollen.   Finden wir nach
                                          sorg-

sorgfältiger Prüfung dieses Lotto, daß es
höchst wahrscheinlich für jeden Spieler leicht
eine Grube des Verderbens wird: so werden
wir doch wenigstens dadurch bewogen werden,
uns nicht in selbige hineinzustürzen, wie viele
Sirenen sich auch umhergelagert haben, um
uns durch ihren zauberischen Gesang dahinan
zu locken. Auch dürfen wir immer dann hoffen, daß wir noch Manchen, der zu seinem Unglück dahin eilt, wieder zurück führen können.
Und so wollen wir wieder zur Betrachtung dieser großen Spiels zurück gehen.

Spieler kommen gerne, weil sie hier nach
Belieben kleines oder großes Spiel machen
können, und bey den so oft wiederholten Ziehungen wird ihre Spielsucht theils befriedigt,
theils bis zur Wuth und zur blindesten Leidenschaft genährt. Wer noch nicht Spieler ist,
versucht es leicht einmal, und wird nach und
nach mit den oft in ihm erweckten Ideen des
Spiels, des Gewinnstes und des Verlustes vertraut bekannt, wird durch Gewinnst gereizt,
mehr gewinnen, und wird durch Verlust gereizt, das Verlorne wieder gewinnen zu wollen. Andre Spiele sind in Häusern und verschlossenen Oertern, oder finden in gewissen

R 4   Gesell-

Gesellschaften, Statt. Das Geschäfte des
Spiels fällt also nicht allen Menschen in die
Augen, und Alle, welche sonst Geschäfte und
Neigung haben, Berufsgeschäfte abzuwarten,
oder zu suchen, denken an dergleichen Spiele
nicht, weil sie nichts davon sehen. Diese werden also auch nicht versucht, an diesen Spielen
mit Theil zu nehmen. Beym Lottospiel veranstaltet man die Ziehung auf einem in freyer
Luft dazu erbauten Gerüst, und veranlaßt dadurch einen Zusammenfluß von Menschen, und
durch das so entstehende viele Gerede veranlaßt man einen ganzen Ort und eine ganze Gegend, dieses große Spiel mit anzusehen. Und,
wie reizend wird Allen, die kommen und sehen,
nun das ganze Spiel gemacht. Die ganze
Bühne steht geschmückt da. Ein Glücksrad,
so hübsch und prächtig gemacht, als wenn's eine Feye dahingestellt hätte, erscheint vor Aller
Augen. Pauken und Trompeten fordern das
Herz zur Lustigkeit und zum Muth auf, hier
sein Glück zu versuchen. Jede Nummer wird
nach vielen von Musik begleiteten Drehungen
des Rades durch einen prächtig geschmückten
Knaben herausgeholt, den Anwesenden vorge-
zeigt, und endlich dem Volke hingeworfen.
Selbst

Selbst diese Nummern sind reizend auf Perga-
ment gemalt, und in einer Capsel eingeschlos-
sen.   Die Menge der Menschen, welche sich
da versammelt, vermehrt die lebhafte Theilnehmung bis zu einem hohen Grade.   Denn
jedes Vergnügen wird überhaupt zwiefach genossen, alles, was interessant ist, gewinnt un-
glaublich in Ansehung der Wirkung, die es auf
unser Herz hat, wenn viele Menschen daran
Theil nehmen.   Ferner ist in Ansehung der
Ziehung alles so veranstaltet, daß jedes Zuschauer alles ansehen kann, um sich zu über-
zeugen, daß keine Betrügerey dabey vorgehen
könne.   Diese Ueberzeugung erlangt noch desto mehrere Festigkeit, da Personen, die uns
durch Amt, Stand und Geburt eine Empfindung der Ehrfurcht veranlassen, theils die Ziehung mit verrichten, theils über dieselbe die
Aufsicht haben.   Außerdem hat das Ansehn
dieser Personen die Wirkung, daß dem ganzen
Spiel dadurch ein gewisser Glanz mitgetheilt
wird.   Und wir wissen es, wie viele Ehre die
Eitelkeit kleiner Seelen in der Vorstellung findet, daß hohe und angesehene Personen mit
ihnen zugleich in einer Sache beschäftigt sind,
und daran Theil nehmen. Bey den gewöhn-

R 5   lichen

lichen Hasardspielen, bey welchen ein Spieler
von Profeßion die Bank hält, pflegt, so lange
einer noch nicht ein Spieler geworden ist, die
nachtheilige Idee, die man von solchen Leuten
hat, die das Spiel ganz zu ihrem Geschäfte
machen, Viele selbst wider das Spiel einzuneh=
men, und vor der Neigung zu diesen gefährli=
chen Spielen zu bewahren.   Diese vom Spiel
zurückhaltende Idee mit den dazu stimmenden
Empfindungen fällt beym Lotto weg, wo wir
Personen sehen, die uns vieler Ursachen wegen
ehrwürdig seyn müssen, und die Vorstellung
dieser Personen hat daher eben so viel zum
Spiel Einladendes, als die andre davon Ab=
schreckendes hat.   Erschienen lauter geringe
Leute auf dem Ziehungsgerüste mit noch so
vielem in die Augen fallenden Prunk, und wür=
de so die Ziehung unter Pauken und Trompe=
ten veranstaltet: so würde dieß zwar Viele
zum Spielen mit verführen; aber Manche
würden doch dabey an das Gerüste eines Markt=
schreyers denken, und so nicht darauf achten.
Dieser Idee wirkt das Ansehen der Personen,
die hier auf dem Gerüst erscheinen, zu sehr ent=
gegen, als daß sie leicht entstehen, und Ein=
flüsse auf die Lenkung der Vorstellungen und
auf

auf die Stimmung der Empfindungen haben
könnte, wenn sie gleich bey Einem und dem
Andern doch noch nach den gewöhnlichen Ideen-
associationen entstehen möchte. Und wenn sie
entsteht: so ist es dem gemeinen Wesen wieder
gar nicht zuträglich, daß eine so verächtliche
Idee mit auf Männer fällt, an die jeder nur
mit Hochachtung und Ehrerbietung denken
sollte.

In manchen Spielen kann nur eine mäßige
Anzahl von Menschen zum Spielen kommen;
in Klassenlotterien kann es nicht mehrere Spieler geben, als man Loose hat. Ist der Erfolg
von solchen Spielen schädlich: so hat der
Schaden doch noch Schranken. Mit dem Lotto ist es ganz anders. Eine unzählige Menge von Menschen kann spielen, und jeder kann
sich willkührlich Nummern wählen. In andern Spielen hält Manchen, der nicht ein Loos
nach seinem Sinn bekommen kann, sein Eigen-
wille vom Spiel zurück; hier aber kann jeder
alles nach seinem Wunsch bestimmen, und es
findet also die Idee einer freyen Wahl dabey
Statt, die immer etwas Schmeichelhaftes für
den Menschen hat. Und diese willkührlich gewisse Nummern wählende Freyheit erstreckt
sich

sich noch viel weiter. Man kann auch ganz willkührlich die Summe festsetzen, welche man wagen will. Man kann auf mannichfaltige Weise sein Spiel bestimmen und verändern. Zwischen simpeln Einsätzen und bestimmten Auszügen kann Jeder wählen, die Nummern können nach verschiedenen Ordnungen zusammengeordnet, und bey folgenden Ziehungen abgeändert werden. In den Speculationen über die nach Wahrscheinlichkeitsgesetzen nach und nach zu vermuthenden Nummern und Gewinne sieht man eine große Menge von Fällen, und man findet leicht vieles Wohlgefallen daran, sich diese verschiedenen Fälle nach gewissen Vermuthungen zu denken. Mit dem Fortschritt der nach einander erfolgenden Ziehungen wird von Jahr zu Jahr vermittelst eines Lottokalenders alles sich auf die Lotterie beziehendes, so weit als das Publicum Winke zu irgend einer Spielart daraus hernehmen kann, öffentlich bekannt gemacht, und darin findet sich denn auch eine Tabelle, worauf man sieht, wie oft eine jede Nummer in den vorhergegangenen Ziehungen aus dem Rade herausgekommen ist. Dadurch werden einige veranlaßt, auf eine oft erschienene Nummer, als wie auf eine, die

gleich-

gleichsam gerne aus dem Glücksrade geht, zu=
zusetzen. Noch mehrere finden es sehr wahr=
scheinlich, daß man in den folgenden Ziehun=
gen diejenigen Nummern am ersten erwarten
könne, die noch gar nicht oder selten zum Vor=
schein gekommen sind. Eine Menge von Spie=
lern fällt daher mit der Wahl der Nummern
auf diejenigen, welche am seltensten oder noch
gar nicht aus dem Glücksrade herausgekom=
men sind. Man findet, daß die Natur der
Dinge auch in den zufälligsten Vorfällen und
Umständen nach gewissen einförmigen wiewohl
etwas verschieden bestimmten Gesetzen handelt.
Wir wissen es, wie in Absicht auf diejenigen,
welche geboren werden, oder sterben, es man=
che ähnliche Verhältnisse giebt, und wie man,
wenn man eine gewisse Reihe von Jahren an=
nimmt, eine Mittelzahl festsetzen kann, wor=
nach die zukünftigen Fälle in Absicht auf die
Mittelzahl und in Absicht auf gewisse Jahre
nach Wahrscheinlichkeitsregeln und ähnlichen
Erwartungen selbst mit großer Gewißheit be=
rechnet werden können. Wie natürlich ist es,
daß man also auch glaubt, es werde nach einer
gewissen Reihe von Ziehungen ein Gleichge=
wicht unter den verschiedenen gezogenen Zah=

                                          len

len erfolgen, und wie natürlich ist es wieder,
daß man dann, weil man so viele Begierde zu
gewinnen hat, die Menge der dazu erforderlichen Ziehungen sich nicht zu groß und den Ter-
min, da eine jede Nummer gewisse bestimmte
male müßte herausgekommen seyn, nicht zu
entfernt denkt! In dieser Vorstellung erwartet man leicht mit großer Gewißheit, daß, wenn
in etwa hundert Ziehungen eine Nummer nur
noch einmal und eine andre Nummer schon
zwölfmal herausgekommen ist, die erstere
Nummer in den nächsten Ziehungen Fortschritte
zu der Gleichheit mit der andern Nummer thun
müsse. Daher kommt es, daß nach und nach
so viele auf die Nummern fallen, die noch
selten erschienen sind. In diese Art der Spe-
culation fielen ganz gewiß nur Wenige, wenn
keine Nummerntabellen gedruckt würden. Auch
würde es, um darnach gewisse Maaßregeln
nehmen zu können, nöthig seyn, daß man sich
selbst Tabellen der Art verfertigte, welches
nur Wenige zu thun sich die Mühe nehmen
würden. Itzt aber studirt jeder diese Tabelle
durch, und glaubt, leicht einen Weg ausfündig
gemacht zu haben, der ihn zu großen Ge-
winnsten führen müßte. Hätten die Lotto-
directo-

directoren es vorher bedacht, daß fast alle Zusetzer dadurch veranlaßt werden, eine Nummer
zu wählen, und daß das Lotto auf den Fall,
da eine solche Nummer kommt, seinen ganzen
Schatz leicht verlieren könne: so würden sie
wohl lieber dieses Aufmunterungsmittel zum
Spielen weggelassen, als das Lotto einer solchen Gefahr ausgesetzt haben. Allein daraus
folgt noch nicht, daß man nun einen Weg ausgemacht habe, worauf man vielmehr gewinnen als verlieren werde. Jeder einzelne Zusetzer hat immer nach vernünftigen Vermuthungen es zu erwarten, daß er im Durchschnitt
ans Lotto oder an wenige Mitspieler, die zu-
fälliger Weise einen großen Gewinnst ziehen,
sehr viel verlieren werde. Denn es kann seyn,
daß in einer Million von Ziehungen erst eine
solche Gleichheit unter den gezogenen neunzig
Zahlen erfolgen werde, und wenn das ist: so
ist es noch nicht ausgemacht, die wie vielsten
Ziehungen das jedesmalige Hervorkommen einer und derselben Zahl treffen werde. Eine
Zahl kann in dem ersten Hundert zwölfmal her-
auskommen, und eine andre kann vielleicht erst
im fünften Hundert zwölfmal gezogen seyn.

Jedoch

Jedoch ich wollte hier noch nicht von der wenigen Wahrscheinlichkeit reden, die jeder Spieler hat zu gewinnen, sondern nur von dem, was die Spielsucht veranlassen muß. Und dazu trägt auch der durch die Nummerntabelle veranlaßte Speculationstrieb nicht wenig bey. Zu diesen Speculationen giebt auch der Umstand Anlaß, daß man auf bloße Auszüge, bestimmte Auszüge, Amben, Ternen und Quaternen Anschläge machen kann. Sehen wir auf den großen Haufen gemeiner oder zu Speculationen unfähiger Leute: so ist es für selbige nicht eine geringe Versuchung, wenn sie hören und lesen, daß man auf einen simpeln Einsatz funfzehn, auf einen bestimmten Auszug siebenzig, auf eine Ambe zweyhundert und siebenzig, auf eine Terne biß gegen sechstausend, und endlich auf eine Quaterne sechszigtausendmal so viel, als man zusetzt, gewinnen könne. Sie bleiben ganz natürlich mit ihrer Vorstellungskraft an diesen großen Gewinnstzahlen hängen, bekommen eine heftige Begierde, eine davon zu erhalten, ohne eine Idee von der Seltenheit der Fälle zu haben, da diese Gewinnstsummen gewonnen werden können. Selbst denkende und mathematische Köpfe pflegen durch die Ideen

von

von den großen Summen, welche gewonnen
werden können, oft so geblendet zu werden, daß
sie nicht frey genug bleiben, um es einzusehen,
daß die großen Gewinnstzahlen mit Rücksicht
auf deren Seltenheit im Durchschnitt mit dem
Verlust, der oft nach einander im Durchschnitt
erfolgen muß, gar nicht in einem den Spielenden vortheilhaften Verhältniß stehen, und
daß auch diejenigen, welche ein Lotto einrich-
ten, dieß Verhältniß nothwendig zum Vortheil
des Lotto haben festsetzen müssen. So wie
überhaupt alle Seiten einer Sache, die wir
heftig begehren oder verabscheuen, nicht vor
unsrer Vorstellungskraft erscheinen, und wie
unsrer Leidenschaft zufolge im Ganzen den
Blick fest auf die Seite der Sache heften, welche die Leidenschaft erweckt: so geht es auch
hier mit dem Lotto, wenn die Seele von Ideen
eines großen Gewinnstes voll ist, und wenn
sich damit die Sehnsucht nach einem solchen
Gewinnst vereinigt. Dazu kommt beym Lotto noch dieß, daß man auch bey kaltem Blute
nicht leicht alles übersieht, was bey Berech=
nung der Wahrscheinlichkeit, zu gewinnen oder
zu verlieren, in Anschlag zu bringen ist. Man
sieht es freylich bald, daß, wenn auf einen sim=

2. Theil.	S	pela

peln Einsatz funfzehnmal so viel gewonnen
wird, man nicht im Fall des Gewinnstes für
den durchgängig erfolgenden Verlust schadlos
könne gehalten werden, indem man, wenn auf
fünf Zahlen gespielt wird, sich es nur versprechen
kann, es werde in achtzehn Ziehungen einmal eine gewählte Zahl aus dem Glücksrade hervorgehen. Setzt man nun auf einen simpeln Auszug eine Mark: so gehen in achtzehn Ziehungen neunzig Mark verloren, und es werden nur höchstens
fünfmal funfzehn gewonnen. In Ansehung
der bestimmten Auszüge läßt es sich auch
noch leicht genug berechnen, daß eine sieben-
zigmal. vervielfältigte Einsatzsumme im Ganzen nicht den wahrscheinlich erfolgenden Verlust wieder ersetze, und daß, wenn auch die jedesmalige Verdoppelung der Einsatzsumme den
vorhergehenden Verlust endlich einbringt, dennoch dieser Gewinnstfall leicht später erfolgen
könne, als mein Vermögen diese Verdoppelung
ertragen kann. Sollen aber die Wahrscheinlichkeitsregeln festgesetzt werden, nach welchen
Amben, Ternen, und Quaternen muthmaßlich
erwartet werden können: so ist es eine höchst
mühsame und langsame Arbeit, alle die möglichen Combinationen von fünf Zahlen unter
neunzig

neunzig Zahlen herauszubringen, und darnach zu berechnen, wie oft überhaupt eine Ambe, Terne oder Quaterne könne gewonnen werden. * Auch diejenigen, welche im Rechnen geübt sind, scheuen sich zum Theil vor einer solchen Arbeit, oder fehlen in ihren Berechnungen selbst, wie dieß die Erfahrung vieler reicher Leute, die sich durchs Lotto zu Grunde gerichtet haben, und nicht sowohl durch Spielsucht und heftige Geldbegierde, als durch ihren mathematischen Speculationsgeist anfänglich dazu

S 2   ver-

* In des Hrn. Geheimen Justizrath Pütters rechtlichem Bedenken über die Zahlenlotterien, worin er sich aufs lebhafteste wider dieselben erklärt, und welches Staatsmänner vorzüglich ihrer Beherzigung würdig finden werden, ist die Hofnung des Einsetzers, zu gewinnen, gegen die Wahrscheinlichkeit, zu verlieren, angegeben, wie 1 gegen 17 in simplen Auszügen, 1 gegen 89 in bestimmten Auszügen, 1 gegen $399\frac{1}{2}$ in Amben, 1 gegen 11747 in Ternen, 1 gegen 511037 in Quaternen. Nach eben dieser Schrift gewinnt der Unternehmer bey simplen oder bestimmten Auszügen $16\frac{2}{36}$, bey Amben $37\frac{461}{801}$, bey Ternen $54\frac{2502}{11717}$, und bey Quaternen $88\frac{66228}{155719}$ pro Cent. S. Göttingisches Magazin, ersten Jahrgangs drittes Stück.

verführt sind, allen Denen beweist, die Gelegenheit finden, Nachrichten von allen diesen
Vorfällen zu erhalten. Fürsten und Kauf-
leute, deren Vermögen oder Credit sie in den
Stand gesetzt hat, das Spiel lange fortzusez-
zen, und eine gewisse Spielart durch viele Ziehungen zu verfolgen, haben, indem sie ihren
nach ihrer Meynung zu großen Gewinnst sie
hinleitenden Berechnungen folgten, ungeheur
große Summen eingebüßt und sich zu Grunde
gerichtet. Hätten auch Einige, wozu alle bis-
herige Erfahrungen gewiß nicht hinreichen, die
wahrscheinlichen Gewinnstfälle mit Rücksicht
auf bestimmte angenommene Zahlen unter einer
gewissen Anzahl von möglichen Fällen heraus-
gebracht: so bedächten sie doch oft nicht, daß
selbige in der langen Reihe aller möglichen
Fälle leicht eine andre Stelle einnehmen könnten, als man es sich vorgestellt hätte. Gewönne man auch in hundert tausend Ziehungen
dreymal eine Quaterne, wie dieß bey weitem
nicht im Durchschnitt geschehen kann: so
könnte doch der Fall möglich seyn, daß alle
drey Quaternen in das letzte Hundert fielen,
und daß, wenn ich nicht so weit das Spiel
fortsetzen oder sie erleben könnte, ich also in neun

und

und neunzigtausend Ziehungen nicht eine einzige erhielte. Denken die speculationssüchtigen Leute, die darauf sinnen, wie sie die Lotterie selbst zu Grunde richten können, auch an alles dieß, und auch daran, daß die Gewinnstzüge viel zu spät bey ihrem Spiel erfolgen können: so stellen sie sich dagegen auch den Fall vor, daß selbige in einer Menge von Ziehungen sehr früh kommen können. Wird ihre Vorstellungskraft nun ganz mit dieser Idee angefüllt: so stellen sie es sich wieder nicht vor, daß es unsinnige Thorheit sey, mit Wahrscheinlichkeit sich einem auch nur zwanzigtausendmal nach einander erfolgenden Verlust und dem damit verknüpften Elend mit Rücksicht auf eine Quaterne für den möglichen Fall auszusetzen, daß doch schon in den ersten Ziehungen eine Quaterne erfolgen könne. Aus allem diesen erhellt indessen genug, wie viele Wege man bey seinen Speculationen willkührlich wählen könne; und die Geschichte des menschlichen Herzens lehrt es uns auch, daß, wenn man einen Weg sich angenehm und vortheilhaft denkt, man bey den angenehmen Vorstellungen gewöhnlich verweilt, und eine Menge nachtheiliger Umstände, welche sich dann finden, aus der Acht läßt.

Also

Also bleibt, wenn man die Menschen nimmt,
wie sie sind, auch in dem Umstande, daß beym
Lotto man so manche Entwürfe machen kann,
der Reiz, wodurch sie zum Spiel hingezogen
werden, weit größer, als das, was dagegen
wirken kann, wenn einige Neigung zum Spiel
oder auch nur Neugierde da ist, ein solches
Spiel zu versuchen.   Wir sehen also am Ende,
daß dieses Lottospiel unendlich viel mehr ver-
führerisches und einladendes hat, als irgend
ein anderes Spiel.   Die übeln Folgen, die es
mit Rücksicht auf die Verderbung des Herzens
mit andern Spielen gemein hat, sind also
auch weit ausgebreiteter.   Wer die Oerter
kennt, wo diese Zahlenlotterien gezogen werden,
weis es auch, wie sehr die Erfahrung das
hier gesagte bestätigt, und wie nöthig es sey,
nächst dem, was man leicht als eine Folge
aus der wesentlichen Einrichtung dieses Spiels
herleitet, auf alles, was man der Erfahrung
nach bemerkt, noch einen Blick zu werfen.
Denn ein Mann, der Gelegenheit hat, alles
mit dem Lotto verknüpfte zu beobachten, und
der es auch wirklich beobachtet, muß es finden,
daß wir bey weitem nun noch nicht alles, wodurch der sittliche Werth des Lotto bestimmt
wird,

wird, bemerkt haben. Aus den vielen Concur-
sen und Bankerotten, die durchs Lotto offenbar
veranlaßt sind, ist es sichtbar genug, wie verderbliche Folgen es für eine Menge von Menschen hat. Aus diesen Folgen, die öffentlich
sichtbar werden, kann man leicht schließen, daß
es eine gar große Menge von Spielenden giebt,
deren Vermögen wenigstens sehr gemindert
und geschwächt wird. Wir haben es schon gesehen, in welchen peinlichen Lagen ein Spieler, der mit einiger Leidenschaft spielt, ist, und
wir können es uns leicht vorstellen, wie viele
Uebel schon, wenn die Seele auch sonst nicht
dabey verlöre, allein auf diese Weise durchs
Lotto veranlaßt werden. Die Zufriedenheit
und Ruhe der Seele, und der größte Theil der
häuslichen Glückseligkeit muß nothwendig bis
auf einen hohen Grad verloren gehen, wenn
man immer mehr und mehr Geld einbüßt, und,
wo nicht in gänzliche Armuth, doch in Nahrungssorgen, sich stürzet. Und diese häuslichen Uebel sind oft desto größer, wenn der
Mann, die Frau und die Kinder, jeder für sich,
spielen, und ihr Spiel vor einander geheim
halten. Daß dieses oft auch geschieht, weis
man daraus, daß die Sache sich zuweilen mit

S 4 einem

einem Bankerott geendigt hat, und so ans Licht
gekommen ist. Indem wir hier des heimli-
chen Spielens erwähnen, so ist zugleich dabey
zu bemerken, daß bey Manchem, der nicht
spielte, wenn sein Spielen bekannt würde, der
Umstand, daß er sein Spiel ganz geheim halten kann, eine nicht geringe Versuchung ist,
sein Glück beym Spiel zu versuchen. Andre
Spiele gehen in Gesellschaften vor sich, und
wer spielt, bleibt nicht unbekannt. Wenn hier
der Collecteur oder ein Bedienter schweigt: so
bleibt die ganze Sache verborgen. Weil indessen durch die hernach erfolgenden schlechten
Umstände oder durch Bankerott oft das heimliche Spielen bekannt wird: so muß bey Personen, die Geldgeschäfte zusammen haben,
nothwendig wegen der so leicht entstehenden
Besorgniß, daß einer oder der andre vielleicht
viel beym Lotto verlieren möchte, Mißtrauen
sehr überhand nehmen, und der zu glücklicher
Besorgung der Geschäfte im Ganzen so nothwendig erforderliche Credit sehr dabey leiden.
Dieses Mißtrauen stört auch nicht bloß den
Gang der Geschäfte, sondern hebt selbst auch
die mit Vertrauen verbundne Seelenglückse-
ligkeit und die daraus entspringenden men-
schen-

schenfreundlichen und wohlthätigen Gesinnungen auf.

Ueberhaupt wird ein Spieler leicht, wo nicht
ein Betrüger, welches der gewöhnliche Fall ist,
doch ein vom geraden Wege des Rechts, der
Billigkeit und des Edelmuths abweichender
Mensch. Wenn ihn auch nicht Geldbegierde
auf diese Abwege führt, wie es so oft geschieht:
so thut es bey erfolgendem wiederholten Verlust die Noth, worin man geräth. Man will
in seinen Geldangelegenheiten sich es nicht
merken lassen, daß man sein Geld verspielt
hat, und man will auch gern den Verlust ersetzt haben. Man sucht sich daher durch falsche Vorspiegelungen mancherley Wege auf,
um Geld zu erlangen; und weil es leicht unbekannt bleibt, daß man sein Geld verspielt,
indem man ohne viele Mühe das starke Spielen in der Lotterie ein Geheimniß seyn lassen
kann: so macht man, wenn sonst die Umstände
gut gewesen sind, sich leicht einen Geldcanal
offen. Mancher bis dahin ehrlich handelnder
Mann ist, wenn er solche Wege einschlägt, und
von Leuten, die Vertrauen zu seiner Ehrlichkeit haben, Geld erlangt, anfänglich gar nicht
Willens, Andre um das Ihrige zu bringen;

und

und weil er sich's bewußt ist, daß er alles
wieder bezalen will: so bedient er sich eines
unerlaubten Kunstgrifs, um Geld zu erdichte-
ten Umständen und Absichten zu erhalten, und
giebt leicht falsche Versicherungen in Ansehung
der Zeit und der Art, wie das zur Leihe oder
auf Zinsen genommene Geld soll wieder zu-
rückgezahlt werden. Indem das Falsche und
Unwahre ihm nur allein bekannt ist: so unterhält er gern die Hofnung, daß er große Summen Gelds gewinnen werde, und daß er dann
alles Versprochene leisten könne, ohne daß irgend
einer von seinen Kunstgriffen je etwas erfahre.
Und ist die Bahn des Betrugs erst geöfnet:
so läßt man sich gar zu leicht zum oftmaligen
Gebrauch der unerlaubtesten Mittel dieser
Art auch dann verführen, wenn man sieht,
daß man gar nicht mehr hoffen könne, seine Zu-
sagen zu halten, daß einmal das ganze Gewebe der List und der Betrügerey werde entdeckt werden, und daß der gutherzig trauende
Mensch das Seinige gewiß einbüßen werde.
Wir wissen, wie oft selbst in den ordentlichen
Geschäften des Lebens, und besonders im Handel, die Menschen nach und nach, wenn sie zurück kommen, so von der Bahn der Ehrlichkeit
                                        abwei-

abweichen; und es ist unnöthig zu erinnern,
wie viel leichter eine Seele in dem Taumel
der Spielsucht, wodurch sie auf so mannichfaltige Art verdorben wird, und ihren Adel verliert, zu solchen Unordnungen müsse verführt
werden können. Die Erfahrung belehrt uns
nur zu oft von der Wahrheit dieser Sache.

Dergleichen Unordnungen des Betrugs und
der List erfolgen desto eher, da spielsüchtige
Leute weit eher, wenn sie mit ihrem Spielen
zum Lotto ihre Zuflucht nehmen, als bey andern Gewinnstspielen, in eine rasende Spiel-
wuth und in Mangel und Noth gerathen.
Auch der spielsüchtigste Mensch findet bisweilen
selten Gelegenheit Hasardspiele zu spielen, und
wenn er sie findet: so spielen seine Mitspieler
oft nicht um hohe Summen. Er spielt daher
selten, und spielt um weniges, weil es ihm an
Gelegenheiten, oft und hoch zu spielen, fehlt.
Hier aber kann er wöchentlich, und mehr als
einmal, in dem einen oder dem andern Lotto
sein Spiel erneuern und ganz seiner Spielleiden-
schaft in Absicht auf große Summen ein Gnüge
thun. Wir wissen auch, wie Viele bis zur höchsten Raserey hoch spielen, und in einer kurzen Zeit oft Tonnen Goldes verlieren.

Aus

Aus einer solchen Spielsucht entspringt unmittelbar auch noch diese Folge, daß die Seele ganz vom Spielen angefüllt wird, und daß
man seine sonstigen Berufsgeschäfte nicht mit
der gehörigen Ueberlegung thut, und nicht mit
dem gehörigen Eifer treibt. Die Lust zu diesen
Geschäften verliert sich oft dermaßen, daß
man selbst ganz in einen Zustand der Unthätigkeit hinsinkt, und lieber das Geld auf eine
gemächliche Art gewinnen, als es mühsam
durch Arbeit und durch sorgfältig ausgedach-
te und ausgeführte Unternehmungen erwerben will. Das erträgt noch der Staat, wenn
er so hin und wieder ein unthätiges und selbst
betrügerisches und zur Last fallendes Mitglied
bekömmt; allein ergreift die Spielsucht unter
Anbietung der Gelegenheiten dazu von Seiten des Lotto etwa nur einen und den andern,
etwa nur diesen und jenen Reichen, der, ohne
irgend einen wahren Dienstbeytrag für Andre
zu leisten, sich von den Diensten Andrer und
von den Früchten des Landes nährt, und auf
seinem Geldhaufen brütet? Wie oft wird
auch ein solcher Mensch ein Raub dieser Leidenschaft, der ein wichtiges Rad in der Maschine des Staats treibt, und dadurch, daß e-

es

es stocken läßt, eine Menge von Menschen leben läßt.

Und wie weit verbreitet sich diese Spiel=
sucht selbst über den gemeinen Mann! Tag=
löhner und Dienstboten denken oft nie an
irgend ein Hasardspiel. Selbige suchen tau=
send kleine Ersparungsmittel auf, um von dem
gewiß zu verdienenden Gelde etwas weniges
zu erübrigen. Weil sie dabey nicht in Noth
kommen, sondern für ihre nothwendigen Be=
dürfnisse durch ihre Arbeit gesorgt wird: so
sind selbige oft sehr glücklich, indem sie bey
ihrer Arbeit nicht die Haushaltungssorgen er=
tragen dürfen, welchen Andre, die Dienstboten
und Taglöhner gebrauchen, selten entgehen.
Auch fällt ein Dienstbote, der täglich seinen
Tisch gedeckt findet, und sich das sonst nöthige
von seinem Jahrgelde anschaffen kann, nicht
leicht in Geldmangel, in Zahlungsverlegenhei=
ten und in Versuchungen, durch unrechte Wege
und durch Treulosigkeit sich Geld zu verschaf=
fen. Aber auch diese Leute, die sonst keine
Gelegenheiten zum Spielen finden, oder je ans
Spielen denken, nehmen bald allgemein, be=
sonders an den Orten, wo die Lotterien gezo=
gen werden, an diesem Lottospiel Antheil. Es

kommen

kommen bald Collecteure, die gerne ihre Pro-
centen hoch bringen, oder gebungene Gehülfen derselben, und bringen auch dem geringen
Mann, den Bedienten und Mägden reizende
Begriffe vom Lottospiele bey; und ehe sich's
die Herrschaft versieht: so haben sich die Do-
mestiken so hineingespielt, daß sie schon nach
und nach heimlich vieles entwandt und gestoh-
len haben. Und wie verführerisch ist es nicht
für solche Leute und überhaupt für den gemeinen Mann, der sich mit seiner Hände Arbeit
sein Brodt erwerben muß, daß man selbst mit
einem Groschen sein Glück soll machen können,
und daß so niedrige Zusätze angenommen werden. Bey andern Spielen kann einer, der
nur weniges Geld hat, oft gar nicht mitspielen; sehr niedrige Zusätze werden oft gar nicht
angenommen. Hier hingegen kann jeder so
wenig zusetzen, als er will. Die meisten unter den gemeinen Leuten, so wie selbst die meisten Bemittelten, fangen ihr Spiel auch mit
dem Vorsatz an, daß sie nur sehr wenig wagen
wollen. Sie denken noch nicht, daß sie bald
an nichts mehr als ans Spielen denken werden, daß sie gern höher werden spielen wollen,
und daß sie, indem die Spielneigung bis zur
heftig-

heftigſten Leidenſchaft geſtiegen ſeyn wird, um
vieles zu gewinnen, oder den Verluſt wieder
gut zu machen, andre Leute um das Ihrige
beträgen, ihre Herrſchaft beſtehlen, und ſelbſt
ihre ſonſtige Unſchuld und Tugend für Geld
feil haben werden. Und das iſt doch der Erfolg davon. Man hat an den Oertern, wo
die Lotterien gezogen werden, Beyſpiele, daß
es ſelten ein Haus giebt, wo ſich nicht das
Geſinde durchs Lottoſpiel zur Untreue hat verführen laſſen. Und wem iſt es nicht bekannt,
daß Leute, die einmal untreu zu handeln angefangen haben, eben ſo ſelten zur Treue, als
Trunkenbolde zur Mäßigkeit, zurückkehren.
Der angeführte Umſtand, daß man bey der
Spielſucht ganz natürlich eine Abneigung vor
den ordentlichen Geſchäften bekommt, findet
auch vorzüglich beym geringen Manne Statt.
Wenn die Lotterie den folgenden Tag gezogen
werden ſoll: ſo ſind Viele ſchon ſo voll davon,
daß ſie alles liegen laſſen, und ſich allerhand
unnöthige Erholungen und Luſtbarkeiten erlauben. Den Tag, da die Ziehung erfolgt,
macht man ſich leicht ganz zum Feyertag, indem man auf die Ziehungszeit harrt, der Ziehung beywohnt, und nach der Ziehung von
seinem

seinem Gewinnst schwelgt, oder seinen Verdruß über den erlittenen Verlust, wofern man noch einen Schilling hat, vertrinkt, und in einem Anfall von Raserey das noch vorhandene Geld hindurchbringt.

Uebersehen wir endlich die große Schaar der Lottobedienten in einem Lande, die sonst mit zur Hervorbringung irgend eines wahren Lebensbedürfnisses arbeiteten, und nun nichts thun, als die Ziehungsanstalten machen, und als Collecteure die Menschen zum Spielen verführen, oder selbige sich ins Verderben stürzen sehen: wie viele Menschen sind dadurch dem arbeitenden Theil des Staats entzogen, und verführerische und hart gesinnte Kostgänger des Staats geworden.

Wenn wir nun noch einmal die von unordentlichen Leidenschaften ſbeherrschte Menge der Spieler in allen Ständen uns vorstellen, wenn wir an Alle, die sich und die Ihrigen in Noth und Armuth gestürzt haben, gedenken, wenn wir erwegen, wie viele sonst redliche Menschen nun ehrlose Betrüger geworden sind, und wenn wir dann betrachten, wie sehr Vertrauen, treuer Diensteifer, ein thätiges Leben und nützliche Geschäftigkeit sich vermindert

haben,

haben, und wenn wir es erkennen, wie sehr die ganze Masse der Einwohner einer Stadt und eines ganzen Landes so durch und durch verderbt wird: werden wir dann noch fragen dürfen, ob das Lotto, das im Occident herrscht, mit der Pest des Orients wohl verglichen werden könne, und ob diese Vergleichung nur der Einfall eines witzigen Epigrammatisten seyn könne? *

* Nach der ersten Auflage dieser Betrachtungen sind mir zwo Schriften über dieses Lotto mitgetheilt worden, die ich nicht umhin kann, hier noch anzuführen. Die eine ist zu Hamburg 1774 anonymisch erschienen, unter dem Titel: Die Schädlichkeit der Zahlenlotterie. Hierin sagt der Verfasser S. 4: "Kein Spiel in der Welt ist geschickter, alle ehrliche und anständige Arbeitsamkeit aufzureiben, und aus einer Nation zuletzt lauter Spieler und Bettler zu machen, als die Zahlenlotterie." Die andre Schrift ist die Vorstellung der Bürgerschaft zu Genf an den Rath gedachtes Lotto betreffend, welcher das gedachter Vorstellung völlig gemäße Verbot des Raths beygefügt ist. Die Uebersetzung dieser sonst französisch abgefaßten Schrift ist zu Cölln 1774 herausgekommen. In gedachter Vorstellung findet sich auch eine Untersuchung der Combinationen des Lotto, wovon das Resultat ist, daß, wenn die Spielenden zwey Millionen, sechs hundert

2. Theil.　　　　　　　T　　　　　　　sieben

sieben und sechzig tausend zwey hundert und
funfzehn Mark zusetzen, sie nur drey hundert
sechs und funfzig tausend ein hundert und sunf-
zig wieder gewinnen, und daß also 232156⊙
für sie verloren gehen. In dieser Untersuchung ist auch besonders gezeigt, wie höchst-
nachtheilig vorzüglich die Einsätze auf Amben,
Ternen und Quaternen sind, und woher es
also komme, daß die Collecteure die Einse-
zenden so sehr zu diesen Spielarten zu verführen suchen. Uebrigens sagt die Bürgerschaft
unter andern in ihrer Vorstellung: "Die
Verwüstungen des Lotto seyn desto fürchterlicher, da sie die zahlreiche Klasse derer treffen,
die von ihrer täglichen Arbeit leben. Einzig
und allein dazu calculirt, um außerordentlich
großen Profit zu machen, verberge dieses
Lotto unter einer eben so verführerischen als
verwirrten Gestalt den alle Maaße überschrei-
tenden Nachtheil, der für die Spielenden
daraus entspringt."

Sieben

Sieben und zwanzigste Betrachtung.

Von den Vergnügungen der Jagd.

Wenn es entschieden werden soll, was für einen sittlichen Werth die Vergnügungen der Jagd haben: so muß es vorher ausgemacht seyn, ob die Natur dem Menschen zu seiner Nahrung Thiere bestimmt habe oder nicht. Um darüber einen Ausspruch zu thun, hat man dawider oder dafür Grundsätze angenommen, wobey auf der einen oder der andern Seite der rechte Mittelweg verfehlt ist. Theils hat man angenommen, daß der Mensch gleichsam der Herr der ganzen Schöpfung sey, und daß alles, was da ist, nur ihn glücklich machen solle. Indem man das angenommen hat: so hat man damit auch ihm das Recht zuerkannt, daß er mit allem ganz nach Belieben schalten und walten möchte. Nun hat

T 2   man

man nicht erwogen, wie weit bey der Schöpfung der unvernünftigen Thiere auch mit auf
diese Thiere selbst Rücksicht genommen sey,
und wie weit ein denkendes und die Absichten
der Schöpfung erforschendes Wesen sich so
gegen die Thiere zu verhalten habe, daß diese
Absichten der Vorsehung mögen erfüllt werden. So wurde es denn auch als eine unstrei-
tige Sache angesehen, daß der Mensch sich der
Thiere zur Nahrung und zu allerley Arten des
Vergnügens bedienen könne. In dieser Vorstellung denkt Mancher, daß er nichts Böses
thue, wenn er ohne Ursache ein Thier tödtet,
oder demselben peinliche Empfindungen ver-
ursachet.

Andre verlieren, indem sie darüber nachdenken, worauf Gott bey der Schöpfung aller
Dinge sahe, dabey den Menschen fast aus dem
Gesicht. Indem sie die Urtheile derer, die
alles sich bloß auf den Menschen beziehen lassen, als irrig und hart verwerfen, und einen
Widerwillen gegen diejenigen fassen, die in ihrem stolzen Sinne sich Alles sind; so gehen sie
leicht in ihrer Neigung, den Thieren große
Vortheile einzuräumen, auf der andern Seite
zu weit. Ja sie bleiben oft nicht einmal bey

den

ben Thieren stehen, sondern nehmen sich selbst
des Pflanzenreichs an. Ihnen ist der schon
ein grausamer Mann, der nur einen Baum,
nur ein Gewächs niederhaut. Unter diesen
in Ansehung der Thiere, der Bäume und der
Pflanzen so empfindsam mitleidigen Menschen
giebt es natürlicher Weise denn auch Viele, die
dem Menschen es nicht erlauben wollen, daß er
Fleisch esse. Viele sind in diesem Stücke, wie
in andern Dingen, gegen alle ihre eignen Begierden und Neigungen nachsichtig, erlauben
sich alles, und sind nur so naturfreundlich, wenn
ich mich so ausdrücken darf, in den Stunden
empfindsamer Ueberlegungen, und in den Augenblicken, da sie gerne Andre tadeln."

In beyden Fällen legt man Gedanken zum
Grunde, die uns nicht sicher genug zur richtigen Beantwortung der Frage führen, ob es
uns nämlich erlaubt sey, die Thiere zur Nahrung zu gebrauchen. Es ist nothwendig, erst
zu untersuchen, ob der Mensch so gebaut sey,
daß er durch die Natur zum Fleischessen veranlaßt werde.

Wenn wir erkennen, daß die Menschen in
den Dingen, die sie allgemein zu ihren Bedürfnissen rechnen, überhaupt nicht leicht den Weg

der

der Natur verfehlen: so haben wir auch daraus den analogischen Schluß zu ziehen, daß
sie Fleisch essen dürfen. Denn wir finden,
daß alle Menschen ohne Ausnahme so weit,
als sie sich durch Naturinstinkte, und nicht
durch gewisse von einigen auf die Bahn gebrachten Ideen leiten lassen, das Fleisch zur
Speise suchen. Dieß findet nicht nur bey
Menschen Statt, die unordentlich leben, sondern auch bey Andern, und vereinigt sich also
mit einem solchen Zustande des Menschen, der
den Natureinrichtungen und den Naturgesetzen
sonst angemessen ist.

Auch scheint es erwiesen zu seyn, daß
der Mensch wirklich zu einem Fleisch essenden
Thiere gebauet sey.

Wenn wir nun noch bedenken, daß Gott
in dem Thierreiche überhaupt es so eingerichtet hat, daß viele Thiere andre Thiere
zur Nahrung suchen: so können wir daraus
schließen, daß es auch Gottes Einrichtungen
in der Schöpfung gemäß seyn könne, wenn
der Mensch ebenfalls sich der Thiere zur
Nahrung bedient. Ohne Zweifel dient dieß
dazu, daß überhaupt unter den Geschöpfen
ein gewisses Gleichgewicht zum Vortheil des
Ganzen

Ganzen und der einzelnen Theile des Gan=
zen erhalten werden möge. Hieraus fließt,
daß der Mensch die Thiere nicht ohne Aus=
nahme im ungestörten Genuß ihres Lebens,
ihrer Freyheit und ihres Vergnügens zu las=
sen verpflichtet sey.

Weil der Mensch aber nicht bloß ein nach
Instinkt handelndes Geschöpf ist, sondern aus
der ganzen Einrichtung der Schöpfung es
herauslesen kann, daß alles auf Vollkommen=
heit und Glückseligkeit hinzielt: so erhellt dar=
aus unwidersprechlich, daß er nicht nur dem
unvernünftigen nach Instinkt und Sinnlichkeit
handelnden Thiere in dem Stücke, da nicht
leicht ohne starkes Gefühl irgend eines wahren
Bedürfnisses ein Thier dem andern Freyheit
und Leben raubt, oder eine schmerzliche Em=
pfindung veranlaßt, an Gutartigkeit gleich=
seyn, sondern daß er auch jedes Thier darin
übertreffen müsse. Dieß geschieht, wenn er
nie ein Thier im Genuß der angenehmen Em=
pfindungen, deren es fähig ist, anders stört,
als wenn er dadurch zu irgend einer Glückse=
ligkeit gelangt, die aus der Befriedigung wah=
rer Lebensbedürfnisse oder aus irgend einer
in richtigen Kenntnissen gegründeten und des

T 4   Men=

Menschen, als eines denkenden und wohlthätigen Wesens, würdigen Neigung entspringt.
Zu dieser Art von Neigungen gehört auch dieß,
daß er vermittelst seiner Denkkraft, als einer
von der Vorsehung in die Welt mit hineingelegten Triebfeder, die Haushaltung Gottes
auf Erden und dessen eben so gütige als weise Absichten dadurch befördert, daß er selbst
das Gleichgewicht unter den Geschöpfen mit
erhält, und die raubsüchtigsten Thiere sich
nicht zu sehr vermehren läßt. Vorzüglich hat
der Mensch die Verpflichtung, durch die Art
des Betragens die Thiere zu übertreffen, daß
er selbst so weit, als er seinen wahren Bedürfnissen dadurch nichts entzieht, und als es überhaupt mit den guten und weisen Absichten der
Vorsehung bestehen kann, die angenehmen Empfindungen der Thiere, als die ihnen durch die
Schöpfung zugedachte Glückseligkeit, zu vermehren sucht.   Nachdem diese Grundsätze,
welche über alle Zweifel und gegründete Ein-
würfe scheinen erhoben zu seyn, festgesetzt sind:
so werden wir es nun leicht bestimmen können,
ob das Vergnügen der Jagd den Menschen
zuzugestehen sey, und unter welchen Umständen es uns verstattet werden könne.

Was

Was die zahmen Thiere betrift, so ist es ausgemacht, daß, wenn sie auf eine vernünftige Art zum Nutzen und zur Unterhaltung der Menschen gebraucht werden, selbige im Ganzen dabey gewinnen. Selbige entgehen, indem sie zugleich von dem Menschen verpflegt werden, der Hungersnoth, und werden gegen die Rauhigkeiten der Natur geschützt. Weil sie den auf sie wartenden Tod nicht vorher sehen: so stört die Vorstellung davon sie nicht in dem Genuß ihrer angenehmen Empfindungen. Selbst der Tod kommt ihnen auf eine weit angenehmere Weise, als er käme, wenn eine quälende und Hunger mit sich führende Krankheit sie dahin führte. Was die wilden Thiere betrift: so trift letzteres auch zum Theil bey ihnen ein. Es kann also der Mensch mit Recht eine Freude darin finden, daß er ein zu seiner Nahrung dienendes Thier auftreibt und erlangt. Er folgt so dem Rufe der Natur, und darf es sich nicht vorwerfen, daß er den Gesetzen der Natur und den Geboten Gottes, nach welchen jeder den Gesetzen der Natur gemäß wirken soll, entgegen handelt. Hiebey versteht es sich aber zugleich, daß er den vorhergehenden Betrachtungen zufolge durchaus

T 5

nicht

nicht dem Thiere, das er erjagen will, weiter
eine unangenehme Empfindung veranlassen
müsse, als die Tödtung desselben nothwendig
mit sich bringt, daß er selbiges also möglichst
schnell tödten müsse, und daß ihm endlich so
weit, als er sich denn die Schmerzen desselben
vorstellt, dieses natürlicher Weise unangenehm
seyn müsse. Viel weniger wird er sich es je
erlauben dürfen, sich an den Vorkehrungen,
die den Thieren Schmerzen oder Angst zu=
wege bringen, oder selbst an den Ausdrücken
des Schmerzens oder der Angst zu weiden.
Ja damit er nicht eine Fertigkeit erlange,
Schmerzen und Leiden mit Gleichgültigkeit
anzusehen: so wird es rathsam seyn, daß er,
indem er Thieren die Schmerzen veranlaßt,
die nicht von der Tödtung getrennt werden
können, diese Schmerzen seiner Vorstellungs=
kraft nicht gegenwärtig seyn lasse. Jedoch
muß dieß nicht auf diejenigen Schmerzen aus=
gedehnt werden, die dem Thiere erspart wer=
den können, auf den Fall nämlich, da sie sich
noch durch Bemerkung der Schmerzen bewe=
gen lassen, selbige zu verhüten. Denn, wenn
man beym Anblick der Schmerzen nach und
nach aufhörte, Mitleiden zu empfinden: so
würde

würde es immer gut seyn, überhaupt sich die Schmerzen leidender Geschöpfe nicht vorzustellen.

Wollen wir nun auf die Jagd und auf die Art sehen, wie gejagt wird, oder wie man jagen kann: so werden wir wohl Wenige finden, die es von sich rühmen können, daß sie bey ihren Jagdvergnügungen nach den gedachten Grundsätzen und Vorschriften handeln. Wie Viele finden ein Vergnügen daran, daß ein armes Thier eine Weile in Angst und Noth sey, ehe es von den Hunden ergriffen oder ehe es erlegt wird! Zwar würden wir zu hart urtheilen, wenn wir glauben wollten, daß die Marter und die Angst der Thiere an sich selbst diesen Leuten ein Vergnügen machte. Sie weiden sich vielmehr an den Kraftanwendungen des Wildes, um sich zu retten, und der Hunde, das Wild zu erhaschen. Wären die Menschen nicht aufgelegt, sich, indem sie jene Kraftanwendungen und das darin liegende Interessante vor Augen haben, die Quaal und die Schmerzen der verfolgten Thiere vorzustellen: so würde ein solches Vergnügen unschuldig seyn, weil die Natur der Sache es mit sich brächte, daß es entstünde. Auch würde

der

der Mensch bey jenem Vergnügen, indem er
sich die Leiden der Thiere nicht dächte, keine
Härte nach und nach annehmen. Allein die
Menschen können sich bey dem geringsten Nachdenken es doch leicht vorstellen, daß ein Thier,
indem es gehetzt wird, Angst und Schmerzen
leidet. Auch bleibt ihm der Ausdruck der
Angst und des Schmerzens nicht ganz verborgen. Unvermerkt gewinnt also die Seele bey
dem Vergnügen, das ihr die Bemerkung der
gedachten Bestrebungen oder selbst der Kampf
der Hunde und des verfolgten Wildes macht,
eine Fertigkeit, gleichgültig und fühllos die
davon untrennbaren Leiden sich vorzustellen.
Indem nun die Seele dazu gewöhnt wird, zur
Seite des Vergnügens die Leiden der Thiere
dunkel zu erblicken, und bey Bemerkung der
letztern endlich gar keine Bewegung des Mit-
leids zu empfinden: so kommt sie leicht so
weit, daß sie selbst den Anblick dieser Leiden
liebt, weil sie in Verbindung mit dem Vergnügen, das ihr gedachte Bestrebungen machen,
sich ihr darstellten, und ihr auf die Art angenehm wurden.

Wenn einer die Jagd also liebt, und nicht
sehr viele natürliche Anlage zur Güte in seiner
Seele

Seele ist, und wenn diese Anlage nicht zugleich viele Cultur früh erhalten hat: so ist es natürlich, daß er nach und nach gegen den Anblick fremder Leiden verhärtet wird. Dieß ist vorzüglich der Fall, wenn man von Natur auf alles merkt, und eine Sache nicht leicht bloß von einer Seite ansieht. In dem entgegengesetzten Fall, da die Seele alles einseitig leicht bemerkt, kann es möglich seyn, daß eine Seele in Absicht auf Menschenliebe und die Neigung, selbige zu äußern, unverletzt bleibe, wenn sie sonst eine natürliche Stimmung dazu hat. Ein solcher Mensch kann sich bey der Jagd die Bestrebungen der Hunde, das Wild zu erhaschen oder zu überwinden, und die Bemühungen des Wildes, sich zu retten oder zu wehren, so einseitig vorstellen, daß die Idee von der Angst, die das Wild hat, und von den Leiden desselben gar nicht erweckt wird. Allein Leute von dieser Art müssen zu allen Arten des Guten eine sehr starke natürliche Temperaments = oder, wie man vielleicht richtiger sich ausdrückte, Nervenstimmung haben, wenn man es annehmen soll, daß sie bey einer solchen Seelenbeschaffenheit, da sie sich nur eine Seite der Dinge vorstellen, in den gegen Menschen oder

Thiere

Thiere zu beobachtenden Pflichten nicht leicht
fehlen. Solcher natürlich gutgearteten Menschen giebt es aber gar nicht Viele. Also
kann man annehmen, daß Personen, die sich
alles leicht einseitig denken, die daher, wenn
von der Jagd die Rede ist, sich allein die Bestrebungen der Thiere und nicht deren Angst
und Schmerzen vorstellen, und die also auch
keine Neigung zur Härte bekommen, doch den
Thieren ohne Noth auf der Jagd Angst und
Schmerzen verursachen werden. Und wenn
man ferner auch findet, daß die Menschen nur
zu häufig sich vieles einseitig denken: so ist es
doch auch wahr, daß es sehr Wenige giebt, denen nicht zugleich dunkel die andern Seiten
der Sache vorschweben. Im Ganzen kann
man also behaupten, daß die Liebhaber der
Jagd, indem sie sich an den Bestrebungen der
Thiere weiden, doch dunkel deren Angst und
Schmerzen zugleich bemerken. Wenn sie das
nun thun, und sich dazu gewöhnen, ohne vom
Mitleiden gerührt zu werden: so verlieren sie
ganz natürlich etwas von der leicht entstehenden Mitempfindung mit Andern, und können
immer leichter hart handeln. Wollte man damit zufrieden seyn, daß die Jagd nur ein mäs-

figes

figes Vergnügen mit sich brächte: so wäre wohl nicht zu rathen, daß man die Seele überhaupt von dem Anblick des Leidens der Thiere zurückzöge. Dann würde man durch diesen Seitenblick und durch das so erweckte Mitleiden gehindert, jemals ein Thier ohne Noth leiden zu lassen. Eine solche Stimmung der Seele würde des Menschen vorzüglich würdig und den Thieren am zuträglichsten seyn. Die Thiere würden so nicht weiter im Genuß des Guten, das ihnen zu Theil werden kann, gestört, als es das Wohl des Menschen und das Wohl des Thierreichs überhaupt erforderte, und der Mensch genösse das Vergnügen der Jagd dann in dem Maaße, wie es ihm gebührte. Er behielte die Empfänglichkeit zum sympathisirenden Mitleiden, indem ihm die Bemerkung des Leidens bey dem gejagten Thiere einiges Leiden erweckte, wodurch er immer einen Antrieb erhielte, darauf zu sinnen, wie dem Thiere jede vermeidliche Angst und Pein erspart werden könnte. Zugleich verschafte ihm die Erhaschung einer Sache, die zur Befriedigung wahrer Lebensbedürfnisse mit dient, ein solches Vergnügen, als jedem Geschöpf der Besitz und der Genuß einer Sache gewähren darf,

darf, die ihm zur Befriedigung seiner Lebensbedürfnisse nützlich und nöthig ist. Die so
entstehende gemischte Empfindung von Lust
und Schmerz würde in einem richtigen Verhältniß zur Natur der Sache überhaupt und
zur menschlichen Natur insbesondere stehen,
und also eines vernünftigen Wesens, wie der
Mensch ist, vorzüglich würdig seyn. Bey diesem gemischten Gefühl von Lust und Unlust
würde doch die Empfindung des Vergnügens
von größerm innern Gehalt seyn, als das Gefühl des Mißvergnügens, und also die Seele
überhaupt in eine angenehme Lage setzen. Mit
diesem Uebergewicht des Vergnügens sollte
der Mensch auch, als ein guter und genügsa-
mer Sohn der Natur, zufrieden seyn, so wie
er Muth, Stärke und Ordnungsliebe genug
haben müßte, um dem Gefühl des Leidens,
das aus dem Mitleiden auf die bemerkte Art
entspringt, und das ihm zur Erhaltung der
Neigung, keinem Thiere ohne Ursache Weh zu
thun, so dienlich ist, sich nicht entziehen zu
wollen.

Wollte der Jagdfreund indessen nicht gerne
jenen Zusatz des Schmerzens tragen, und sein
Jagdvergnügen reiner und lebhafter genießen,
wozu

wozu auch deswegen nicht zu rathen wäre,
weil er nicht nur gar zu leicht, auch bey den
besten Vorsätzen, dann oft doch das Thier zu
viel leiden läßt, und weil gar zu leicht die Neigung zur Jagd eine starke Leidenschaft wird,
und ihn von seinen Geschäften zu sehr abzieht:
so würde er unter der Bedingung doch nur das
Auge gegen die Bemerkung der Angst und der
Quaal, welche die gejagten Thiere leiden, zu-
schließen dürfen, daß er, bevor er sich die Jagdvergnügungen erlaubte, sorgfältig über alle
Mittel nachdächte, wodurch den Thieren unnöthige Angst und Pein erspart werden könnten,
und daß er immer seine Jagd darnach einrich-
tete, und es sich zum Gesetz machte, nie von
den Regeln, die er bey der vorgängigen Ueberlegung festgesetzt hätte, in dem Genuß der
Jagdvergnügungen abzuweichen. Auf diese
Art genösse er dann das Vergnügen gleichsam
lauter, und weil ihm die Leiden der Thiere
nicht vorschwebten: so würde er auch nicht sich
dazu gewöhnen, Leiden fühllos zu ertragen,
und so würde er überhaupt keine Unempfind-
lichkeit und Härte gegen Menschen und Thiere
annehmen. Diesen Ideen zufolge würde ein
menschlich gesinnter Jäger weit lieber das Wild

2. Theil.   U   mit

mit einem Feuergewehr tödten, als es eine
Weile durch Hunde ängstigen, weit lieber es
durch ein vortrefliches Windspiel schnell errei=
chen, als dasselbe durch weniger schnelle oder
starke Hunde lange jagen lassen.

Nach diesen die gewöhnliche Jagd betreffen=
den Untersuchungen werden wir, meine Her=
ren, es wohl nicht weitläuftig untersuchen dür=
fen, wie wir von der Parforcejagd zu urthei=
len haben. Es ist bekannt, daß das Wild da=
bey so lange gejagt und geängstigt wird, bis
es todt dahin fällt, und daß es endlich nicht
einmal den Liebhabern dieser Jagdvergnügun=
gen zur Nahrung dienen kann. Da aus dem
vorhergesagten erhellt, daß wir nur so weit
Thiere tödten dürfen, als uns dadurch zu we=
sentlichen Bedürfnissen dienende Güter ge=
raubt werden, oder als wir sichtbar das erfor=
derliche Gleichgewicht unter den Thieren selbst,
oder zwischen den Thieren und uns dadurch
gestört sehen, und daß die Jagdvergnügungen
nur so fern zu billigen sind, als wir Thiere zu
unserm Unterhalt brauchen, und wir selbige
nicht ohne Noth irgend eine Angst und Pein
ausstehen lassen: wie werden wir denn eine
Art der Jagd rechtfertigen können, wobey der
                                          wesent=

wesentliche Endzweck, dessentwegen die Jagd den Menschen verstattet werden kann, ganz wegfällt, und wobey bloß das Statt findet, was bey der Jagd aufs sorgfältigste vermieden werden muß. Es würde zu viel gesagt seyn, wenn wir behaupten wollten, daß diejenigen, welche solche Jagden anstellen oder denselben beywohnen, nothwendig grausame Menschen seyn müßten. Von Manchen weiß man wenigstens das Gegentheil. Die Seele der Parforcejäger macht oft ganz einseitig die Bestrebungen des Wildes, zu entfliehen, zu ihrem Augenmerk, und verbindet damit das eigne Bestreben und das Bestreben des Pferdes, dem Wilde seine Bemühungen zu vereiteln. Indem sie sich nun nicht die Marter der Thiere vorstellt: so nimmt sie auch keine Fühllosigkeit und Härte in Ansehung der Leiden der Thiere und der Menschen an, welches nur geschieht, wenn man die Leiden und die Marter bemerkt, und selbige gleichgültig oder selbst mit Vergnügen ansieht. Allein wenn man gleich es zugeben muß, daß einer, der der Parforcejagd beywohnt, noch von Grausamkeit entfernt bleiben kann; wenn es gleich dem Menschen bis auf einen hohen Grad möglich

U 2 ist,

ist, eine Sache bloß einseitig anzusehen: so
verliert doch der Parforcejäger ganz gewiß
etwas, wo nicht vieles, von der natürlichen
Güte des Herzens. Bey der ordentlichen Jagd
ist es schon nicht leicht, den Blick der Seele
ganz von der Bemerkung der Angst und der
Pein, die das gejagte Thier leidet, zurück zu
ziehen. Wie viel weniger kann dieß dann bey
der Parforcejagd geschehen, wobey das Thier
so oft in der sichtbarsten Gestalt der Angst
und der Noth erscheint! Stellt man sich diese
Angst und Noth gleich nicht mit deutlichem
Bewußtseyn vor: so bekommt man doch dunkle
Vorstellungen davon, und, indem man diese
dunkeln Vorstellungen, ohne von Kummer und
Mitleiden bewegt zu werden, ertragen lernt:
so kommt man gar leicht dahin, daß man auch
Andrer Leiden fühllos ansehen kann. Auch ein
Herz, das einen hohen Grad natürlicher Güte
hat, nimmt also eine Art des Verderbens an
in Absicht auf diese liebenswürdige menschliche
Eigenschaft. Und sehen wir dann auf die
Sache selbst: welche Ausdrücke sind stark genug, um die Quaal der Thiere und die gegen
sie verübte Grausamkeit gehörig zu bezeichnen
und ins Licht zu stellen! Wie sehr handelt
hier

hier der Mensch, der zur Handhabung der Ge=
rechtigkeit und einer guten Ordnung unter den
Thieren mit bestimmt ist, und der durch die
ihm verliehenen Verstandskräfte und durch die
davon abhängenden Thätigkeiten, als ein
treuer Diener Gottes und als ein so hochbe=
gnadigter Theilnehmer an dem Geschäfte Got=
tes, jedes Geschöpf nach dem Maaß der dem=
selben ertheilten Fähigkeit durch angenehme
Empfindungen glücklich und froh zu machen,
den gütigen Absichten des Schöpfers entgegen,
und wie weit irrt er hier von seinem Natur=
berufe ab! Wie unnatürlich ist es, daß der
Mensch ein Vergnügen an dem soll finden kön=
nen, an welches er nicht ohne heftigen Abscheu
und ohne Grausen denken sollte! Sähen wir
nicht so viele Beyspiele vom Genuß eines sol=
chen Vergnügens, und dächten wir dann über
die uns bekannten Naturgesetze und des Men=
schen natürliche Bestimmung nach: wer würde
es nur von ferne argwöhnen können, daß so
eine Art des Vergnügens unter den Menschen
seyn könnte, als das sogenannte Vergnügen
der Parforcejagd ist? Die Edlen und Großen
dieser Erde hängen diesem Vergnügen freylich
zum Theil mit einer Art der Unschuld nach,

U 3   indem

indem sie theils sich nicht die Marter der Thiere
genug vorstellen, theils die Sache selbst nicht
genug untersuchen, theils endlich zu wenig
über den Beruf des Menschen und dessen Bestimmung zu wohlthätigen und Glückseligkeit
für alle Geschöpfe Gottes mit sich führenden
Handlungen nachdenken. Wenn ich indessen
sage, daß sie es mit einer Art der Unschuld
thun: so sind sie doch bey weitem nicht schuld-
los. Denn welche unter den Menschen sind
mehr verpflichtet, über den Werth ihrer Handlungen nachzudenken, als diejenigen, welche
mit ihren Handlungen in einen weit größern
Umkreis von Menschen und Thieren Einfluß
haben, als andre Menschen! Möchten daher doch alle diejenigen, welche an der Erziehung und Bildung derer arbeiten, die über
ihre Mitbrüder zu regieren bestimmt sind, den
Gedanken vorzüglich zu einem lebendigen Gefühl bey jungen Prinzen und Adelichen zu erheben suchen, daß sie immer ihren großen Beruf, in allen ihren Handlungen wohlthätig gegen Menschen und Thiere zu seyn, lebendig
vor Augen haben sollten. Und denken wir
hier an die Parforcejagd: wer kann sich enthalten, Weh über diejenigen Lehrer und Füh-
rer

rer auszurufen, die nicht frühzeitig ihren fürst-
lichen Zöglingen einen lebhaften Abscheu gegen
die Grausamkeiten einer solchen Jagd beybrin-
gen! Von den großen Gefahren, worin sich
die Liebhaber dieser Jagd selbst in Verfolgung
des Wildes stürzen; und von der Strafbarkeit
eines solchen Verfahrens, die desto größer ist,
je mehr an deren Erhaltung einem Lande oder
einer beträchtlichen Anzahl von Menschen ge-
legen ist, und von der Zugrunderichtung der
Pferde, welche zu einer solchen Jagd gebraucht
werden, habe ich noch nichts gesagt. Und
wie sehr verdient doch auch diese Betrachtung
mit in Erwägung gezogen zu werden! Einen
mildern Namen hat diejenige Art der Jagd,
welche man die Schweißjagd nennt. Aber
was ist es, worin selbige minder hart und
grausam ist? Bey derselben wird das Wild,
das zu Tode gejagt werden soll, erst angeschos-
sen, damit es den Jagdliebhabern leichter werde, dem schon sogleich durch Verwundungen
und Blutverlust geschwächten Wilde zu folgen.
Zwar hat die Quaal des Thieres nun gewöhnlich eher ein Ende, indem es eher fällt; allein
wie grausam ist es dagegen, wider den natürlichen Trieb des Thiers, nach erfolgter Ver-

wundung

wundung Ruhe und Heilung zu suchen, es
ganz unbefriedigt und mit Angst, Schmerz,
Ermattung und Tod zugleich ringen zu lassen!

Nach allen diesen Betrachtungen werden
wir uns freylich freuen, daß die Parforcejag‐
den bey so vielen Fürsten schon aufgehoben und
abgeschaft sind; aber wie kann unsre Freude
vollkommen seyn, so lange diese Art der mensch‐
lichen Grausamkeit nicht gänzlich ausgerottet
ist, oder derselben Rückkehr noch gefürchtet
werden kann!

Acht

Acht und zwanzigste Betrachtung.

Von den edelsten Freuden und Vergnügungen der Menschheit.

———

Wollten wir, meine Herren, sorgfältig herum forschen: so dürften sich noch vielleicht manche Vergnügungsarten finden, woran die Menschen hie und da sehr hängen, und welche nicht unter die schon angeführten Klassen der Vergnügungen mit gebracht werden können. Allein theils würde die Betrachtung derselben, wofern sie nicht auch unter uns Staat fänden, oder uns bekannt wären, uns wenig angenehm und die Bestimmung der Sittlichkeit derselben ohne großen Nutzen für uns seyn, theils würden wir die Schranken überschreiten, die diesen Betrachtungen haben gesetzt werden müssen. Wir

wollen

wollen also nur noch untersuchen, welche Vergnügungen besonders des Menschen würdig
sind, und vor welchen Abirrungen sich der
Mensch dabey zu hüten hat. Was schon anfänglich angemerkt ist, muß leider hier noch
wiederholt werden, daß nämlich die Menschen
unter dem Namen der Vergnügungen nicht
leicht die edlen Freuden der Menschheit ver-
stehen, die sie immer vorzugsweise ihre Vergnügungen nennen sollten. Was dem Menschen mehr, als irgend etwas, ein reizendes
Vergnügen machen sollte, ist die immer mehr
und mehr fortschreitende glückliche Entwicke-
lung der Seele zur Erkenntniß der Natur und
ihres großen Urhebers, zur Erkenntniß des
Verhältnisses, worin der Mensch zu Gott, zu
der Erde und deren Geschöpfen steht, und zu
einer feurigen Neigung, allen erkannten Verhältnissen gemäß zu leben, und nach Gottes
Muster ein wohlthätiges edles Wesen zu seyn.
Des Menschen Seele müßte von wonnevollen
Empfindungen überfließen, wenn sie ein Wesen, auf welches sie mehr Einfluß durch Ent-
schließungen und Thätigkeiten haben kann, als
auf irgend ein anders in der Schöpfung, das
heißt, sich selbst zu einem nicht geringen Grad

der

der Vollkommenheit an Kenntniß, Tugend und
nützlichen Geschäften durch die ihr verliehenen
Kräfte erhebt, so in der Reihe der Dinge im=
mer mehr und mehr ein wohlthätiges Geschöpf
wird, und es erwarten kann, daß ihr großer
Urheber in diesem Zustande mit ihr zufrieden
und sein Wohlgefallen an ihren Kraftanwen=
dungen haben wird. Alle andre angenehme
Empfindungen, welche in dem Seelen= und
Leibesgenuß mit Rücksicht auf irgend ein Gut
dieser Welt gegründet seyn, und daraus ent=
springen können, sollten nur für uns Vergnü=
gen und Freuden werden, so fern sie zu den
erwähnten erkannten Verhältnissen und darin
gegründeten Neigungen und Handlungen
stimmten. Diese Vergnügungen würden, in=
dem sie durch Befolgung der erkannten Na=
turgesetze und durch das Hinstreben nach Voll=
kommenheiten, die dazu stimmen, zugleich mit
veranlaßt würden, oder selbst den Menschen
zum höhern Genuß der ersten und erhabensten
Glückseligkeiten immer mehr geschickt mach=
ten, freylich auch nicht geringe Vergnügungen
seyn. Ja, sie würden selbst ein größeres Ge=
halt an Glückseligkeit haben, als je einer da=
durch erhalten kann, der nur nach solchen Ver=
gnügun=

gnügungen hascht, und sie nicht erhabnern
menschlichen Freuden unterordnet.   Allein der
Mensch würde doch weit entfernt seyn, sie
vorzugsweise mit dem Namen der Vergnügungen zu belegen, oder vorzüglich an sie zu denken, wenn von Vergnügungen die Rede wäre.
Ist es nun ausgemacht, daß ganz andre Empfindungen und Seelenbewegungen des Menschen vorzüglich würdige Vergnügungen sind,
als diejenigen, welche wir gewöhnlich so nennen: warum sollten denn die Menschen, deren
Amt und Lage es mit sich bringt, daß sie auf
menschliche Seelen wirken, und Ideen und
dazu stimmende Namen veranlassen, nicht es
sich erlauben können, einen solchen Ausdruck,
als das Vergnügen ist, vorzüglich denjenigen
Seelenbewegungen eigen zu machen, die durch
richtige und nützliche Kenntnisse, durch eine in
Neigungen und Trieben wohlgeordnete Seele
und durch zu beyden stimmende Handlungen
veranlaßt werden? Dürften wir nicht hoffen,
daß, wenn die Menschen es erst lebhaft genug
erkennten, was sie vorzüglich Vergnügen nennen sollten, nicht nur diesen denkenden Menschen, sondern auch Andern diejenigen Kennt-
niß- und noch mehr diejenigen Tugendbestre-
bungen,

bungen, die Vergnügungen genannt werden,
eben deswegen mehr angenehm würden, weil
ihre Benennung schon angenehme Empfindungen, Vorstellungen und Seelenbewegungen an-
kündigten.

Sollte es indessen den wärmsten Freun-
den der nützlichsten Kenntnisse und den eif-
rigsten Beförderern glückselig machender Neigungen und Handlungen nicht gelingen können, den uns so sehr erniedrigenden Sprach-
gebrauch dieses Worts zu ändern: so müssen
wir alle, die wir uns dazu zählen, wenigstens
nie aufhören, den Menschen es hell sehen zu
lassen, was sie eigentlich Vergnügungen nennen sollten, und so müssen wir die Sache selbst
in ihrem ganzen Werthe mit allen ihr eigen-
thümlichen Reizen den Menschen zu zeigen,
und eine lebendige Aufmerksamkeit auf die
Quelle der besten, reinsten und der menschlichen Natur vorzüglich würdigen Vergnügungen zu erregen uns bestreben.

Manche werden hier freylich behaupten,
daß Lehrer, Anführer und Regierer der Menschen sich eine eitle Mühe machen, indem sie sich
bestreben durch Bildung, Lenkung, Unterricht
und Beyspiel die Menschen zu einer höhern

Stufe

Stufe des wahren Adels der Menschheit zu erheben. Sie mögen das immerhin behaupten und in ihrem Wahn annehmen, daß die Masse des moralischen Guten und Bösen unter den Menschen bey jeder Art der Cultur gleich sey. Gedanken, die den Muth des edlen Menschen so leicht bey seinem Hinstreben zu jeder Vollkommenheit niederschlagen, und die die ringenden und emporstrebenden Kräfte desselben so sehr gefangen halten, und, ich freue mich auch hinzusetzen zu können, die so irrig sind, sollen uns nicht in jenen unsern Vorsätzen und Bemühungen irre machen. Erfahrung, Geschichte und Nachdenken lehren uns, meine Geliebten, daß die Verkettung der Ursachen und Wirkungen in der moralischen Welt der Causalverbindung und den Ereignissen in der physischen Welt höchst ähnlich ist, und damit in einem harmonischen Verhältniß steht. Und wer sagt je, daß die Masse des fruchtbringenden Triebes und der Früchte selbst immer auf der Erde und in jedem Theile der Erde gleich war. Was waren Deutschland, Dännemark, Engelland, Rußland und so viele andre Länder vor tausend und mehrern Jahren in Vergleichung mit dem, was sie itzt nach so vieler er-

halte-

haltenen Cultur find! Und welches Land des
Orients, welches an Fruchtbarkeit und Anmuth
verloren hat, verlor sie nicht wegen vernachläs-
sigter Cultur! Folgten nicht immer Schönheit,
Fruchtbarkeit und Güte des Bodens, wenn
anders in diesem Anlagen und Kräfte schlum-
merten, dem Fleiße des ihn bebauenden und
desselben wartenden Einwohners nach? Und
der bey so vielen Menschen so reiche Boden
des Geistes und Herzens, die weit feiner und
schneller wirkenden Triebfedern und Kräfte
des Menschen sollten den Fleiß dessen, der
durch Sachvorstellungen, durch mannichfaltig
gemischte aus der mannichfaltigen Natur her-
ausgeschöpfte Ideen und durch dazu stimmende Reize zu Neigungen, Bewegungen und
Handlungen seiner Seele eine zu seinen Absichten und zu der Natur des Bodens passende Cultur giebt, ganz unbelohnt lassen?
Ist denn wohl irgend einer unter meinen Zu-
hörern so jung, oder in seinem bisherigen Leben so wenig Beobachter gewesen, der nicht
Beyspiele wüßte, daß irgend eine wahrhaftig
menschenfreundliche und Tugend und Gerechtigkeit mit warmen Eifer befördernde obrigkeitliche Person, daß ein den ganzen Sinn seines

nes Berufs begreifender und von so starkem
als sanftem Eifer brennender Lehrer der Schu-
le oder der Kirche, oder ein in Ansehen le-
bender wohlthätiger, frommer und weiser
Hausvater, Häuser, Dörfer, Städte und Gemeinen in eines Menschen Lebensalter gleichsam umwandelte, und den nahe anliegenden
nachläßig bebauten und mit Disteln und Dor-
nen überwachsenen Gegenden zur Seite, an-
muthige, gesunde, dauernde und sich selbst ver-
vielfältigende Früchte der Wahrheit, Tugend
und Frömmigkeit hervorgehen ließ? Laßt uns
nur, meine Werthesten, als ächte Söhne Gottes und als unserm größten Oberherrn mit eif-
riger Treue ergebene Diener und Helfer in seiner Haushaltung arbeiten und kämpfen, um
allerley Arten des Guten zu schaffen, und den
Menschen edlere Begriffe von ihrer Würde,
ihrer Bestimmung und der ihnen, als Menschen, gebührenden und erreichbaren Glückseligkeit beyzubringen suchen; laßt uns nur
wandeln, wie wir lehren, und es an uns zeigen, daß im treuen Gehorsam gegen Gottes uns
zur Glückseligkeit führende und durch Schrift
und Natur uns gegebene Gebote, in einem zu
immer mehrer Veredlung des Menschen hin-
streben-

strebenden Leben und in heilsamer, den erhaltenen Kräften angemessener Thätigkeit wir
die hohe der menschlichen Natur würdige Wonne gefunden, die wir Andern anpreisen! O!
wir werden immer in dem Umkreise, worin
wir wirksam sind, viele Früchte richtiger und
heilsamer Kenntnisse und glückseligmachender
Religion und Tugend hervorbringen können.

Denkt nicht, meine Freunde, ich wähnte, es
dürfte am Ende Unvollkommenheit nicht mehr
das Loos der Menschheit seyn. Ich fühle es
lebhaft genug, daß der nach Vollkommenheit
ringende Mensch, wie weit er auch kommt,
noch immer Ziele der Vollkommenheit sieht
und sehen muß, von denen er noch weit entfernt bleibt, daß er als unpartheyischer Prü-
fer seiner selbst, je schärfer er sieht, desto mehrere Mängel immer entdeckt, und daß ein
stolzer über menschliche Unvollkommenheit sich
erhaben dünkender Mensch noch immer in den
wesentlichsten Stücken der Vollkommenheit ein
sehr kurzsichtiger und nicht weit in die Natur
der Sache eindringender Mensch ist. Welcher
vorgeblich großer Gelehrter und welcher scheinbar großer Heiliger und Tugendheld nicht bescheiden und von Herzen demüthig blieb, war

2. Theil.   X   nie

nie ein großer Gelehrter, nie ein großer Heiliger. Und laßt uns diesen Gedanken nicht
traurig machen. Welch ein Glück, daß Geschöpfe, die ewig leben sollen, ewig in Vollkommenheiten fortschreiten und die Wonne des
Weitergehens erwarten können! Wir müßten
Gott seyn, oder wir wären einst elend, wenn
wir einmal an ein Ziel kämen, über welches
wir nicht hinausgehen könnten.

Aber ich fühle Sie, meine geliebten Freunde, bewegt; Ihre Seele fängt an vor Begierde zu entflammen, gesegnete Werkzeuge der
Vorsehung zum Besten Ihrer Mitmenschen zu
werden, selbige zu den reinen und erhabenen
Vergnügungen, zu denen der Mensch gelangen kann, hinzuführen, und selbst in starken
Zügen aus der besten Quelle der besten Vergnügungen zu trinken. Sie denken nun an
die Kenntnisse, an die Neigungen und Handlungen, die uns jenen Nectar der menschlichen
Vergnügungen in unsern Freudenkelch hinein-
strömen lassen. Wohl Ihnen, indem Sie Sich
so bewegt finden, indem Sie diese Gedanken
in Ihrer Seele auf- und abwelzen!

Wie gerne möchte ich Ihre Blicke nun über
das ganze große Feld der Kenntnisse und Thätigkeiten

tigkeiten hinführen, wo nie verſiegende und
reiche Quellen der edelſten menſchlichen Freuden gefunden werden können! Wie gerne
möchte ich Ihnen in dem Eden, das unſre Erde noch für die Weiſern unter den Menſchen
hat, die verſchiedenen Plätze zeigen, wo noch
jede Klaſſe der Menſchen eine reiche Fülle der
edelſten menſchlichen Freuden ſicher finden
kann! Allein wie lange würden wir in dieſem
Luſtgarten der Menſchen mit unſern Augen
herumwandeln müſſen, um alles gehörig zu
bemerken! Und wie ſollte ich, indem ich daran
dächte, Ihnen alles, wie es iſt, darzuſtellen,
nicht auch zittern, und fürchten, alles möchte
in dem Gemälde, daß ich Ihnen gäbe, auf der
Charte, die ich entwürfe, zu viel von den ihm
eignen Reizen verlieren! Und wie viel mehr
muß ich das fürchten, wenn ich alles nur in
einem Grundriſſe, wie das hier ſeyn müßte,
nur nach den erheblichſten Zügen ſchilderte!
Und doch kann ich der Verſuchung nicht wider-
ſtehen, letzteres zu thun. Und darf ich nicht
glauben, daß Ihnen nach allen den vorhergehenden Betrachtungen nicht leicht eine Gegend
dieſes Edens fremd mehr ſeyn könne, und daß
Sie, indem ich die reichſten und beſten Freu-

X 2 den-

denquellen zeige, Sich leicht Selbst die Thä-
ler, wodurch sie fließen, dabey bemerken
werden?

Wohl, so laßt es uns sehen, was die Menschen vom Regenten an bis zum Hüttenbewohner hinunter in ihrem Geiste und Herzen
und in ihren Thätigkeiten sich für Vergnügungen hier auf der Erde zubereiten können.

Große Sterbliche, wie glücklich seyd ihr,
wie viel des Guten könnt ihr, wie leicht es
thun! So ruft der Sänger des Meßias aus,
indem er an die Regenten denkt, und es lebhaft fühlt, worin deren großer Vorzug, deren
eigenthümliche hohe Glückseligkeit besteht.
Und worin besteht dieser Vorzug, diese hohe
Glückseligkeit anders als in dem großen
Vermögen, weit umher Vollkommenheit und
Glückseligkeit zu verbreiten, und einen Platz
hier auf Erden zu haben, wo man, wie sehr
auch die Gottheit über das Vollkommenste
und Wirksamste aller Geschöpfe erhaben ist,
doch unter den Menschen dieser Gottheit
am nächsten ist, und in dem großen göttlichen Geschäfte, Vollkommenheiten aller Art
allenthalben entstehen, und empfindende
und denkende Wesen glückselig werden und
sich

ſich ihres Glücks freuen zu laſſen, der Gottheit erſter Theilnehmer und Mitwirker ſeyn
kann? Die Geſchichte der Könige lehrt es
freylich, daß deren Geiſt nur zu häufig zu
armſelig klein iſt, als daß ſie ihr großes gött-
liches Amt hell aus dieſem Geſichtspunct anzuſehen, und eine Vorempfindung von den
wonnevollen wahrhaftig göttlichen Vergnügungen zu erhalten wiſſen, die ihnen im reichen
Ueberfluß zuſtrömen würden, ſo bald ſie das
hohe Geſchäft jener Theilnehmerſchaft treu und
eifrig verwalten wollten. Was dem Fürſten
mehr, als irgend einem würdigen Menſchen,
gering und ſchmacklos ſeyn ſollte in Vergleichung mit den hohen Freuden, die ihm ſeine
Regierungsgeſchäfte geben können und gewiß
geben, wenn er ſie genießen will, nämlich jede
ſinnliche Ergötzlichkeit, die den Regenten nie
weiter müßte angenehm ſeyn können, als ſie
zur nöthigen Erholung von den Regierungsar-
beiten erforderlich wären, und den Ton der
Kräfte wieder herſtellten, darin verſinken leider ſo viele Regenten, wie die Unwürdigſten
unter den Menſchen. Was für Könige nur
ſo weit einen Werth haben ſollte, als es ein
ächtes äußerliches Merkmal von der wahren

König-

königlichen Würde, das ist, von einer über ein
ganzes Volk sich weise verbreitenden Wohlthätigkeit und zur Glückseligkeit des Volks
angewandten Macht ist, nämlich äußerlicher
Glanz und äußerliche Ehrfurchtsbezeigung des
Volks, bekommt leider für viele Regenten
Reiz und Werth, wenn gleich die dadurch zu
bezeichnende Sache ganz fehlt. Nur zu viele
Regenten vergessen es leider, daß alle diese
äußern Zeichen des Glanzes und der Ehrerbietung sie zu einem tiefen Gefühle von Schaam
bey dem Gedanken bringen sollten, daß sie das
nicht sind, was sie nach diesen äußerlichen Zeichen seyn sollten und zu seyn vorgeben. Aber
wir wollen nicht sehen, was die Fürsten nur zu
oft sind, und in welches tiefe Elend sie sich
hineinstürzen, wenn sie die ihnen gebührende
und von ihnen mit Recht geforderte Würde
nicht behaupten, und in einer Stunde des
Nachdenkens sich in ihrer Nichtigkeit und Un-
würdigkeit erblicken, sondern wir wollen nur
sehen, wie göttlich glücklich Regenten seyn können. Und welche Seligkeiten warten schon
auf sie, wenn sie es fühlen, daß sie die Bedingung mit Eifer erfüllen, unter welcher nur
der Mensch über Menschen Macht erhalten
                                        sollte,

sollte, daß sie nämlich als zärtlich gesinnte und
weise handelnde Väter des Volks ganze Millionen glücklich machen. Welche Glückseligkeit ist es schon, wenn man auch nur einen
Menschen aus Elend und Noth herausgerissen
und ihn auf eine Laufbahn der Glückseligkeit
gebracht hat! Wie hohe namenlose Wonne
muß es denn nicht seyn, wenn ein Regent ein
ganzes Volk durch seine weise Regierung von
einer Stufe der Glückseligkeit zur andern stei-
gen sieht! Wie eine wollustreiche Betrachtung
muß es nicht für denselben seyn, wenn er bedenkt, daß seine wohlthätigen Handlungen
durch die Lage, worin ihn die Vorsehung gesetzt hat, einen so hohen innern Werth erhalten, und in vielen Tausenden einen erhöhten
Glückszustand bewirken, und ganze wüste und
unfruchtbare Strecken des Erdbodens zu
fruchtbaren und anmuthigen Gefilden um-
wandeln können! Und indem er das denkt,
welche Ströme freudiger und dankbarer Bewegungen werden seine Seele über die Vorstellung durchströmen, daß die Gottheit ihn
eben in der Reihe der Menschen einen Platz
bekommen ließ, wo er in einem solchen Um-
fang Glückseligkeiten und Vollkommenheiten

X 4   schaffen

schaffen konnte! Denn er wird es sich sagen,
daß mancher edle zum Wohlthun und zur Ver-
breitung von allerley Vollkommenheiten und
Glückseligkeiten geschaffene Geist oft an einer
Stelle steht, wo er mit hundertfältig mehrerer
Anstrengung nur auf einem Fleckchen des Erdbodens, nur bey wenigen Menschen sichtbare
Wirkungen der erhöhten Vollkommenheit und
Glückseligkeit hervorbringen kann. Und wenn
er sich das sagt, und dann findet, daß es schon
eine himmlische Wonne ist, wenn ein Mensch
auch nur einen dem Elende entreißt, auch nur
einen zu einer merklichen Stufe der Glückseligkeit erhebt: wie viele Mühe wird er, wenn
er einer der besten unter denjenigen Menschen
ist, deren Schicksal er sich anvertrauet sieht,
wie viele Mühe wird er dann haben, die hohe
himmlische Wonne zu ertragen, die auf ihn
zuströmen muß; wenn er sieht, daß er millio-
nenfältig so viel thun, ganze Schaaren be-
glückseligter Mitmenschen vor den Blicken seiner Seele haben kann. Er wird und muß
in einem Meer von himmlischer Wollust
schwimmen, wenn er eine ganze mit warmer
Liebe, inniger Verehrung und lebhafter Dankbarkeit ihm ergebene Nation theils wirklich,
theils

theils in der Vorstellung vor sich erblickt, sich
sympathetisch gleichsam in alle diese Menschen
umgeschaffen sieht, und in und mit allen ihre
Freuden genießt, als wären es bloß seine Freuden, oder als wäre aller Wesen und sein Wesen
eins geworden. Und sieht er auf die Glückseligkeiten, die er schaffen kann, wie man-
nichfaltiger Natur sind selbige nicht! Ganz
gewiß wird seine erste und größte königliche
Freude, wenn er sie alle richtig schätzt, diese
seyn, daß er allen Mitmenschen, die er leitet,
einen glückseligen Seelenzustand verschaffe, die
besten und nützlichsten Kenntnisse nach den verschiedenen Lagen, worin sie sind oder seyn können, zuführe, eine zu heilsamen Kenntnissen
stimmende Ordnung in den Neigungen bewirke, einen Geist der Menschenliebe, der Gerechtigkeit und Wohlthätigkeit unter selbigen rege
mache, feurigen Eifer zu nützlichen Geschäften
erwecke, und sein Volk dahin bringe, daß es
an nützlicher Geschäftigkeit und Arbeit seine
süßten Vergnügungen finde. Und wie ein
wonnevolles Geschäfte muß es für ihn seyn,
wenn er nun, um den Brüdern, deren Vorste-
her er ist, jene größten Vortheile zu verschaffen, daran arbeitet, der Gesetzverwaltung, dem

X 5 Lehramt,

Lehramt, der Rechtspflege, dem Militairwesen, und allen Theilen der großen Staatshaushaltung eine solche Einrichtung zu geben, daß Unterricht und Wandel und Betragen aller derer, durch welche er sein Volk leitet und regiert, die große Wahrheit laut und mit eindringlicher herzgewinnender Kraft seinem Volke predige: Der Mensch ist nur durch heilsame Kenntniß, nur durch wohlgeordnete Neigungen und Triebe, nur durch Arbeit und Geschäftigkeit, nur durch Wohlthätigkeit und gegenseitigen Genuß der Liebe glücklich, geht dadurch nur muthig dem Tode entgegen, und öfnet dadurch nur sich eine frohe Aussicht übers Grab hinaus. Und wenn er daran arbeitet, daß seine ganze Staatsverwaltung diese Wahrheit verkündigen möge, und wenn er so zugleich den Einwohnern seines Reichs nach ihren verschiedenen Lagen und Fähigkeiten so viele äußerliche Glückseligkeit verschafft, als mit der Begränztheit unsers Geschlechts und mit der Natur unserer Erde und dessen, was darin, darauf und darüber auf uns wirkt, bestehen kann: wie viele herrliche Freuden warten auf ihn, wenn er allenthalben alles nach seinen und seiner weisen Räthe Einrichtungen

in

in seinem Staat zur Erreichung seiner Absichten sich bewegen und wirken sieht, und wenn
er die guten Erfolge bemerkt, oder durch einen
unrichtigen Lauf irgend eines Triebrades einen Wink erhält, auf dessen Verbesserung zu
sinnen! Indem er die Einschränkung seines
Vermögens fühlt und sieht,, daß er bey der
nöthigen Uebersicht des Ganzen und bey der
Prüfung aller Haupttriebwerke der Staats-
maschine, oder aller Entwürfe, die zur Verbesserung alter Einrichtungen oder zu neuen
Anordnungen bestimmt sind, nicht Muße und
Kräfte genug hat, selbst viel Einrichtungen mit
hinlänglicher Rücksicht auf alle dabey zu erwä-
genden Umstände mit Vorsicht und weiser Ueberlegung zu machen: wie ein angenehmer
Gedanke muß es für ihn seyn, daß es nicht
an treuen, einsichtsvollen und weisen Männern
unter seinem Volke fehlt, welche ihm in allem
beystehen können; und wie ein angenehmes
Geschäft muß es zugleich seyn, indem er selbige besonders unter denen sucht,. die bescheiden
zurück stehen, aber Geist und Herz voll von
Kenntnissen und feurigen Trieben haben, um
ihm zur Erreichung seiner Absichten ihren
Dienst mit Einsicht und Kraft zu weihen

und

und weißen zu können! Sind die Kräfte der
Seele und des Leibes in diesen mannichfaltigen wahrhaftig königlichen Handlungen und
in dem damit unzertrennlich verbundnen hohen
Wonnegenuß erschöpft, braucht der Regent
Ruhe und ein zur Erholung dienendes Vergnügen, das nicht so stark ist: so wird er sich auch
zuweilen zu gewöhnlichen Vergnügungen der
Höfe herablassen. Aber wie wird er sie, wenn
gleich der nicht beßre Freuden kennende schwache Mensch mit Entzücken davon oft spricht,
itzt doch schaal und geschmacklos finden, und
wie wird er es lebhaft erkennen, daß nie eine
ächte königliche Seele in den Regenten wohn-
te, die in solchen eines Regenten so höchst un-
würdigen sinnlichen Lüsten versinken und nicht
sehen, nicht empfinden konnten, welche hohe
menschliche Glückseligkeiten ihnen dadurch ge-
raubt würden. Wie armselig klein wird er
die Regenten finden, die wohl gar diese für
seine königliche Seele so geschmacklose Kost mit
dem Gelde kauften, das vom Schweiß und
Kummer der Menschen, die glückselig zu machen
ihr Beruf war, erpreßt war. Indem er denjenigen Vergnügungen nur zur Erholung beywohnt, die nicht für einen solchen Preis ge-

kauft

kauft werden, und welche er vielleicht nicht
einmal nähme, wenn es ihm nicht Freude wäre, irgend ein Vergnügen mit dem Volke, darüber er regiert, zu theilen, und daſſelbe auch
Freuden mit ſich theilen zu laſſen: ſo wird
er ſelbſt dabey ſich von einer weit eblern Bewegung des Vergnügens ergriffen fühlen,
wenn er bey dieſen Erholungsvergnügungen
denkt, wie bald ſeine hergeſtellten Kräfte ihn
wieder zu den Freuden hinführen, die ihn die
Vorſehung in ſeinen königlichen Geſchäften
und den damit verbundnen ſeligen Empfindungen genießen läßt. Zwar wird er auch
nicht immer dieſe hohen Wonneempfindungen
haben. Er wird, wenn er ſein Volk im Geiſt
oder in Perſon in allen Gegenden ſeines Reichs
beſucht, manche Unvollkommenheit, manches
Uebel finden. Er wird manches faule Glied
des Staatskörpers erblicken, manchen unnüz-
zen oder ſchädlichen Diener finden, oft einen,
den er für edel und gut hielt, als einen Blutigel
an ſeinem Volke ſaugen ſehen, um nur ſich zu
mäſten. Das alles wird ihn tief betrüben. Aber
Regenten ſind auch nur Menſchen. Auch ihr
Loos iſt es, nicht ohne Leiden zu ſeyn. Auch
bey ihnen würde das Gefühl zur Empfindung

wonne-

wonnevoller Freuden stumpf werden, wenn
es nicht durch den Contrast des Kummers
wieder von Zeit zu Zeit geschärft würde. Und
wie viel Freude muß es dem Regenten machen,
daß er bey Erblickung der meisten Leiden
mächtig herzutreten, und denselben ein Ende
machen kann! Hat er auch zuweilen Schwierigkeiten zu bekämpfen, welche zu besiegen seine ganze Macht kaum · hinreicht: so ist auch
das Wonne für ihn, große Uebel weggeschafft,
sehr schwer zu erwerbende Güter errungen zu
haben. Sie werden, meine geliebten Freunde,
voll von Begierde seyn, um den Regenten auf
allen den verschiedenen Wegen, die er betritt,
um jede Art des Wohlstandes und der Glückseligkeit in seinen Landen entstehen zu lassen,
zu begleiten und zu sehen, wie er seine Bedienten wählt; wie er gute, treue und weise Gehülfen in seinen Geschäften schätzt und liebt;
wie er nie etwas anders, als Einsicht, Geschicklichkeit und eine edle große Seele, ein Titel
zu Aemtern und Bedienungen seyn läßt; wie
er Begüterten die edle Hoheit der Seele ein-
zuflößen sucht, nicht sowohl für Geld als für
den göttlichen Lohn, mit ein Wohlthäter
eines Volks zu seyn, und dasselbe mit glück-

lich

lich gemacht zu haben, dem Lande zu dienen;
wie er diejenigen, die es vergessen, daß sie be=
stellt wurden, zur Glückseligkeit des Volks
Recht und Gerechtigkeit zu handhaben, oder
solche Beyträge zur Casse des Landes einzuhe=
ben, als die Menschen, ohne eine Beute des
Kummers oder der Nahrungssorgen werden zu
dürfen, hergeben können, und die, indem sie
das vergessen, Land und Leute wie einen Raub
ansehen und unglücklich machen, wie er diese,
sage ich, die ganze Macht seines Zorns fühlen,
und zum warnenden Beyspiel strafen läßt; wie
er allenthalben die natürlichen Rechte der
Menschheit aufrecht erhält oder wieder herstellt;
wie er bey den Beschatzungseinrichtungen dahin
sorgt, daß dadurch eine gesunde Organisation
des ganzen Staatskörpers befördert werde, und
daß daher nun von Vermögenden Geld zu den
Bedürfnissen des Staats genommen, dagegen
Hülfsbedürftigen geholfen, jeder aber angereizt
werde, das Vermögen des Staats, wie sein
eignes Vermögen, durch Arbeitsamkeit, durch
Kunstfleiß, durch Mäßigkeit und durch eine
seiner Lage angemessene Vermeidung des Auf=
wands zu vermehren; wie er es zu seiner Haupt=
sorge macht, daß sein Land nicht nur vor Schul=

den

den bewahrt, sondern daß vielmehr dafür ein
Schatz gesammelt werde, wodurch er Haupt-
verbesserungen unternehmen, wodurch er einen
durch Brand, durch Mißwachs und andre Land-
plagen verursachten Schaden bald heilen, und
wodurch er Feinden des Staats mächtig widerstehen könne; wie er — — —   Doch wie
können wir auch nur alle die Wege nennen, auf
welchen wir dem Regenten in seinen verschiedenen Geschäften nachgehen, und seine königlichen Freuden mit ihm in der Mitempfindung
theilen möchten!   Ohnehin möchte Mancher,
der nicht mit uns in gleicher Empfindungslage
wäre, uns fragen, wozu es nützte, von königs-
lichen Vergnügungen zu reden, die uns nicht
bestimmt sind?   Wir dürften nun freylich solche Fragen derer nicht achten, die keinen Sinn
für solche Betrachtungen haben, und die es
nicht wissen, daß jeder, welcher es erkennt, was
für ein göttlicher Mensch ein edler Regent ist,
es sehnlich wünschen müsse, es möge ein über
ein ganzes Land Glückseligkeit verbreitender
Fürst auch hohe Wonne und erhabne Glückseligkeit dafür zur Belohnung erhalten, und daß
sie daher selbst nicht eine süßere Freude erleben
können, als wenn sie an alle die erhabnen Freu-

den

den denken, die wirklich das Eigenthum wohlthätiger und Gefühl für hohe göttliche Glückseligkeiten habender Fürsten sind. Wir könnten solchen Fragenden auch sagen, daß, wenn
es solche Regenten geben solle, die Bildung
derselben am Ende von denen abhänge, welche
sich zum Dienst des Staats bestimmen, und
entweder unmittelbar an der Erziehung der
Fürsten und der Ersten des Volks arbeiten, oder
doch auf irgend eine Art Einfluß in die Bildung
und das Leben der Prinzen und der Regenten haben. Allein wir haben, wenn wir auch der
Versuchung, den vortreflichen Regenten und
dessen aus seinen Geschäften entspringende Glückseligkeiten noch ferner mit unsern Blicken und
mit unsern Empfindungen zu verfolgen, nachzu-
geben uns erlauben dürften, doch schon zu lange
bey dieser entzückenden Betrachtung verweilt.

Wir sollen noch sehen, wie die andern Klassen der Menschen auch auf eine ähnliche Art
glücklich seyn könnten. Aber wir sehen es, es
wäre ein Werk vieler Stunden, wenn wir so
bis zu dem Hüttenbewohner hin jede Klasse der
Menschen nach dem aus ihren Geschäften entstehenden Glückszustande betrachten wollten.
Und doch müssen Sie es empfinden, wie selbst
zu dem Gemälde königlicher Freuden noch das

2. Theil.   Y   Ge-

Gemälde des Glückszustandes eines geringen
Landmanns hingestellt werden, und doch Reize
für den Menschen haben könne, wenn dieser
Hütteneinwohner nicht unter der Geißel eines
Tyrannen oder eines tyrannischen Dieners sei-
nes Herrn seufzet.

Gehen Sie mit mir in die Hütte eines solchen Mannes. Er kommt eben von der schweren Arbeit zurück, womit er sich ein Tagelohn
verdient hat; und siehe, seine Kinder hüpfen
ihm entgegen, hängen sich an ihn, und freuen
sich laut seiner Daheimkunft. Kaum kündigen
die sich laut freuenden Kinder seine Ankunft an:
so verläßt sein gutes Weib ihren Feuerheerd, und
heißt ihn mit liebevoller Freundlichkeit willkommen. Selbst sein treuer Hund wedelt liebkosend
um ihn herum; und siehe, der Mann hat ein
fühlend Herz, und dankt Gott, daß er nach der
schweren Arbeit des Tages seinem Weibe und seinen Kindern so viele Freude machen, und daß er
so viele Erquickung bey selbigen finden kann.
Wie vielen Großen und Reichen wird's, ruft er
aus, lange nicht so wohl, daß sie so viel Trost
und Freude bey Weib und Kindern finden! Da
ist mir freylich der Tag bey saurer Arbeit lang
geworden; aber dagegen wird mir die Ruhe
nun auch recht süß. Und wie wohl schmeckt mir

nun

nun auch das Brodt, dazu ich den Rocken auf
unserm Stückchen Feldes säete, und das du mir,
gutes liebes Weib, backeſt! Alle schönen Gerich-
te können den Reichen nicht so wohl ſchmecken,
indem ihnen nicht Hunger und Arbeit die Speiſe
würzet. Und da ſtehen die lieben Jungen, und
ſagen es mir so angenehm vor, wie ſie nun
auch bald werden arbeiten können, und wie ſie
dich, liebes Weib, und mich im Alter verpflegen
wollen. Und wenn wir alle ferner so Gott fürchten und oft zuſammen beten: so wird Gott die
Kinder auf ſeinen Wegen erhalten, und so wird
es uns nicht an dem Nothdürftigen mangeln.
Die kleine mit Stroh gedeckte Hütte ſchützt uns
doch so gut, als der Reichen große Häuſer, gegen Wind und Regen. Dazu iſt das freye Feld
ein so ſchöner Aufenthalt für die Menſchen, und
da können wir, weil wir bey unſrer Arbeit här-
ter und geſunder ſind, als die Vornehmen, viel
häufiger ſeyn, als ſie. Wie laufen ſie oft vor
Kälte zitternd und mißvergnügt in ihre warme
Stube hinein, wo ſie immer einerley ſehen, un-
terdeſſen da uns draußen so wohl iſt, und wir
immer etwas auf Gottes Erdboden finden, das
uns neu iſt; da wir Vögel und Thiere frölich
dahin hüpfen und ſpringen ſehen, und da Son-
ne, Mond und Sterne so munter über den Kopf

dahin

dahin wandeln. Die Arbeit wird mir oft sehr
sauer, wenn so eine brennende Sonnenhitze da
ist, oder wenn ich bey schlimmer Herbstwitterung
oder im Winter oft kalt und naß werde. Aber
da tröstet es mich denn, daß ich für ein so gutes
Weib und für so gute Kinder denn auch etwas
erwerbe, daß mich die dafür lieb haben, und daß
ich auch viel ertragen kann. So ist es mir auch
eine große Freude, wenn ich denke, daß selbst unser König nicht leben könnte, wenn wir Leute nicht
den Acker bestellten, des Viehes warteten, und
für seine Nahrungsmittel mit sorgten. Wenn da
der Mann in der Stadt lauter Seide und Sammt
macht: so thut er doch nicht so etwas nützliches,
als wenn ich pflüge oder säe, Korn mähe und
dresche. Allen Menschen ist doch das zur Erhaltung nöthig. Wir haben bey unsrer Arbeit nur
wenig übrig; aber da liegt doch so viel Geld
in der Lade, daß, wenn ich auch drey Monat krank
wäre, wir doch nicht Noth litten. Und so leicht
läßt uns Gott nicht so lange krank werden, wenn
wir fleißig arbeiten und ordentlich leben. Und
was wir so sauer verdienen, das ist uns dann
auch viel werther, als Andern ihre Herrlichkeiten
sind, um die sie sich es nicht haben sauer werden
lassen. Das grobe Tuch, was wir tragen, wärmt
uns so gut, als den Reichen sein Pelz, und da
wir's

wir's wissen, wie lange wir sparen müssen, um
ein Kleid anschaffen zu können: so freuen wir
uns doch mehr, daß wir's haben, als Andre sich
freuen, wenn sie kostbare Kleider bekommen, und
wir nehmen so auch alles viel mehr in Acht.
Weil wir so weniges haben: so stellen uns auch
nicht Diebe und Räuber nach. Und was ist es
nicht für eine Freude, wenn wir zusammen unsern Kohlhof bepflanzen, und uns freuen, bey
einander zu seyn, und unsre Kinder vergnügt um
uns herum springen zu sehen! Freudenthränen
kommen mir oft in die Augen, wenn ich an die
angenehmen Tage denke, da ich einmal zu Hause
bleibe, um unser Stückchen Land mit dir umzu-
hacken und zu besäen, und zur Erndtezeit das
reife Korn zu mähen und einzusammeln. Wie
wohl wird uns dann, wenn wir sehen, daß Gott
das Korn so gerathen läßt, daß wir mit unsern
Kindern unser Brodt davon essen können; und
wie froh macht es uns, wenn wir denken, wie
viel Gutes Gott uns überhaupt giebt, und wie
wohl wir daran sind, so einen Gott und lieb-
reichen Vater zu haben. O wie fühlen wir es
doch so oft, so lebhaft, daß er wirklich unser
liebreicher Vater ist! Daß wir Gesundheit,
Kleider und Nahrung und unser Häuschen zum
Schutz gegen Ungewitter und Kälte haben, wie

viel

viel Glückseligkeit ist das nicht! Eine Freude,
wie selbst unser König nicht leicht haben kann,
habe ich aber vorzüglich dann, wenn ich denke,
daß wir alle Gott fürchten und ihm gerne gefal=
len wollen. Denn so, denke ich, kann's nicht feh=
len, daß wir alle wieder im Himmel uns vereini=
gen, und da in Freude und Seligkeit immer leben
werden. Weil wir an alles dieß am Sonntage so
oft mit Freude denken, so ist mir auch dieser Tag
so ein erfreulicher Tag. Wenn wir da in der Pre=
digt hören, wie gut es Gott mit uns Menschen
gemacht hat und noch immer macht; wenn wir
dann zu Gott beten und singen, und wenn wir
hernach mit unsern Kindern im Sommer auf das
Feld gehen, und sehen, wie so schön Gott Korn
und Gras und Blumen und Bäume für uns wach=
sen läßt: so fühlen wir's, liebes Weib, so leb=
haft, daß alles, was Gott thut, wohlgethan sey,
daß er uns gerne Freude die Fülle giebt, und
daß wir viele Wonne und Seligkeit im Himmel
zu erwarten haben. Und daher ist uns der Tod
denn auch gar nicht fürchterlich, den man dem
gnädigen Herrn, für den ich gewöhnlich arbeite,
und der so reich ist, soll gar nicht nennen dürfen,
wenn er nicht vor Schrecken blaß werden soll.
Wenn ich so mit saurer Mühe alles verdiene, und
weis, daß durch meine Arbit etwas recht Gutes ge=

schieht:

schießt: so freuet mich es auch, daß kein unrecht
erworbenes Gut darunter ist, und daß ich alles
so ehrlich und gut verdiene, was ich bekomme.
Was mich betrübt, ist dieß, daß unser Nachbar
sein Leben gar nicht so gut haben will, und daß er es
so gar nicht versteht, wie man's anfangen müsse,
um recht frohen Muths zu seyn. Er hat auch ein
treues gutes Weib, das ordentlich lebt, für ihn
sorgt, und darauf hält, daß ihre Kinder Gott
fürchten und gut werden. Aber er geht, wenn er
ein bischen verdient, wohl gar an den Werkelta=
gen nach einer Schenke hin, und trinket sich voll.
Wenn ein Sonn= oder Feyertag sich einstellt: so
bleibt er nicht zu Hause, und freut sich nicht auf
eine so süße Art, wie wir unter einander uns itzt
und so oft zusammen freuen, mit seiner Familie,
sondern er geht hin, um ein schmackloses elendes
Vergnügen in rauschendem Lermen und in Völle=
rey zu finden, da er eine so edle und große Glück=
seligkeit haben könnte, als uns itzt und so oft zu
Theil wird.

O möchte ich Ihnen nun es dazu malen kön=
nen, meine Zuhörer, wie dieses guten Landman=
nes gutes Weib mit Auge, Miene und in Ausbrü=
chen einzelner Worte dem Manne in seinen Ge=
danken entzückt folgt, und Gott tausendmal prei=
set, daß er ihr einen solchen Mann gegeben hat;

und

und wie die Kinder, indem der Vater spricht, an
seinen Lippen hängen! Da würden Sie es sehen
und fühlen, wie viele Freuden selbst dem Hüttenbewohner zu Gebote stehen, wenn er seine Berufsarbeiten thut, Gott fürchtet, unter dem
Schutz eines guten Regenten die Rechte der
Menschheit durch eine menschenfreundliche und
rechtschaffene Staatshaushaltung gesichert sieht,
ein treues Weib besitzt, und ihm Kinder heran-
wachsen, die fromm und gut sind.

O meine theuren Freunde, Arbeit, Gottesfurcht, Eintracht, Liebe und Freundschaft geben
uns große ins Herz dringende, unsre Wünsche
befriedigende, keine Seelenleere zurücklassende
und dauernde Vergnügungen. Alles, was wir
sonst Vergnügen nennen, und wohinter der große
Haufe der Menschen in der täuschenden Erwartung darein rennt, daß er da Glückseligkeit finden werde, ist nur erst von Werth, wenn es jenen
ersten menschlichen Freuden keinen Eintrag thut,
und ist immer in Vergleichung mit den edeln Vergnügungen des Verstandes und des Herzens sehr
schmacklos. Und wie sollten Sie, meine geliebten
Zuhörer, das nicht mit der lebhaftesten Ueberzeugung und unter dem stärksten Hinstreben zu
diesen ersten Freuden der Menschheit erkennen
und fühlen.

Sie,

Sie, die Sie Sich ganz vorzüglich dem Dienst der Gottheit weihen, die Sie Sich Bildung, Unterricht und Leitung der Menschen zu dem Geschäft Ihres Lebens machen wollen; mit welcher Wonne werden Sie nun an alle die Freuden denken, die Sie Sich bey Ihren künftigen Berufsgeschäften versprechen können! Was für ein seliges Geschäft ist es schon, auch nur in eine einzige Hütte so viele Glückseligkeit hineingebracht zu haben, als unser Hüttenbewohner genoß, weil Kenntniß, Neigung und Thätigkeitsäußerung sich bey Mann und Weib und Kindern vereinigten, sie zu nützlichen und frohen Menschen zu machen. Und in wie viele Häuser werden Sie, indem Sie in jugendlichen Seelen eine solche Denkungsart durch Bildung, Unterricht und Beyspiel lebendig und kräftig werden lassen, so vielen süßen Frieden hineinbringen können! Wie viele Seelen, die in den Strom der Unordnungen und der sinnlichen Lüste mit hineingerissen sind, und die sich und Andern tausendfältiges Elend zubereiten, werden Sie dadurch, daß Sie selbigen den Weg zur Glückseligkeit mit den stärksten Aeußerungen der Liebe und der Bekümmerniß um sie treu zeigen, und das Unglück, in das sie sich immer mehr und mehr hineinstürzen, in seiner furchtbaren Gestalt vorhalten, ihrem Untergange noch zeitig entreißen,

Y 5

reißen, und zu einer ewig dauernden Glückseligkeit hinführen können! Was für Freude muß es
Ihnen machen, daß es Ihnen vorzüglich mit vorbehalten ist, auch in Ansehung der gesellschaftlichen Pflichten und der äußerlichen Glückseligkeit
eine Menge von Menschen von der Jugend an
auf den Platz zu stellen, wo sie zum Besten des
Staats und zu ihrer eignen Glückseligkeit am
meisten wirksam seyn kann! Und denken Sie
endlich daran, daß wenn Sie auch nur eine Gemeine, auch nur hundert auf so viele tausend Menschen in Zukunft wirkende künftige Lehrer, Rechts-
gelehrte, Aerzte und obrigkeitliche Personen durch
Bildung, Unterricht und Leitung zu vielen nützlichen Kenntnissen, zu muthigen Tugendbestrebun-
gen und zum Genuß einer höhern Glückseligkeit
hingebracht haben, die Folgen davon sich über
alle zahlreiche Nachkommen bis in die entfernte-
sten Zeiten ausbreiten werden: wie muß ihre
Brust schon von den Vorempfindungen einer so
himmlischen Freude, als ein solches Geschäft mit
sich führen wird, itzt aufschwellen! Wie werden
Sie nun jeder Sie zu solchen Berufsgeschäften
tüchtig machenden Arbeit, die Sie hier auf einige
Jahre zu übernehmen haben, einen hohen Werth
beylegen, und selbst dabey zugleich reich an der
Glückseligkeit seyn, die Sie finden müssen, wenn
                                              Sie

Sie bey jedem Schritt in Kenntniſſen Sich mehr
an Geiſteskraft erhoben, immer mehr alle Triebe,
Neigungen und Handlungen in eine dazu ſtim-
mende Ordnung gebracht, und ſo Ihr eignes Leben dem Ohre der Seele nach und nach eine liebli-
che harmoniſche und melodiſche Muſik werden
laſſen! Und indem Sie hier an die zu treibenden
Wiſſenſchaften denken: wie eine Freude muß es
für Sie ſeyn, daß in allem Gott, die Natur, der
Menſch, menſchliche Glückſeligkeiten und Vollkommenheit und Schönheit das ſind, womit Sie
Sich täglich in denſelben zu beſchäftigen haben.
Theologie, Geſchichte, Philoſophie, die ſchönen
Künſte und Wiſſenſchaften ſind in dem freund-
ſchaftlichſten Bunde mit einander vereint, und
bieten ſich in allen Erkenntnißarten immer wohlthätig die Hand.

Sie, die in einen Stand, der ein trauriges im-
merwährendes Monument von den gröbſten Abirrungen des menſchlichen Geſchlechts von der
Gerechtigkeit und Liebe iſt, in den Kriegsſtand
durch Umſtände oder Wahl hineingeführt ſind, die
Sie es wiſſen, daß es kaum einige Wenige unter
dem gemeinen Mann giebt, die durch ſtarke Neigung zu den in dieſem Stande erforderlichen
Geſchicklichkeiten oder aus reinem Triebe, Land
und Mitbürger gegen etwanige Unterjochungen
von

von Seiten einer fremden Macht zu schützen, in
den Soldatenstand hineingezogen werden, die Sie
wissen, daß vielmehr fast Alle, wenn sie nicht
durch wachsame Aufsicht und scharfe Strafe zurückgehalten werden, für den Mitbürger, der ihn
ernährt, um dagegen Schutz von ihm zu haben,
leicht die größte Last und Plage werden; die Sie
es endlich auch wissen, wie mancher Officier und
commandirende Chef im Kriege, wo er kommt, eine Geißel der Menschen ist: wie werden Sie nun
darauf sinnen, einst auf eine solche Art Ihren
Dienst zu thun, daß Sie den Lastern wehren, dem
Lande, dem Sie dienen, eine wahre Schutzwehr,
den Oertern, Städten und Ländern, wohin Sie
kommen, Trost, Erleichterung und Beystand
werden! Sie dürfen Sich freylich nicht leicht
die uns so seligmachende Freude versprechen, daß
Sie unmittelbar Glückseligkeiten über ein Land
verbreiten, und den Menschen Glücksvortheile
zuführen. Aber Sie wissen es, wie eine große
Glückseligkeit der Mensch auch darin findet, einem grausamen Leiden und einer unmenschlichen
Mißhandlung entrissen zu werden; und wie
oft findet der Krieger dazu Macht in seinen Händen! Und wer weis es nicht, wie viel ein Officier
vermag, den ausschweifenden Soldaten zur Ordnung wieder zurück zu führen, nach und nach ein-

Gefühl

Gefühl von der damit verknüpften Glückseligkeit
zu erwecken, und so den Saamen zu wahrer Tugend zu säen! Sind glückliche Menschen der won-
nevollste Anblick für Sie: so werden Sie innig
froh seyn, wenn die Nationen in Friede und Eintracht die Gaben der Natur genießen. Können
Sie Sich nicht entschließen, Theilnehmer irgend
einer Ungerechtigkeit zu seyn: so werden Sie nie
einem Fürsten dienen wollen, der andre Nationen
widerrechtlich in ihren Besitzungen stört, der, um
Eroberer zu seyn, und fremde Besitzungen räube-
rischer Weise an sich zu reißen, die Menschen zu
Tausenden auf die Schlachtbank führt, und der
Millionen Menschen unter unzähligen Quaalen
und unter harten Bedrückungen seufzen oder unterliegen läßt. Aber Sie werden hohe Freude in
dem Vorsatze und in dem Bewußtseyn finden, daß
Sie einem gerechten Regenten in der Vertheidigung seiner Rechte und in der Beschützung derer,
die sich seinem väterlichen Schutz anvertrauten,
treu und muthig beystehen werden, und Sie werden mit Wonne an alle die Gelegenheiten denken,
die Sie so finden werden, allenthalben Menschen
aus Noth und Elend zu retten, und für viele Be-
kümmerte ein tröstender und ihre Leiden erleich-
ternder Schutzengel zu seyn. Und indem Sie so
denken, und es fühlen, daß Sie bey diesen Gesin-

nungen

nungen eble und wohlthätige Wesen werden: so
wird Ihnen jedes Geschäft, wodurch Sie Sich zu
Ihrem Amt geschickt machen, und Sich den Weg
zu hohen Beförderungen im Kriegsstande bahnen,
desto angenehmer werden müssen, je mehr dadurch
die Hofnung vermehrt wird, einmal im Kriegs=
stande zu einem solchen Posten hinzukommen,
wobey Sie in Ihren Handlungen Sich nicht mehr
bloß, wie eine durch eine fremde Kraft gelenkte
Maschine, ansehen dürfen, sondern selbst einen
nach Ihren Einsichten und Neigungen bestimm=
ten Wirkungskreis machen, und mit einer gewis=
sen eignen Willkühr handeln und wohlthätig wer=
den können. Indem Sie so über Ihren Stand
und das, was Ihnen darin einen Werth geben
kann, denken: so werden Sie es lebendig erken=
nen, wie sehr diesen Stand, der die Gerechtigkeit
und Unschuld, deren Stimme nicht mehr geachtet
wird, aufrecht zu erhalten bestimmt ist, und der
den edlen Mann in dem der Gerechtigkeit und Un=
schuld geleisteten Beystande seine erste und beste
Freude finden läßt, die Menge derer ganz verken=
nen, die ihn nur wählen, weil sie viele müßige Ta=
ge, viele Verzeihung in Abweichungen von dem
Wege der Religion und der Tugend, und viele Ge=
legenheiten, sinnlichen Lüsten nachzugehen, dabey
zu finden hoffen. Sie werden es unmöglich finden,

daß

daß ein Mann, der vorzüglich ein Mann der Ehre
heißen will, in der Stunde des Nachdenkens sich
selbst als ein solcher erscheinen könne, wenn er
sieht, daß Mangel nützlicher Thätigkeit, Verlez=
zung vieler heiligen Naturrechte, deren allgemei=
ne Beschützung und Bewahrung nur Tugend ist,
und tiefe Erniedrigung der menschlichen Würde
ihm allen Anspruch auf wahren Adel der Seele,
auf den ehrwürdigen Titel eines Rächers der be=
leidigten Unschuld, auf den Beyfall der Edlen,
und also auf den Titel eines Mannes von Ehre
rauben müssen.

Der künftige Arzt wird schon von wonnevollen
Empfindungen glühen, wenn er daran denkt, daß
es sein Loos seyn werde, der Trost der Kranken
zu seyn, Manchen, der am Rande des Todes steht,
wieder davon zurück zu führen, und sich über alle
die Glückseligkeiten, die ein so dem Tode Entriss=
ner noch selbst hier genießt und seinen Nebenmen=
schen verschafft, lebenslang zu freuen. Mit feuri=
gem Eifer wird er izt sich mit allem bekannt ma=
chen, sich alle die Geschicklichkeiten verschaffen,
wodurch er in den Stand gesetzt wird, ein so wohl=
thätiges Wesen zu werden. Und da er es weiß,
wie viele vorgebliche Aerzte die Hofnung der
Menschen betrügen, und vielmehr große Würger
als Erhalter der Menschen sind: wie wichtig
wird

wird ihm daher die Vorbereitungszeit auf den
Universitäten, wie alle seine Seelenkräfte an sich
ziehend jede Hülfe des Lehrers, jedes Buch, jede
praktische Anleitung seyn, damit er mit sicherer
Hofnung es erwarten könne, einst vielmehr ein
Retter als Verderber zu seyn. Und indem er so
mit Eifer und freudiger Hofnung arbeitet: wie
manches reizende Vergnügen des Verstandes
und des Herzens wird er zugleich in Geschäften
finden, die immer den Menschen und die Natur
der Dinge, davon Tod und Leben abhängt, zum
Gegenstande haben.

Und Sie, theure Zuhörer, die Sie Sich irgend
einem Amte widmen, das sich mit der Verwal-
tung der Gesetze und mit der Handhabung der
Gerechtigkeit beschäftigt, wie mannichfaltige
wonnevolle Aussichten haben Sie vor Sich, wenn
Sie auch auf nichts anders, als auf Thätigkeit
und Arbeit, und auf Ihrer Arbeiten Wirkungen
sehen! Beruft Sie Neigung und Fügung der Umstände zu dem Amt eines Sachwalters der Gerechtigkeit: wie viele große Glückseligkeiten der
Menschen werden hiebey nicht in Ihrer Macht
seyn! Sie wissen es, daß Recht und Gerechtigkeit mit genauer Rücksicht auf Gesetze und lan-
desherrliche Verordnungen muß verwaltet werden. Sie wissen es, daß der Staat die Entscheidung

dung der Streitigkeiten nicht dem billigen Er-
messen eines Richters, ohne diesen an gewisse bestimmte Gesetze zu binden, überlassen darf. Sie
wissen endlich, wie nöthig es ist, einen gewissen
Rechtsgang zu bestimmen und mehrere über einander erhöhte Gerichtshöfe zu verordnen, damit
nicht der Richter zu eilfertig und unüberlegt in
einer Sache urtheile, und damit, wenn ein Richter aus Mangel der Kenntniß oder aus Parthey-
lichkeit unrecht urtheilt, und die Unschuld ver-
dammt, und dem Ungerechten das Recht zuer-
kennt, die Unschuld damit noch nicht verloren
habe. Aber Sie wissen auch, wie schwer die Anwendung der Gesetze auf viele Fälle, an die ein
Gesetzgeber nicht dachte, oft ist; Sie wissen auch,
wie unendlich oft ein redlicher Mensch von gesundem Verstande schnell und recht die Streitigkeiten der Menschen schlichten, und denen, die Recht
haben, Recht verschaffen könnte, wenn nicht oft
mangelhafte oder dunkel abgefaßte Gesetze und
Verordnungen eine Weile desfalls Hindernisse
in den Weg legten, und eine deutlich erkannte
Sache verwirrten; und Sie wissen endlich auch,
daß alle die Vorsichtsmittel, die bestimmt sind,
den Unschuldigen gegen Ungerechtigkeit zu schü-
zen und ihm Wege zu bahnen, auf denen er zu seinem Recht gelangen könne, von den Dienern der

2. Theil.　　　　Z　　　　Unge-

Ungerechtigkeit und von den Bösewichtern, die
Processe führen, um ihrem Gegner Recht und
Eigenthum zu entreißen oder auf eine geräume
Zeit vorzuenthalten, ganz wider die Absicht der
Gesetzgeber zur Erreichung der entgegen gesetzten
Absicht, zu allerley falschen Ausflüchten und zu
tausendfältigen Rechtsverdrehungen genützt werden. Welch einen Dank werden Sie also von den
Menschen, denen die Bosheit der Menschen Gut
und Recht entreißen will, welchen ehrenvollen
Dank und Beyfall der Richter der Gerichtshöfe
und selbst der Regenten, die recht richten und die
Gerechtigkeit treu verwaltet wissen wollen, und
welchen Segen von der Gottheit, die alles unge-
rechte Wesen hasset, zu erwarten haben, wenn Sie
die itzt zu erwerbenden Rechtskenntnisse nie anders nützen, als zum Besten derer, die Recht haben und unschuldig leiden, und zum Schrecken
und zur muthigen und starken Gegenwehr wider
die Elenden, die der Ungerechtigkeit und Bosheit
zum Beystande dienen. Müßten Sie auch, indem
Sie diese erwerben, manches Gefilde durchwan-
dern, worin Sie nicht Nahrung genug für Geist
und Herz finden; gelänge es Ihnen auch nicht
immer genug, in den verschiedenen Gesetzen der
Völker zugleich eine interessante Geschichte des
menschlichen Geistes und Herzens und der Wir-

kungs-

kungsarten derselben in Meynungen, Gesetzen
und Anordnungen zu finden: so wird doch die
einzige Betrachtung, daß viele vielleicht mühsam
zu erwerbende, viele vielleicht nur mit Voraussetzung einer Menge von menschlichen Unordnungen und Mängeln erheblich werdende Kenntnisse
die reizende Macht erhöhen, große Wohlthäter
unschuldig gedrückter und verfolgter Menschen
zu werden, alle Ihre ArbeitenIhnen so angenehm
machen, daß Sie nicht anders als mit Verachtung auf diejenigen hinsehen können, die, anstatt
diese ihre Geschäfte treu und mit Eifer zu treiben
und solche erhabne Vergnügen zu genießen, sich
vielmehr den schmacklosesten und niedrigsten Vergnügungen ergeben, und so die kostbare Vorbereitungszeit vorbey gehen lassen. Und hat Sie die
Vorsehung zu Richtern, zu Vorgesetzten ansehn-
licher Gerichtshöfe ausersehen: wie viel mehr
wird dann Ihre Macht ausgedehnt seyn, Recht
zu schaffen, und eine mächtige Hülfe der Nothlei-
denden zu seyn! Wie wenig werden Sie, so lange
Sie Gefühl für die besten Freuden der Menschheit
haben, in Versuchung gerathen, zwischen demGe-
nuß eines sinnlichen oder auch ganze halbe Tage
hindurch dauernden gesellschaftlichen Vergnügens, und zwischen dem erhabnen Vergnügen lange zu wählen, durch eine baldige Endigung eines

Proceß

Processes, durch eine baldige Abfassung eines Berichts, durch die baldige Erfüllung der Pflicht eines Referenten, einem Unschuldigen, der vorm Ausgang der Sache kein Geld zum Unterhalt der Seinigen, kein Mittel, Andern das Ihrige zu geben, und keinen Schlaf für sich finden kann, bald sein Vermögen, sein Recht und Schlaf und Ruhe wieder zu geben. Denn es giebt leider, meine geliebten Freunde, Menschen, und zwar sehr viele Menschen, die über das, was zur Glückseligkeit eines würdigen Menschen dient, dergestalt verblendet sind, so weit den Blick von andern Menschen, für deren Glückseligkeit sie da seyn sollen, zurückziehen, daß sie nicht nur ganze und halbe Tage, so wie es jedes thierische Geschöpf thun kann, in sinnlichem Wohlleben hinbringen, die zur Endigung eines Processes erforderliche Arbeit oft Jahre hindurch aufschieben, und arme rechtsbedürftige Menschen in Mangel, Kummer und Schlaflosigkeit Tage und Nächte hinbringen lassen, sondern, daß sie bey jener heillosen Zeitverschwendung noch wohl gar den Aufschub eines so nöthigen und seligen Geschäfts dem Zeitmangel zuzuschreiben Unverschämtheit und Frechheit genug haben.

Welch

Welch eine wonnevolle Vorstellung für mich, meine Theuren, indem ich Sie Alle von der zwiefachen Empfindung des Unwillens über solche unwürdige Menschen, und der Wonne über das Ihr Herz itzt durchdringende lebendige Gefühl, daß Sie ganz andre Freuden einst suchen werden, roth werden und glühen sehe. Jedoch ehe ich diejenigen unter Ihnen, die sich zur Klasse derer rechnen, welche die Rechte studiren, verlasse, muß ich noch von andern wichtigen Diensten reden, die dem Staat zu leisten sind, und wozu bisher so Viele gebraucht werden, welche sich nicht einmal mit den Elementarkenntnissen dazu bekannt gemacht haben. Nicht einmal die Hälfte von Ihnen wird zur Rechtspflege im Staat am Ende berufen. Größtentheils werden Sie einst, ohne daß Sie es itzt vielleicht ahnden, in Geschäften gebraucht werden, welche staatswirthschaftliche Angelegenheiten, das ist, die zur bessern Ausbildung und zu einer dauerhaften und zunehmenden Gesundheit und Stärke des Staatskörpers dienende Pflege und Heilkunde betreffen. Die dahin gehörigen Kenntnisse, die darauf gerichteten Sorgen, die darauf sich beziehenden Triebe und Beschäftigungen sind um desto wichtiger, da nicht nur von den daraus entspringenden Folgen die Macht und das Ansehn des Staats

Z 3   bey

bey andern Höfen und in Vergleichung mit an=
dern Staaten, sondern auch das Wohl des gan=
zen Staats, aller verschiedenen Volksklassen und
selbst eines jeden einzelnen Staatsgenossen we=
sentlich abhängt. Wie sollte dieß, meine gelieb=
ten Zuhörer, Sie nicht bewegen, Sich zu ei=
nem so wichtigen Staatsdienste, wenn Sie nur
von ferne es Sich vorstellen, daß Sie in eine sol=
che Laufbahn möchten hineingehen können, mit
Eifer vorzubereiten und tüchtig zu machen? Wie
sollte es nicht Manchen unter Ihnen geben, des=
sen Herz von feurigem Triebe glühte, in dem
Fach dem Staat einst große Dienste zu thun?
Und, wie sollte nicht selbst, meine sämmtlichen Zu=
hörer, Ihrer Aller Seele mit Inbrunst wünschen,
daß es in einer so höchstwichtigen Sache unserm
Lande einmal wohlgehen möchte? Es wird und
kann keinen Einzigen unter Ihnen geben, welcher
Art des Dienstes er sich auch für seine Neben=
menschen, für unsern Staat widmet, dessen Herz
nicht von entzückendem Vergnügen über die alle
Beschreibung übertreffende herrliche Scene auf=
schwölle, welche die Vorstellung eines Staats
gewährt, wobey eine große und stark gefüllte
Schatzkammer, ein vortreflich bebautes Land, ein
durchaus im Wohlstande lebendes arbeitsames,
sich vor dem Gift und Verderben der Ueppigkeit
					und

and des Luxus sorgfältig hütendes, von fremden
Waaren sich weise enthaltendes und von eignen
Producten und Waaren fast ganz lebendes Volk,
eine auch einem mächtigen Feinde furchtbare
Seemacht und eine für unsern Staat hinreichende
zwar mäßige, aber doch ihrer Güte nach vortrefliche Landmacht, und ein mit Weisheit geführter
Handel zugleich sich den wonnetrunknen Blicken
darstellt. Sollte es auch wohl selbst Einen unter
Ihnen geben, der nicht, um mit dahin zu wirken, daß unser Staat den Nachkommen einst eine
so herrliche Scene der Natur nach darstellen möge, wenigstens mit den Elementarkenntnissen der
Staatshaushaltung sich bekannt zu machen vor
Begierde brennen sollte? O ich sehe es Ihnen
an, daß Sie es fühlen, wie Sie so noch einen
neuen und reichen Vorrath von erhabnen Vergnügungen für Ihren Geist und Ihr Herz zubereiten und erwerben und so große Wohlthäter
für den Staat werden können.

Wohl Ihnen Allen, daß Sie Alle das fühlen,
und daß Ihre Seele über Alles, was ich in dieser
Rede gesagt habe, in eine so edle Art zu denken
und zu empfinden hineingerathen ist!* So sind

3 4   Sie

* Anmerk. zur 2ten Aufl. Ein patriotischer Bürger
  des Staats kann nicht ohne ein die Seele tief ver-
  wundendes Gefühl des Schmerzes es wahrnehmen,
                               daß

Sie auch gegen die schalen und selbst oft Leib und
Seele zu Grunde richtenden Vergnügungen, welchen so Mancher auf Universitäten nachrennt, unterdessen,

daß unter denen, die zu bürgerlichen Aemtern sich
bestimmen oder bestimmt werden, es noch kaum
Einen oder den Andern giebt, der etwas mehr als
die Rechtswissenschaft mit einigem Eifer treibt, und
daß Solche, die etwa ein Examen über die Rechts-
wissenschaften überstanden haben, ohne weitere Prüfung wegen der zu ihrem anzutretenden Amte eigentlich wesentlich nothwendigen und für den Staat
so höchstwichtigen Kenntnisse, auch zu staatswirth-
schaftlichen Bedienungen zugelassen werden. Ja es
giebt unter denen, welche selbst sich der Rechtspflege
ausschließend widmen, sehr Viele, welche den Geist
und den wesentlichen Endzweck der Rechtspflege im
Staat so wenig erkennen und fühlen, daß sie das
zum Naturrecht eben so wesentlich, als das Zwangsrecht, gehörige Gewissensrecht (Tugendlehre, philo-
sophische Moral) gar nicht glauben studiren zu dürfen. Und, was noch mehr ist, es fehlt nicht an Solchen, die das Zwangsrecht der Natur gar nicht, oder
nur obenhin treiben. Mir ist selbst ein nicht un-
berühmter Sachwalter bekannt, der in einer Gesellschaft, indem er von seinem nach Universitäten ge-
henden Sohn gesprochen hat, gesagt hat: Meinen
Sohn lasse ich kein Collegium über das Naturrecht
hören. Das würde ihm bey der Advocatur nur
Scrupel machen und (wie er hinzugesetzt hat) dem
Jungen nur Läuse in den Pelz setzen. Das würde
selbst zu fürchten seyn, wenn er ein solches Collegium

terdessen, da Sie es fühlen, wie viel Vergnügen
Ihre Arbeiten Ihnen gewähren, desto mehr gesichert, desto mehr fähig, nicht den Muth sinken zu
lassen, wenn sie Ihnen auch bisweilen lästig und
sauer werden sollten. Selbst zu Ihren Erholungsstunden werden Sie manche gewöhnliche sinnliche
Vergnügungen, die wir uns, wenn sie mäßig genossen werden, erlauben dürfen, von nun an weniger anlockend finden. Indem Sie die Vergnügungen, die der denkende Mensch haben kann, und den
Nectargeist der edelsten unter denselben kosten ge-
lernt haben: so werden Sie nur Vergnügungen
suchen, an deren Genuß die denkende Seele mit
Theil nehmen kann, oder die auf irgend eine Weise das Siegel der menschlichen Würde an sich tragen. So werden Sie in den Stunden, da Sie dem
Geiste eine Erholung von seinen Denkarbeiten

und

gium bey einem Juristen hörte, der sich sein Lebe-
tage nicht sehr mit der Philosophie befaßt und seinem Naturrechte ein ziemlich gutes juristisches Kleid
angezogen hätte. Ich brauche hier nicht die Bemerkung hinzuzusetzen, daß dieß nichts anders be-
deutet, als daß der junge Mensch durchs Studium
des Naturrechts leicht gehindert werden könnte,
das Recht zu beugen, die Ungerechtigkeit in Schutz
zu nehmen, die Unschuld zu unterdrücken, durch
Rechtsverdrehungen und böse Rechtsausflüchte der
Bosheit beyzustehen, und aus der Advocatur ein
einträgliches und bereicherndes Gewerbe zu machen.

und dem Körper zur Erhaltung der Kräfte und
des Umlaufs des Bluts und der Säfte Bewegung
zu geben nöthig finden, eher ins Feld gehen und
an den mannichfaltigen Schönheiten der Natur
sich weiden, eher das sanfte Gefühl suchen, das
durch Ihre Seele fließt, indem Sie Sich die Gottheit, alle gute Wesen, den edlen treuen Freund,
die jedes Gute, das Sie haben und thun, so ganz
mit Ihnen theilenden Aeltern, und endlich die Ihnen in ihrer mannichfaltigen Wirksamkeit und un-
schuldsvollen Schönheit so liebreizend zulächeln-
de Natur mit Sich in einem freundschaftlichen
Bunde vereint denken und fühlen, und eher unter
den Regungen so sanfter Empfindungen die zur
Arbeit erforderlichen Kräfte wieder zurückkehren
lassen, als zu irgend einer andern Lustbarkeit Ihre
Zuflucht nehmen, woran der große Haufen derer so
vielen Gefallen findet, die das göttliche Vergnügen, welches einem denkenden Geschöpf dadurch zu
Theil wird, daß es ein immer mehr der Gottheit
ähnliches, jede Vollkommenheit liebendes und
wohlthätig wirksames Wesen wird, noch nicht ge-
kostet haben, oder wegen ihrer zu groben Empfin-
dungsfähigkeit nicht genug kosten können. Wenn
Sie die süße Ruhe und Erholung auf solche Art
im Schooß der schönen Natur finden: so wird
Ihnen bey diesem Genuß der Ruhe so wohl zu Mu-

the

the seyn, als dem Hüttenbewohner wohl war, indem er
in der Stunde der Erholung, die der Abend brachte,
und in der Stille, die nach den ersten Ausbrüchen seiner angenehmen und dankbaren Gemüthsbewegungen
über das Gute seines Lebens folgte, nichts erblickte,
das nicht eine Art von seliger Empfindung in seine
Seele brachte. Ohne daß Weib, Mann oder Kinder
in der letzten halben Stunde vorm Schlafengehen etwas sagten, empfand jeder in diesem häuslichen Zu-
sammenseyn ein namenloses sanftes Vergnügen. Wo
jeder hinsah, sah er ein gutes Geschöpf, ein Wesen, das
er liebte und davon er geliebt wurde, und selbst das
Zimmer und das schlechte Hausgeräthe schien an diesem allgemeinen Gutseyn, an dieser Liebe und Gegenliebe, gleichsam sympathetisch mit Theil zu nehmen.
Solche häusliche Freuden werden Sie, geliebte Zuhörer, bis Sie Ihnen in vollem Maaß zu Theil werden
können, schon itzt oft in der Stunde der Ruhe an der
Seite eines treuen und edlen Freundes und bey einem
Spaziergange am Busen der Natur empfinden. Abermal wohl Ihnen, daß Sie einen Sinn dafür haben;
allein Sie werden hiebey nicht die höhere göttlichere
Freude vergessen, die Sie in nützlicher Wirksamkeit fanden, und die selbst diesen stillen sanften Erquickungsfreu-
den die Seele giebt. Weit entfernt, die Weichlinge
unsrer Zeit, die sich die schöne Natur zum Polster machen, worauf sie in unthätiger Wollust ruhen, und in
süßen Ideenschwärmereyen die Zeit verträumen, weit
entfernt, diese, indem Sie sie so erblicken, zu beneiden,
werden Sie sie vielmehr mit Mitleiden ansehen. Denn
wie könnten Sie Menschen beneiden, die, wenn sie bey
dieser wollüstigen Ideen = und Empfindungsweide einmal ernstlich nachdenken, und finden, daß alles in der
von ihnen mit so vieler Wollust betrachteten schönen
Natur

Natur wirksam und mittheilend ist, es mit Beschä-
mung fühlen müssen, daß sie, indem alles wirkt und
arbeitet, in träger Rast die Gaben der Natur zu sich
nehmen, und sich damit nähren, ohne ähnliche Früchte
hervorzubringen! Sie werden nur das Geschöpf ach-
tungswürdig und glückselig finden können, das strebt
und ringt, mehr zu geben als zu nehmen; und indem
Sie Sich in den Stunden der Erholung der schönen
Natur innigst freuen: so werden Sie es empfinden,
daß das deutliche oder dunkle Bewußtseyn von Ihrem
Bestreben, wetteifernd mit der ganzen Natur und mit
jedem edlen Wesen zur Glückseligkeit andrer Wesen
wirksam zu seyn, jenen sanften und himmlischen Na-
turfreuden die Kraft gab, die Sie empfanden, indem
Sie Sich dabey so glückselig fühlten. Und indem Sie
so vor der Seuche unthätiger Empfindsamkeit, wovon
so manche sonst schöne und mit herrlichen Naturta-
lenten ausgerüstete Seele itzt angesteckt und wodurch
sie zum Genuß gesunder und Heiterkeit mit sich füh-
render Freuden bey dem allmähligen Verfall aller
Thätigkeitskräfte untüchtig gemacht wird, verwahrt
bleiben: wie könnte ich an alle in einem solchen Leben
Ihnen in Ihren Geschäften und in den Stunden der
Ruhe zu Theil werdenden Glückseligkeiten gedenken,
und wie könnte ich dabey dieses sich über nichts mehr,
als über menschliche Würde und über menschliche
Glückseligkeit freuende Herz haben, ohne meine ganze
Seele von der entzückendsten Freude bewegt zu fühlen, und ohne, indem ich Sie nun verlasse, mit zittern-
der Sehnsucht zu wünschen, daß alle Fügungen der
Vorsehung mit Ihnen zusammen wirken mögen, Sie
Alle hier und in Ewigkeit höchst wohlthätige und
höchst glückselige Menschen werden zu lassen!